ANDAMAN-
SEE
PHUKET
282
295
304
310
314
250
Krabi
4
Thung Song
Trang
Phattalung
Thale Sap Songkhla
Songkhla
Hat Yai
Pattani
Yala
Narathiwat
Tak Bai
Kota Bhar
Sungai Golok
Betong
KO TARUTAO
Satun
Pedang Besar
Sadao
Wang Prachan
PULAU LANGKAWI
Alor Setar
Sungai Petani
MALAYSIA
0
50
100
150 km

Anhang | Westküste | Südostküste | Ostküste | Oberer Golf | Lebensraum | Küsten & Meere | Land & Leute

Reise Know-How im Internet

Aktuelle Reisetipps und Neuigkeiten
Ergänzungen nach Redaktionsschluss
Büchershop und Sonderangebote
Weiterführende Links zu über 100 Ländern

www.reise-know-how.de
info@reise-know-how.de

Wir freuen uns über Anregung und Kritik.

Klaus Becker

THAILAND
TAUCH- UND STRANDFÜHRER

I am ready to brave the flight towards an unknown country
to encounter all sorts of new experiences,
to learn, to hear more, to read more, and to look from afar
so that I may see my own country in a truer perspective.

Ich bin bereit, den Flug in ein unbekanntes Land mutig zu wagen,
um allen möglichen neuen Erfahrungen zu begegnen,
zu lernen, mehr zu hören, mehr zu lesen und aus weiter Ferne
zu schauen, damit ich mein eigenes Land
aus einer besseren Perspektive betrachten kann.

Pira Sudham

Impressum

Klaus Becker
Thailand: Tauch- und Strandführer
erschienen im
Reise Know-How Verlag Peter Rump GmbH
Osnabrücker Str. 79, 33649 Bielefeld

4., komplett aktualisierte Auflage 2003

Gestaltung
Umschlag: M. Schömann, P. Rump (Layout);
G. Pawlak (Realisierung)
Inhalt: Peter Rump (Layout und Realisierung)
Karten: Bernhard Spachmüller
Fotos: der Autor, wenn nicht anders angegeben
Titelfoto: der Autor

Lektorat (Aktualisierung): Timm Küster

Druck und Bindung: Fuldaer Verlagsagentur

ISBN 3-8317-1155-0
Printed in Germany

Dieses Buch ist erhältlich in jeder Buchhandlung der BRD, der Schweiz, Österreichs, Belgiens und der Niederlande. Bitte informieren Sie Ihren Buchhändler über folgende Bezugsadressen:

BRD
Prolit GmbH, Postfach 9, 35461 Fernwald (Annerod)
sowie alle Barsortimente
Schweiz
AVA-buch 2000, Postfach, CH-8910 Affoltern
Österreich
Mohr Morawa Buchvertrieb GmbH, Sulzengasse 2, A-1230 Wien
Niederlande, Belgien
Willems Adventure, Postbus 403, NL- 3140 AK Maassluis

Wer im Buchhandel trotzdem kein Glück hat,
bekommt unsere Bücher auch direkt bei:
Rump Direktversand Heidekampstraße 18, D-49809 Lingen (Ems)
oder über den **Büchershop im Internet: www.reise-know-how.de**

Wir freuen uns über Kritik, Kommentare und Verbesserungsvorschläge.
Alle Informationen in diesem Buch sind vom Autor mit größter Sorgfalt gesammelt und vom Lektorat des Verlages gewissenhaft bearbeitet und überprüft worden. Da inhaltliche und sachliche Fehler nicht ausgeschlossen werden können, erklärt der Verlag, dass alle Angaben im Sinne der Produkthaftung ohne Garantie erfolgen und dass Verlag wie Autor keinerlei Verantwortung und Haftung für inhaltliche und sachliche Fehler übernehmen. Die Nennung von Firmen und ihren Produkten und ihre Reihenfolge sind als Beispiel ohne Wertung gegenüber anderen anzusehen. Qualitäts- und Quantitätsangaben sind rein subjektive Einschätzungen des Autors und dienen keinesfalls der Bewerbung von Firmen oder Produkten.

INHALT

DER OBERE GOLF VON THAILAND

DIE OSTKÜSTE

DIE SÜDOSTKÜSTE

DIE WESTKÜSTE

EXKURSE

VORWORT

Thailand gehört zu den beliebtesten Reisezielen der Welt. Freundliche Menschen, eine reiche Kultur und nicht zuletzt die wunderschönen Inseln und Strände locken jedes Jahr immer mehr Touristen an. Als Badeurlauber, Strandwanderer, Schnorchler oder Taucher erholen sie sich in einer fremdartigen Natur.

Dieses Buch wurde für diejenigen Reisenden geschrieben, die ihren Urlaub aktiv gestalten und dabei auch mehr über die exotischen Tiere und Pflanzen erfahren wollen, denen sie am und im Wasser begegnen. Doch kann und soll dieser Band kein Bestimmungsbuch sein. Vielmehr werden die Lebensräume wie beispielsweise Korallenriffe, Sand- oder Schlickküsten zusammenhängend mit den häufig vorkommenden Arten beschrieben, so dass man die eigenen Erlebnisse und Erfahrungen an Ort und Stelle gut einordnen kann.

In Thailand liegen sehr schöne Tauchplätze, von denen einige zur Weltspitze zählen. Alle regelmäßig aufgesuchten Tauchplätze werden im vorliegenden Buch beschrieben und bewertet. Dabei spielen natürlich immer persönliche Vorlieben des Autors eine Rolle, doch wurden auch Meinungen anderer Taucher berücksichtigt, um eine einigermaßen objektive Einschätzung zu geben. Die aufgeführten Tauchunternehmen gelten durchweg als zuverlässig. Das heißt aber nicht, dass alle anderen Anbieter dies nicht sind. Es gibt immer wieder neue Unternehmen, und die Tauchguides wechseln ständig.

Reisen und Urlaub in der Natur ist immer ein zweischneidiges Schwert, denn Touristen beeinträchtigen oder zerstören mit ihrer Anwesenheit nun einmal genau das, weswegen sie gekommen sind. Dieses Buch zeigt deshalb auch, worauf man achten sollte, damit man bei seiner nächsten Reise all die Schönheiten wiederfindet, an denen man sich beim letzten Mal erfreut hat.

Alle im Buch aufgeführten **Preise sind Momentaufnahmen.** Sofern keine Währungsturbulenzen oder Ölpreisanhebungen anstehen, dürften zumindest die **Tauchpreise** konstant bleiben. In einigen Gebieten sinken sie aufgrund der Konkurrenz sogar. Deshalb stagnieren vielerorts auch die **Übernachtungspreise** seit Jahren. Drastische kurzfristige Erhöhungen an Wochenenden, Feiertagen oder in der „Peak"-Saison (Weihnachten/Neujahr) sind ebenso möglich wie gewaltige Preisnachlässe in der Nebensaison. Anfang 2003 betrug der **Wechselkurs des Baht** ungefähr: zum US$ 42-43:1 (bei **Umrechnungen** der **Tauchpreise** ist 40:1 veranschlagt), Euro 45:1 und zum Schweizer Franken 31,5:1.

HINWEISE ZUR BENUTZUNG

Bei den **Hinweisen zu Unterkünften** wurde auf die Nennung konkreter Namen und Adressen verzichtet. Hingegen wurde das Preisniveau in den jeweiligen Kategorien am jeweiligen Ort oder Strand genannt. Im Buch werden die **Übernachtungskosten** in folgende **Kategorien** eingeteilt: * weniger als 100 Baht (mittlerweile selten); ** 100-300 Baht, *** 300-600 Baht, **** 600-1.200 Baht, LLL mehr als 1.200 Baht. Es empfiehlt sich, vor dem Bezahlen erst einmal einen Blick in die Zimmer zu werfen.

Die **Tauchplätze** wurden insbesondere nach der Unterwasserlandschaft, der Bewuchsdichte mit Korallen und anderen festsitzenden Tieren und der Vielfalt regelmäßig anzutreffender Fischarten nach Kategorien bewertet:

+ durchschnittlich
++ gut
+++ sehr gut
++++ hervorragend

Zur leichteren Orientierung wurden die entsprechenden **Textpassagen mit Symbolen hinterlegt:**

 Beschreibung von Stränden

 Beschreibung von Tauchstellen

 Beschreibung von Tieren und Pflanzen

DANKSAGUNG

An dieser Stelle möchte ich mich bei allen bedanken, die mich direkt oder indirekt bei meiner Arbeit an diesem Buch unterstützt haben. An erster Stelle steht meine Frau Ratiporn, mit deren Auto wir einige tausend Kilometer des Landes erforscht haben. Meinen Freunden Adisorn „Goh" Movises, Jarunan Pratoomyot „Ooy", Khwanruan „Khwan" Pinkaew, Kittithorn „Tik" Sangpanich, Phaithun Mokuphai, Prayat Mamadt, Rattanaporn „Jim" Sriviboon, Rawivon „Nong" Sangkasila, Sandit „Cat" Ianlaeng, Saowapha „Sao" Sawadtpeera, Sumaitt „Tong" Puchakorn, Suraphol „Pui" Puicharoen, Vorathep „Lek" Muthuwan, Dr. Wannida und dem ehemaligen Direktor Sittiphun vom Bangsaen Institute of Marine Science, mit denen ich einige unvergessliche Tauchexpeditionen unternahm und wertvolle Informationen über Land, Natur und Menschen am Meer erhielt. Außerdem Mrs. Natini und Prof. Yongyuth (Chulalongkorn-Universität), durch die ich auf vielen „Nature Trips" Thailands Wildnis kennenlernte. Dank auch den „Tauch-Germanen" im Süden: vor allem Franky Gun, Christian Mietz, Stefan Geib, Stefan Fischer und Steffen Kochan, durch die ich eine Menge „Dives" in der Unterwasserwelt der Andamanen-See erlebte, und „Ekki" Schwadtke, der mir wichtige Informationen über das Festland des Südens gab. Dr. Hannes Schütz für zahlreiche Update-Hinweise von seinen Reisen. Ganz besonderer Dank gilt meinen Bildautoren, die mir einige ihrer „Magic-UW-Shots" überließen: Mark Strickland (Phuket), Mongkol Kiartkanjanakul (Bangkok) und Martin Lutterjohann.

Geographie
Klima
Vegetation
Geschichte
Bevölkerung

LAND & LEUTE

GEOGRAPHIE

Thailand ist eines der schillerndsten und abwechslungsreichsten Länder Südostasiens. Es besticht durch seine freundlichen Menschen, prächtigen Tempel und Kulturstätten sowie seine faszinierenden Naturlandschaften.

LANDESFLÄCHE

Das thailändische Staatsgebiet liegt im Kernland Südostasiens und auf der malayischen Halbinsel. Es reicht vom 6. bis 21. Grad nördlicher Breite. Die **Landesfläche** von 514.000 km^2 entspricht etwa der Größe Frankreichs.

Ausdehnung

Die maximale **Nord-Süd-Ausdehnung** beträgt 1.650 km und die größte **West-Ost-Distanz** 780 km. An der schmalsten Stelle, dem Isthmus von Kra, ist Thailand jedoch lediglich 15 km breit.

Grenzen

Thailand teilt seine 4.500 km langen **Landesgrenzen** im Westen und Norden mit Myanmar (Burma), im Nordosten mit Laos, im Osten mit Kambodscha und im Süden mit Malaysia.

Zudem grenzt Thailand mit insgesamt 2.700 km **Küstenlinie** an zwei Ozeane. Das Südchinesische Meer, ein Nebenmeer des Pazifiks, säumt die Ost- und Südostküste. Die Westküste der malayischen Halbinsel liegt an der Andaman-See, einem Teil des Indischen Ozeans.

Kernland

Das Kernland von Thailand umfasst das weitläufige **Tiefland des Chao-Phraya-Flusses** und das **Khorat-Plateau.** Es wird von zwei Gebirgsketten eingerahmt, die im Hochland von Pamir entspringen: der **Tennaserim-Kette** (Zentralkordilliere) im Westen und der **Kordilliere von Annam** im Osten. Letztere verläuft auch teilweise jenseits der thailändisch-laotischen Grenze. Der Tennaserim-Kette verdankt Thailand seinen gebirgigen Norden und Westen. Sie zieht sich weit in den Süden und bildet den westlichen Rand der malayischen Halbinsel.

REGIONEN

Thailand gliedert sich in sechs verschiedenartige physiogeographische Regionen: Nördliches und Westliches Bergland, Zentralebene, Zentrales Hochland, Nordosten, Osten (gelegentlich auch als Südosten bezeichnet) und die Südliche (Malayische) Halbinsel.

Norden

Der Norden ist durch mehrere parallele, in nord-südlicher Richtung verlaufende Berge und Täler geprägt. Südwestlich von Chiang Mai liegt mit dem **Doi Inthanon** der **höchste Berg Thailands** (2.565 m). Vulkane, die Granit und Lava an die Oberfläche beförderten, Auffaltungen und

Arbeitselefanten *waren im Norden einst unersetzlich - heute sind sie nur noch Touristenattraktion*

Verwerfungen der Erdkruste formten die Landschaft. Der Norden ist die bedeutendste **Wasserscheide** Thailands. Vier Quellflüsse des Chao Phraya, Thailands wichtigstem Fluss, entspringen im Norden: Ping, Wang, Yom und Nan. Die Flüsse schwemmen fruchtbaren Boden in die Täler und sorgen damit für die Grundlage des intensiven Reisanbaues. Der Norden ist schätzungsweise zu 40 % von **Wald** bedeckt und ist damit die waldreichste Region Thailands. Die meisten Wälder findet man in unzugänglichen, dünn besiedelten Bergregionen. Zumeist leben dort **Bergvölker** *(Hill tribes),* die vor 100-200 Jahren nach Nordthailand einwanderten, während Reisanbau betreibende Thais die Täler besiedeln.

Westen

Die **Berge** im Westen an der burmesischen Grenze sind größtenteils über 1.000 m hoch. Der höchste Gipfel erhebt sich auf 1.960 m (Khao Ton Thai, Provinz Tak). Einige Zuflüsse des Salween, des Chao Phraya und des Mae-Klong-Flusses entspringen hier.

Thailands **größte zusammenhängende Waldgebiete,** die Reservate Huay Kha Kaeng und Tung Yai Naresuan sowie die Nationalparks Erawan, Sai Yok und Sri Nakharin liegen im Westen. In den Gebirgshöhlen lebt die kleinste heute bekannte Fledermausart, die **Hummel-Fledermaus.**

*Die Wälder des Westens sind (noch) die Heimat des bedrohten **Tigers*** ↓

Zentralebene

Nördliches und Westliches Bergland gehen in die bis zu 200 km breite Zentralebene des Chao-Phraya-Einzugsbereiches über. Sie ist das **Kernland und die Reiskammer** Thailands. Hier entstanden die **ersten Hauptstädte** der früheren Thai-Reiche, Sukhothai und Ayuthaya. Die Zentralebene erstreckt sich bis an den Golf von Thailand.

Der Fluss Chao Phraya ist die Lebensader Thailands ↓

Die Chao-Phraya-Ebene ist ein tief liegendes **Schwemmlandgebiet.** Der Fluss liegt zwischen Chai Natr und Uthai Thani nur 17 m über dem Meeresspiegel, obwohl die Küste noch 200 km entfernt ist. Die 100-Meter-Höhenlinie verläuft 470 km nördlich des Golfes von Thailand.

Zentrales Hochland

Das Zentrale Hochland bildet eine vielgestaltige Landschaft aus Hügeln, Hochplateaus und Tälern, die zwischen dem Nördlichen Bergland, der Zentralebene und dem Nordosten liegt. Es wird von der **Petchabun-Bergkette** gebildet. Im nördlichen Teil des Hochlandes sind die Berge bis zu 1.200 m hoch. Der mittlere Teil besteht aus **Hochebenen,** die von steilen Kalksteinbergen unterbrochen werden. Im Südosten des Hochlandes dominiert Hügelland.

Nordostthailand

Nordostthailand (Khorat-Plateau, Isarn) wird vom Zentralen Hochland im Westen, den Phanom-Dongrak-Bergen im Süden und dem Mekong im Osten umschlossen. Es ist ein großes,

Die **Kalksteingebirge** in Südthailand entstanden durch Ablagerungen am Grund von urzeitlichen Meeren. Vor 350-450 Mio Jahren sanken Kalkschalen von Meereslebewesen auf den Meeresboden ab und fossilisierten langsam zu Kalkstein. Durch geologische Prozesse wurden Teile des Meeresgrundes im Verlauf von Jahrmillionen zu Festland. Erosion durch Wind und Wasser schuf schließlich eine faszinierende Gebirgs- und Insellandschaft. Das Foto zeigt bizarre Felsformationen bei Ao Phang-Nga.

schüsselförmiges **Plateau** in etwa 300 m Höhe. Die größten Flüsse (Chi, Mun, Songkram) des Isarn fließen in den Mekong. Der Nordosten war einstmals mit dichten Wäldern bedeckt, die aber fast völlig der **Landwirtschaft** weichen mussten. Weniger als 10% der Fläche sind noch bewaldet. Unter dem Boden liegen große **Salzstöcke,** ein Beleg dafür, dass dieses Gebiet vor langer Zeit vom Meer bedeckt war. Auch das Grundwasser enthält große Salzmengen und schädigt die Reisfelder, wenn es an die Oberfläche gelangt. Das Abholzen großer, tief wurzelnder Bäume führte zu einer Erhöhung des Grundwasserspiegels und verstärkte somit die **Versalzung des Mutterbodens.** Der sandig-lehmige Boden hält wenig Feuchtigkeit zurück und ist, abgesehen vom Salz, ohnehin sehr unfruchtbar. Im Nordosten wird viel Klebreis angebaut, der auf den armen Böden besser als normaler Reis gedeiht.

Ostthailand

In einigen Büchern wird der Osten auch als Südosten bezeichnet. Hier wird diese Region als Osten bezeichnet, um sie von der Ostküste der südlichen Halbinsel (Südostküste) zu unterscheiden. Ostthailand gilt als Subregion der Zentralebene, obwohl es keine deutliche Grenze zwischen beiden Gebieten gibt. An der Küste siedelten sich besonders im westlichen Teil viele

Industriebetriebe an. Im Norden wird die Ostküste vom **Saen-Kampeng-Hügelland** und im Osten von den **Banthat-Bergen** begrenzt. Der höchste Gipfel ist der 1.633 m hohe Khao Sai Don Tai in Chanthaburi. Die **Küstenebene** wird Richtung Osten immer schmaler. Der wichtigste Fluss ist der **Mae Nam Pakong.** Er schwemmt 53% (15 Mio m^2/Jahr) des Festlandabflusses im Osten in den Golf von Thailand.

Südliche Halbinsel

Die Südliche Halbinsel ist eine Fortsetzung der Berge Westthailands. Sie wird von mehreren parallelen Gebirgszügen durchzogen. Das **Tennaserim-Gebirge** entlang der burmesischen Grenze endet im Norden am Victoria Point in Myanmar (Burma). Die **Phuket-Kette** bildet den Westrand der Halbinsel und versinkt am Prom-Thep-Kap auf Phuket im Meer. Zwischen Ko Samui und Ko Tarutao verläuft die **Nakhon-Si-Thammarat-Kette.** Sie ist die Ostgrenze eines Gebietes mit vielen isoliert stehenden Kalksteinbergen, die eine atemberaubende Landschaft formen. Im Osten schließt sich an die Nakhon-Sri-Thammarat-Kette eine weite Küstenebene zum Golf von Thailand an.

KLIMA

Thailand genießt ein angenehmes, tropisches Klima, das durch die Monsunwinde bestimmt wird. Der Monsun weht abwechselnd aus südwestlicher (SW-Monsun, Mai-Oktober) und nordöstlicher Richtung (NO-Monsun, Oktober-März) über das Land.

Trockenzeit

Der NO-Monsun bringt trockene, kühle Luft von China nach Thailand. Über dem Golf von Thailand nimmt er Wasser auf und bringt somit dem Süden auch während der eigentlichen Trockenzeit Niederschläge.

Die Trockenzeit ist durch eine kühle Periode von Oktober bis Februar (**kalte Jahreszeit,** Winter) und durch die **heiße Jahreszeit** (Sommer) zwischen März und Mai gekennzeichnet. Die

Regenzeit

Monsun: halbjährlich die Richtung wechselnde Winde im Bereich des Indischen Ozeans

heiße Zeit ist die Zwischenmonsunzeit, in der die Sonne über den Äquator nordwärts wandert.

Der SW-Monsun nimmt Feuchtigkeit über dem Indischen Ozean auf und bringt starke Regenfälle mit sich. Er ist für die Regenzeit verantwortlich, in der **65% des Jahresniederschlags** fallen. Es regnet vor allem im Süden und in Ostthailand, weil der SW-Monsun über dem Golf von Thailand erneut Feuchtigkeit aufnimmt. Im Durchschnitt fallen in Thailand jährlich 1.550 mm Regen. Die Niederschläge sind aber sehr **ungleichmäßig verteilt.** Ranong an der Südwestküste bekommt jedes Jahr bis zu 6.700 mm ab, Chanthaburi im Osten 5.700 mm. Dagegen fallen im Windschatten der Berge Westthailands und des Zentralen Hochlandes jährlich weniger als 1.000 mm Regen.

Wegen des Wechsels von Regen- und Trockenzeit schwankt der **Wasserstand der Flüsse** im Jahresverlauf erheblich. Bevor Dämme zur Wasserregulation gebaut wurden, unterschied sich der Wasserdurchsatz des Chao Phraya bei Nakhon Sawan in Zentralthailand zwischen der Trocken- und Regenzeitperiode im Verhältnis 1:101.

Leben im Wechsel der Fluten: Hausboote in Pitsanulok ↓

Temperaturen

Die **Temperaturen** liegen normalerweise über 30° C. Die mittleren monatlichen **Höchsttemperaturen** der zentralen Festlandsgebiete schwanken zwischen 33° C und 38° C im Jahresverlauf. Nur an wenigen Tagen in der kalten Zeit verursachen Kaltlufteinbrüche aus China innerhalb von Stunden **Temperaturstürze** um 15-20° C. In Thailands Norden sind dann Temperaturen knapp über dem Gefrierpunkt keine Seltenheit. Der April ist mit über 40° C der heißeste Monat. Die **Temperaturunterschiede zwischen Tag und Nacht** betragen normalerweise 5-12°C. Im Küstenbereich sind die Tag-Nacht-Unterschiede geringer als im Inland, weil das Meer einen ausgleichenden Einfluss auf die Lufttemperaturen ausübt.

Taifune

Thailand bleibt dank seiner geschützten geographischen Lage weitgehend von vernichtenden Wirbelstürmen verschont. Zyklone wandern über den Golf von Bengalen Richtung Burma, erreichen Thailand aber nur als relativ harmlose Gewitterstürme. Von September bis November ziehen abgeschwächte Taifunausläufer von Vietnam und den Philippinen über die Südostküste hinweg. Die Provinzen Chumphon und Nakhon Si Thammarat leiden am meisten unter gelegentlichen Stürmen und Fluten.

Im Jahr 1988 schlug der **Taifun Gay** mit Sturmfluten und heftigen Regenfällen zu und verursachte eine der größten Naturkatastrophen in der Geschichte Südthailands. Hunderte von Menschen kamen um, 106.000 Familien wurden obdachlos und fast 2.300 km² Ackerland vernichtet. Die Katastrophe wurde durch die Auswirkungen des illegalen Holzeinschlags in den Bergen erheblich verstärkt. Die Vegetation hielt das Regenwasser und den Waldboden nicht mehr zurück. Bereits gefällte Baumstämme wurden in die Täler gerissen, wo sie viele Menschen erschlugen. Nach dieser Katastrophe wurde ein offizielles Holzeinschlagverbot erlassen. Leider ist illegales „Logging“ in Wäldern und Mangroven immer noch Usus.

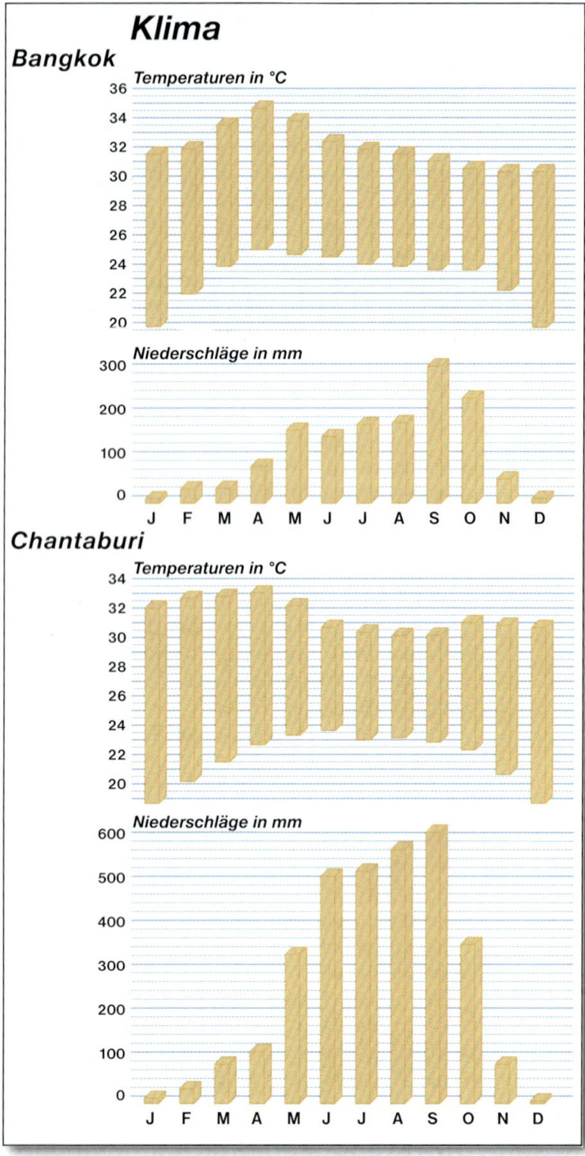
Klima
Bangkok
Temperaturen in °C
36
34
32
30
28
26
24
22
20
Niederschläge in mm
300
200
100
0
J F M A M J J A S O N D
Chantaburi
Temperaturen in °C
34
32
30
28
26
24
22
20
Niederschläge in mm
600
500
400
300
200
100
0
J F M A M J J A S O N D

VEGETATION

WALDBEDECKUNG

Das Monsunklima mit dem ganzjährigen Sonnenschein prägt die üppige Vegetation Thailands. Ursprünglich war das Land zu 90% mit dichten Wäldern bedeckt. In den frühen 40er Jahren betrug die Waldbedeckung immerhin noch 70%.

Entwaldung

Danach begann sich die Entwaldung durch zunehmenden Bevölkerungsdruck und **kommerziellen Holzeinschlag** erheblich zu beschleunigen. 1961 waren 53% des Landes mit

Im tropischen Klima gedeihen prächtige Wälder: Blick über den Kaeng Krachan Nationalpark bei Petchaburi

Wald bedeckt und heute sind nur noch kümmerliche 10-12% naturnahe Waldflächen übrig. Wälder blieben überwiegend an Steilhängen und unzugänglichen Regionen übrig, wo kein Feldbau betrieben werden kann. Thais siedelten ursprünglich im Tiefland in der Nähe von Flüssen, um Reis anzubauen. Allerdings sorgten Holzfäller und Bergvölker mit ihrer **Brandrodungswirtschaft** in den Bergen für kahle Hänge. Nordthailand weist die dichteste Waldbedeckung auf, während der Nordosten am stärksten entwaldet wurde.

Offizielle Angaben melden stets deutlich höhere Zahlen, doch werden auch die mit wenigen Bäumen bestandenen Flächen und Baumplantagen (Eukalyptus, Kautschuk) mitgezählt. Plantagen haben selbstverständlich nichts mit natürlichem Wald zu tun, genausowenig wie ein Reisfeld als Wiese gilt. Vielfach sieht man Werbetafeln, die den Menschen nahelegen, Baumplantagen anzulegen, um damit Wälder (!) zu schaffen. Leider werden gestörte, naturnahe Bestände sogar häufig vollständig gerodet, um dann z. B. Eukalyptus zu pflanzen.

Thailand beherbergt aufgrund seiner geographischen Lage im Kernland Südostasiens, seiner langen Nord-Süd-Ausdehnung und sehr unterschiedlichen Landschaftsformen eine enorme **Vielfalt tropischer Vegetationsformen** mit artenreicher Flora und Fauna. Es wird zwischen **laubabwerfenden Wäldern** *(Deciduous forests)* und **immergrünen Wäldern** *(Evergreen forests)* unterschieden. Zwischen diesen beiden Haupttypen gibt es jedoch auch viele Übergänge. Immergrüne Wälder nehmen ungefähr 35%, laubabwerfende Wälder 65% der Waldfläche ein.

LAUBABWERFENDE WÄLDER

Laubabwerfende Wälder wachsen in Gebieten mit weniger als 1.250 mm Jahresniederschlag. Die meisten Bäume werfen gegen Ende der Trockenzeit sämtliche Laubblätter ab. Viele Bäume blühen dann, damit die Samen rechtzeitig zum Beginn der Regenzeit reif sind und auskeimen können.

Zu den Laub abwerfenden Wäldern gehören Laub abwerfender Mischwald *(Mixed deciduous forest)*, trockener Dipterocarpaceenwald *(Dry dipterocarp forest)*, Gehölzsavannen *(Wooden savannah)* und Buschland *(Scrubs)*.

Laubabwerfender Mischwald

Laubabwerfender Mischwald kommt bis in 2.000 m Höhe in Gebieten mit ausgeprägter Trocken- und Regenzeit vor. Der Baumbestand ist offen bis dicht. Das **lichte Kronendach** besteht aus 1 oder 2 Baumschichten in 10-20 m Höhe. Eine besonders bekannte Baumart in laubabwerfenden Wäldern ist **Teak,** der bis in 1.500 m Höhe wächst. Große Gebiete Nordthailands waren einst mit dichten Teakwäldern bestanden. Andere **häufige Baumgattungen** sind HOPEA, LAGERSTROEMIA, XYLIA, PTEROCARPUS und AFZELIA. Stets findet man auch einige immergrüne Bäume. Der **Unterwuchs** besteht aus Bambus, Gräsern und Kräutern, die aber keine geschlossene Vegetationsschicht bilden.

Trockener Dipterocarpaceenwald

Trockener Dipterocarpaceenwald steht auf sandigen oder kiesigen Böden, die starker Erosion und starkem Nährstoffabtrag ausgesetzt sind. Die Vegetation ist offen, und die Bäume stehen in gleichmäßigem Abstand zueinander. Sie bilden ein **zweischichtiges Kronendach.** Die obere Schicht ist 10-20 m, die untere etwa 7 m hoch. Der Wald besteht insbesondere aus ein bis zwei Dipterocarpaceenarten (DIPTEROCARPUS OBTUSIFOLIUS, SHOREA SP.).

„Herbstfarben" eines laubabwerfenden Waldes in der Trockenzeit

Die Baumfamilie Dipterocarpaceae (Zweiflügelfruchtbäume) ist die artenreichste Familie in Südostasien. Das Typische an den Früchten sind die zwei oder gar drei am Samen hängenden Flügel (siehe Foto rechts).

Sämtliche Holzgewächse werfen zwischen Februar und April für etwa 15 Tage ihre Blätter ab. Der **Unterwuchs** besteht überwiegend aus Gräsern. Trockenen Dipterocarpaceenwald findet man häufig im Isarn (Nordosten).

Gehölzsavannen

Gehölzsavannen sind eine **spärlich mit Bäumen bestandene** „Waldformation“. Verstreut wachsende, kleine Bäume ehemaliger Misch- und trockener Dipterocarpaceenwälder zeichnen die Gehölzsavannen aus. Sie sind **häufig Waldbränden** ausgesetzt, die gelegt werden, um Feldbau zu betreiben. Der **Unterwuchs** besteht vielfach aus *Imperata-Gras,* welches Baumkeimlinge erstickt. Gehölzsavannen findet man vielfach im zentralen Nordosten.

Buschland Buschland besteht aus einem 2 m hohen Busch- und Strauchdickicht. Es ist eine Art **Sekundärvegetation,** die sich auf Brachflächen einstellt. Der Boden wird zuerst von einjährigen Kräutern, *Bambus, Ingwer* und *Bananen* besiedelt. Rankenpflanzen und verwilderte Nutzpflanzen stellen sich später ein.

IMMERGRÜNE WÄLDER

Immergrüne Wälder gedeihen im Tief- und Hügelland in feuchten Regionen mit mehr als 1.500 mm Jahresniederschlag. Zu den immer-

Gehölzsavanne im Isarn bei Chaiyaphum ↓

Früchte der ***Rattanpalme,*** *einer charakteristischen Kletterpalme des Regenwaldes* ↑

grünen Wäldern gehören immergrüner tropischer Regenwald *(Tropical rainforest),* der als Tiefland- und Bergregenwald *(Lowland* und *Montane rainforest)* vorkommt, immergrüner Monsunwald *(Dry evergreen* bzw. *Seasonal evergreen forest),* immergrüner Berglaubwald *(Hill* bzw. *Montane evergreen broadleaved forest),* Nadelwald *(Pine forest),* Strandwald *(Beach forest)* und zwei Sumpfwald-Typen: Süßwassersumpfwald *(Fresh water swamp forest)* und Mangroven *(Mangrove swamp forest).* Mangrovenwälder werden im Kapitel „Schlickgebiete: Mangroven", Strandwälder im Kapitel „Sandstrände" ausführlich beschrieben.

In den Küstengebieten und auf den Inseln begegnet man in erster Linie immergrünen Wäldern, sei es direkt an der Küste (Strandwälder, Mangroven) oder im Küstenhinterland (Regenwald, immergrüner Monsunwald).

Immergrüner tropischer Regenwald

Immergrüne tropische Regenwälder sind die **artenreichsten Waldformationen der Erde.** Auf einem Hektar (10.000 m^2) können bis zu 200 Baumarten vorkommen. Auf der gesamten malayischen Halbinsel wurden 2.500 verschiedene Baumarten beschrieben. Die artenreichste Baumfamilie sind Dipterocarpaceen (Zweiflügelbäume, siehe oben).

Der **Jahresniederschlag** muss mindestens 1.700-2.000 mm betragen, und es darf keine ausgeprägte Trockenzeit geben. Regenwälder tolerieren maximal drei Monate mit weniger als 100 mm Monatsniederschlag. Sie sind auf dem thailändischen Festland bis auf die Nationalparks Thale Ban (Satun), Khao Sok (Surat Thani), das kleine Schutzgebiet Khao Nor Chuchi bei Klong Thom (Krabi) und im Grenzgebiet zu Kambodscha fast völlig verschwunden. Gut erhaltene Regenwälder gedeihen zwar auf einigen Inseln (Ko Chang, Ko Tarutao), doch fehlt es den Inselwäldern an Fläche, um ihre ganze Pracht entfalten zu können. Die Länge der Trockenzeit überschreitet aber auch in diesen Regionen teilweise die Toleranzgrenze, so dass oft Übergänge zu trockeneren Waldtypen auftreten. Man spricht bei geringer saisonaler Niederschlagsverknappung auch von tropischen halbimmergrünen Regenwäldern.

Immergrüne Bäume werfen ihre Blätter kontinuierlich ab, während gleichzeitig neue Blätter nachwachsen. Dadurch erscheinen die Bäume niemals laubfrei. Im Gegensatz zu Bäumen laubabwerfender Wälder weisen die Stämme keine Jahresringe (Wachstumsringe) auf, weil sie keine klimatisch bedingte Ruheperiode haben.

Das **Kronendach** thailändischer Regenwälder ist niedriger, lichter, und es treten mehr an Trockenheit angepasste Baumarten auf als in Malaysia und Sumatra. Die Artenzusammensetzung der Regenwälder im Süden wird stark von den Wäldern Malaysias beeinflusst, während in den Regenwäldern im Osten Thailands viele Arten Indochinas vorkommen.

Tieflandregenwald

Ein typischer Tieflandregenwald besitzt **drei Stockwerke.** Ein ungefähr 40 m hohes, geschlossenes Kronendach bildet die mittlere Schicht. Einige verstreut wachsende, 60-80 m

Würgfeigen wachsen im Gegensatz zu den meisten Kletterpflanzen abwärts. Die Samen werden von Vögeln ausgeschieden und keimen in Astlöchern der Baumkrone aus. Ihre Wurzeln wachsen die Bäume herab, indem sie diese umschlingen. Der „Wirtsbaum" wird nach und nach erdrosselt.

hohe **Überhälter** überragen das mittlere Kronendach. Sie bilden das oberste Stockwerk. Die unterste Baumschicht ist etwa 10 m hoch und setzt sich häufig aus Palmen, Ingwergewächsen und jungen Bäumen zusammen.

Durch die **geschlossenen Baumkronenschichten** dringt wenig Licht zum Boden durch. Deshalb bilden die Bäume in den unteren Stammbereichen kaum Seitenäste aus, sondern verzweigen sich erst im Kronenbereich. Riesige, **unverzweigt aufragende Stämme** sind ein typisches Erscheinungsbild von Regenwäldern. Dafür entwickeln sich die Blüten und somit die **Früchte oft direkt am Stamm** oder an kräftigen Seitenästen. Dieses Phänomen nennt man Stamm- bzw. Astblütigkeit *(Cauliflorie, Ramiflorie)*.

Kletterpflanzen *(Rattan, Lianen)* sind für Regenwälder charakteristisch. Sie ranken sich an den mächtigen Baumstämmen empor, um ans Licht zu gelangen.

Eine **Krautschicht** aus Moosen, Farnen und kleinen Blütenpflanzen bildet sich nur an Lichtungen und Gewässerrändern. **Regenwaldböden** sind sehr nährstoffarm, weil sich kaum Humus im Boden anreichert. Die meisten Nährstoffe sind in der lebenden Pflanzenmasse gebunden. Daher bilden die Bäume keine tiefgehenden Wurzeln, sondern nur flachgründige Seitenwurzeln aus, die oft als Brettwurzeln die Baumriesen stützen.

Die ständig hohe Luftfeuchtigkeit ermöglicht es **Aufsitzerpflanzen** *(Epiphyten),* ohne Wurzeln im Boden nur von im Wasser gelösten Nährstoffen zu leben. Ferner formen die Blattrosetten oft Kelche, in denen sich zersetzendes Laub der Wirtspflanze sammelt.
(Foto: Nestfarn, *Asplenium* sp.)

Tieflandregenwälder treten bis in etwa 800 m Höhe auf. Daran schließen sich Bergregenwälder (800-1.800 m) und Nebelwälder (1.800-2.500 m) an.

Bergregenwald

Bergregenwälder sind niedriger, das **Kronendach** ist offener als das von Tieflandregenwäldern. Außerdem fehlen die Überhälter. Es treten viele an kühle Temperaturen angepasste Arten auf, z.B. *Rhododendron.*

Echte **Nebelwälder** gibt es in Thailand nicht. Lediglich auf dem Doi Inthanon (2.565 m) bei Chiang Mai findet man in Gipfelnähe dicht mit Moosen und Farnen bedeckte Bäume, ein typisches Merkmal von Nebelwäldern. Regenwälder gehen unter ausgeprägtem Monsunklima in immergrüne Monsunwälder über.

Immergrüner Monsunwald

Immergrüner Monsunwald ist einer mehr als drei Monate dauernden Trockenzeit ausgesetzt. Er wächst in Regionen unterhalb von 1.000 m. Die Struktur ähnelt der des Regenwaldes, aber das Kronendach ist offener, und deshalb ist der Unterwuchs dichter als im Regenwald. Es fehlen Baumarten, die auf ständige Feuchtigkeit angewiesen sind. Es gibt weniger Rattan- und Palmenarten als in Regenwäldern. Dafür treten mehr laubabwerfende Bäume auf.

Immergrüner Berglaubwald

Immergrüner Berglaubwald wächst oberhalb von 1.000 m und ist in den flacheren Küstengebieten nicht zu finden. Er besteht meistens aus zwei Etagen. In Berglaubwäldern findet man Vertreter vieler Baumfamilien, die in temperierten Breiten vorkommen: *Lorbeer, Eichen* und *Kastanien.* Auch *Rhododendron,* Farne und Moose sind häufig.

Nadelwald

Nadelwälder stehen auf mageren Böden. Sie treten verstreut in kleinen Gebieten des nördlichen und zentralen Hochlandes und dem Korat-Plateau zwischen 200 und 1.300 m auf. Sie enthalten neben Nadelbäumen nur wenige andere Baumarten. Zwei Kiefernarten sind in Thailand heimisch: PINUS KHESAYA und PINUS MERKUSII. Nadelbäume werden auch häufig im Rahmen von Wiederaufforstungsmaßnahmen auf Bergrücken gepflanzt.

Trockener Monsunwald: *bedeutend lichter als Regenwälder*

Sumpfwald

Sumpfwälder gedeihen in Flussebenen, an Mündungen (Ästuarien), geschützten Lagunen und schlickigen Küstenabschnitten. Süßwassersumpfwälder findet man im Inland, Mangrovensumpfwälder an der Küste. Die Pflanzen sind häufigen Überflutungen durch Süß- oder Salzwasser ausgesetzt. An Flussläufen muss die Vegetation monatelange Überschwemmungen und lange Trockenfallperioden überstehen. Die Bäume passen sich an ihren vom Wasser gefluteten Standort an, etwa durch oberirdische Atemwurzeln und lange, flache Seitenwurzeln. Dadurch können sie sich trotz des instabilen Untergrun-

Melastoma-Blüte
Diese Pflanzen wachsen bevorzugt in höheren Lagen

des und des niedrigen Sauerstoffgehaltes im Boden entwickeln.

Tropischer Süßwassersumpfwald

Tropische Süßwassersumpfwälder benötigen stets feuchte Böden (Staunässe). Sie bilden eine dichte Vegetation, obwohl die Bäume der Kronenschicht mit 10 m relativ niedrig sind. **Typische Baumgattungen** sind *Carallia-, Dillenia-* und *Eleidoxa-Palmen.* Der **Unterwuchs** besteht aus niedrigen Gehölzen. Eine Krautschicht fehlt dort, wo der Boden ständig geflutet ist. Der **Waldboden** enthält reichlich organisches Material, das überwiegend von Pflanzenresten stammt. Eine Laubstreuschicht überdeckt Torflagen. Süßwassersumpfwald bedeckte früher auch viele Gebiete am Chao Phraya und Mekong. Heute sind nur im Süden einige größere Reste dieses Waldtyps übriggeblieben, weil die meisten anderen Wälder in Ackerland umgewandelt wurden.

Torf entsteht, wenn Pflanzenreste nicht vollständig abgebaut werden, da es in den wassergesättigten Böden an Sauerstoff mangelt. Die Wasserzirkulation im Boden ist zu gering, um für ausreichende Sauerstoffzufuhr zu sorgen.

VEGETATION AUF KALKFELSEN

Eine besondere Vegetationsform wächst auf den isolierten Kalkfelsen und -inseln im Süden Thailands. Auf dem Gestein sammelt sich kaum Mutterboden an, und der Grund trocknet rasch aus, weil der Fels kaum Wasser zurückhält. Dennoch wachsen sogar an senkrechten Wänden noch Planzen. Die Wurzeln winden sich in kleinste Spalten, um Nährstoffe und Halt für die Pflanzen zu finden. Bäume stehen nur an günstigen Standorten, wo sich Wasser und Mutterboden ansammeln. Auf Kalksteinberge **spezialisierte Pflanzen** sind die Schraubenpalme PANDANUS IRREGULARIS, der Balsam IMPATIENS BALSAMEA und die Orchidee CALANTHE CECILIAE.

Erstaunlicherweise sind viele Sträucher und Bäume auch in der Trockenzeit belaubt. Die Pflanzen saugen das in der Nacht niederschlagende Kondenswasser mit ihren Blättern und an der Oberfläche liegenden Wurzeln ein.

Leben am kargen Fels *(Ko Ha, Krabi)* ↑

Phantastische Kalkinselformationen bieten die Phang-Nga-Bucht, Krabi, Trang und der Ang-Thong-Nationalpark (Surat Thani).

LANDWIRTSCHAFTLICHE NUTZFLÄCHEN

Landwirtschaftliche Nutzflächen nehmen weite Teile der Landfläche Thailands ein (16,8 Mio Hektar). Die wichtigste Feldfrucht auf 55% der Anbaufläche ist natürlich *Reis,* aber auch *Kautschuk, Ölpalmen, Zuckerrohr, Maniok (= Tapioka, Kassava),* Gemüse und Obst sind wichtige Anbauprodukte. Der **Reisanbau** konzentriert sich insbesondere auf die Zentralregion und den Isarn.

In den **Küstenregionen** herrschen andere Kulturpflanzen vor. Entlang der Ostküste stehen auf den Feldern insbesondere *Maniok, Zuckerrohr, Ananas* und *Mais,* in den feuchten Regionen zudem Kautschuk- und Obstplantagen *(Durian, Mango, Rambutan, Litchie, Longan).*

Das Haupterzeugnis **im Süden** ist mit 7,1 Mio Hektar Anbaufläche Kautschuk. Neuerdings kommen Ölpalmenplantagen hinzu. Zudem werden **im östlichen Teil der Halbinsel** *Reis, Rambutan, Kokosnüsse, Kaffee* und im tiefen Süden *Cashewnüsse* angebaut. Auf tiefen und gut entwässerten Böden findet man auch *Mais* und *Bohnen.*

***Reis,** das „tägliche Brot" Thailands vor der Anpflanzung* ↓

GESCHICHTE

VORGESCHICHTLICHE ZEIT

Das heutige Thailand war bereits in vorgeschichtlicher Zeit, dem Pleistozän (1 Mio-12.000 v. Chr.), von Vorfahren *(Homo erectus)* des heutigen Menschen besiedelt. Die **älteste Fundstelle Thailands,** der Felsunterschlupf Lang Rongrian in Krabi, datiert in diese Zeit zurück. Das Alter weiterer Fundstätten wird auf 600.000-800.000 Jahre geschätzt.

In den vergangenen 50.000 Jahren wechselte das Erdklima mehrfach dramatisch. **Warm-** und **Eiszeiten** wechselten sich ab. Während der Eiszeiten waren die Temperaturen und der Niederschlag geringer als heute. Große Teile der nördlichen und südlichen Breiten waren mit dicken Gletschern bedeckt, in denen sehr viel Wasser gebunden war. Die wichtigste Veränderung im tropischen Südostasien war die damit verbundene Absenkung des Meeresspiegels um 100-300 m. Das Festland erstreckte sich bis zu den Philippinen und nach Bali. Die letzte Eiszeit endete vor etwa 12.000 Jahren.

ALTERTUM

Mit der **Erwärmung** und dem Abschmelzen der Gletscher stieg der Meeresspiegel auf das heutige Niveau an, und die **Menschen** wichen dem Meer nach Norden aus. Sie lebten bis vor 10.000 Jahren als Jäger und Sammler, wobei sie auch große Tiere wie Nashörner und Wildrinder erlegten. Danach begann sich langsam die Landwirtschaft zu entwickeln. Die **ersten Bauern** bauten Bohnen, Kürbisse und Pfeffer an.

Ab etwa 4.000 v. Chr. etablierten sich Dörfer. **Siedlungen** entstanden meistens an Flussniederungen sowie in der Nähe von Mangroven und Süßwassersumpfgebieten. An der Küste nutzten die Menschen verstärkt das Meer. Die bedeutendste **Fundstätte** aus dieser Zeit ist Ban Chiang bei Udon Thani. Sie belegt, dass spätestens ab 3.600 v. Chr. **Reisanbau** betrieben wurde. Ab dem 3. Jh. v. Chr. begann sich der **Seehandel** mit Indien zu entwickeln. Dadurch gelangte auch der Buddhismus nach Thailand.

NAGAS - SYMBOLE DES WASSERS

Die mehrköpfigen Schlangen **(Nagas)** sind ein **universelles Bauelement** der Tempel Thailands und Südostasiens. Häufig zieren sie Treppengeländer, bewachen Eingangspforten oder beschützen die heilige Ruhe des meditierenden Buddhas. Nagas sind ein **Symbol des Wassers.** Sie stehen für die ozeanische Vergangenheit der Völker Südostasiens. Schlangendarstellungen sind seit Tausenden von Jahren in der Pazifikregion als Bootsverzierungen und Schnitzereien an Häusern bekannt. Der gewellte Körper symbolisiert die Inselwelt der Region.

Diese wunderschön gearbeitete fünfköpfige Naga befindet sich an der Tempelpforte des Wat Buppharam in Chiang Mai.

In vielen Darstellungen ist der **Körper der Schlangen** im oder gegen den Uhrzeigersinn **aufgerollt.** Die Richtung repräsentiert die durch die Erdrotation hervorgerufene Coriolis-Kraft, welche Wasserströmungen nach rechts (Nordhalbkugel) bzw. links (Südhalbkugel) ablenkt.

In der Ayuthaya-Periode (1349-1769) wurden ganze Boote in der Form von Nagas gefertigt. Die **königliche Barkasse Anantanakraj** ist sicherlich das schönste, heute noch erhaltene Boot dieser Art. Der große Schlangenkörper mit dem siebenköpfigen Haupt repräsentiert Ananta, die kosmischen Gewässer.

Besichtigung: Die königlichen Barkassen (Royal Barges) befinden sich in einem Bootshaus bei der Pinklao-Brücke am Klong Bangkok Noi in Bangkok. Vom Pier am Wat Mahathat fahren Fähren den Klong aufwärts an den Barkassen vorbei. Auch kommerzielle Kanalfahrten laufen die Barkassen an. Bei seltenen Gelegenheiten werden diese Barkassen zu königlichen Prozessionen auf dem Chao Phraya eingesetzt.

MITTELALTER UND NEUZEIT

Ab dem 1. Jh. n. Chr. besuchten indische, chinesische, später auch **arabische Seefahrer** immer häufiger die malayische Halbinsel. Im Jahr 160 n. Chr. bezeichnete *Ptolemäus* die Halbinsel als „Chersonesus Aurea" (Goldene Halbinsel) und trug den Hafen Takola an der Westküste als römisches Emperium in seine Weltkarte ein. Dabei handelte es sich vermutlich um den heutigen Ort Takua Pa in der Provinz Phang-Nga. Araber brachten ab dem 7. Jh. den Islam in die Region. Südthailand gelangte bis zum 14. Jh. unter den Einfluss des **Sri-Vijaya-Reiches,** das sein Zentrum im heutigen Indonesien hatte.

Im heutigen Kernland von Thailand etablierten sich im 6. Jh. n. Chr. die **Mon.** Über sie ist nur wenig bekannt, außer dass sie stark von Indien beeinflusst waren. Im 7. Jh. erwähnten chinesische Quellen das buddhistische **Dvaravati-Königreich** im Chao-Phraya-Gebiet. Das Zentrum des Dvaravati-Reiches war vermutlich Nakhon Pathom.

Tempelfigur mit hinduistischen Elementen im ***Wat Khaek,*** *Nong Khai* ↓

Ab dem 9. Jh. drangen die **Khmer** in weite Teile des heutigen Thailands ein. Sie erreichten im 12. und 13. Jh. den Höhepunkt ihrer Macht. Die Khmer gründeten etliche Städte (u.a. Sukhothai) und errichteten eine Vielzahl faszinierender Tempelanlagen (Phimai, Phranom Rung). Zumindest der Adel bekannte sich zum hinduistischen Glauben.

Ethnische **Thais** gelangten vermutlich über Jahrhunderte hinweg aus Südchina in die Zentralregion. Sie wanderten die Küste und großen Flussläufe hinab und ließen sich an den Ufern und in den Flussebenen nieder. Thais wurden allmählich zur dominierenden ethnischen Gruppe in der Zentralebene. Sie eroberten die Städte der Mon (Lamphun) und Khmer (Sukhothai).

Im Jahre 1238 erklärte **Sukhothai** seine Unabhängigkeit. Der 1. König hieß *Indraditya.* Der 2. König *Ramkamhaeng* führte Sukhothai zu seiner viel gerühmten Blüte. Er baute seine Macht bis Pegu (Burma), Luang Prabang (Laos) und Nakhon Si Thammarat in Südthailand aus. Unter seiner Herrschaft erhielt das Land eine Verwaltung. Er entwickelte die Thai-Schrift aus der Uhmer- und Devnagari-Schrift der Mon, die auf dem Pali der indischen Reli-

gionssprache Sanskrit basiert. Ferner führte *Ramkamhaeng* den Theravada-Buddhismus als einheitliche Religion ein.

Parallel zu Sukhothai stieg Chiang Mai im Norden zu einem Königreich auf, **Lanna Thai.**

Die Nachfolger *Ramkamhaengs* beschäftigten sich mehr mit moralischen als mit militärischen Angelegenheiten. Schließlich wurde der Vasallenstaat **Ayuthaya** immer mächtiger und unterwarf Mitte des 14. Jh. Sukhothai.

Ab dem 16. Jh. entwickelten sich intensive **Handelsbeziehungen mit Europa.** 1511 wurde eine portugiesische Botschaft eröffnet. Holländer, Engländer und Franzosen folgten. König *Narai* von Ayuthaya nahm diplomatische Beziehungen zu König *Ludwig XIV.* von Frankreich auf.

Heute bestimmt in Thailand der ***Buddhismus*** *das Leben: Buddha-Statue im Wat Sri Ratana Mahathat, Phitsanulok* ↑

Europäische Reisende schwärmten von einer goldenen Stadt mit über 2.000 vergoldeten Pagodenspitzen. Sie war damals als die Stadt der Engel **(Krung Thep)** bekannt. Im Jahr 1767 fielen jedoch die Burmesen ein und eroberten Ayuthaya. Die Stadt wurde in Schutt und Asche gelegt. Der General *Chao Phraya Chakri* und Provinzgouverneur *Taksin* entkamen den Burmesen, sammelten eine neue Armee und eroberten bis 1769 das ehemalige Staatsgebiet Ayuthayas zurück. *Taksin* verlegte aus strategischen Gründen die Hauptstadt nach **Thonburi,** gegenüber einer kleinen, unbedeutenden Siedlung am Chao-Phraya-Fluss: **Bangkok.** *Taksin* verfiel später dem Wahnsinn und wurde hingerichtet.

Chao Phraya Chakri bestieg 1782 als **Rama I. Thibodi** den Thron. Er begründete die bis in die Gegenwart regierende Chakri-Dynastie. Die Hauptstadt verlegte er nach Bangkok, wo er eine neue Stadt der Engel errichtete. Unter den nachfolgenden Königen musste sich **Rama III.** (1825-1851) den westlichen Kolonialmächten öffnen. Er schloss einen „Freundschaftsvertrag" mit England, der Thailands Herrschaft über Kedah, Kelantan und Terengganu (heute Malaysia) festlegte, den Engländern aber dort freien Handel erlaubte.

Sein Nachfolger **König Mongkut** (Rama IV., 1851-1868) und dessen Sohn **König Chulalongkorn** (Rama V., 1868-1910) erlangten große Bedeutung, denn sie schufen ein modernes Staatswesen, bauten die Infrastruktur auf und sorgten für die wirtschaftliche Entwicklung des Landes. Gleichzeitig gelang es, die Großmachtinteressen Englands und Frankreichs zu neutralisieren. König *Chulalongkorn* musste sich dennoch 1893 einem Invasionsversuch der Franzosen erwehren. Letztlich gelang es aber, die Kolonialisierung Thailands abzuwenden. Dabei verlor Thailand einen Teil des Staatsgebietes im Westen und Osten, sicherte aber das Kernland.

König Vajiravudh (Rama VI., 1910-1925) setzte die Reformen fort, wobei er aber die Staatsfinanzen ruinierte. Am Hof griff Günstlingswirtschaft um sich.

Schließlich musste sich sein Nachfolger **König Prajadipok** (Rama VII., 1925-1935) der Wirtschaftskrise und dem Ruf nach Demokratie beugen. Die absolute Monarchie wurde 1932 durch eine konstitutionelle Herrschaft abgelöst. Doch die neue Regierung entwickelte sich zur Diktatur. Rama VII. trat 1935 ab. Sein 10-jähriger Neffe **Annanda Mahidol** (Rama VIII., 1935-1946) wurde zum Symbolkönig gekrönt. Er studierte die meiste Zeit seiner „Herrschaft" in der Schweiz. Nach seiner Rückkehr 1946 wurde er unter ungeklärten Umständen ermordet.

1946 trat König **Bhumibol Adulyadej** (Rama IX.) die Herrschaft an. 2001 feierte er sein 55-jähriges Thronjubiläum. Damit ist er der am längsten regierende König der Welt. Unter seiner Herrschaft entwickelte sich Thailand zum modernen Industriestaat. Er war in politisch unruhigen Zeiten die respektierte Integrationsfigur Thailands. Er hält sich aus dem (oft schmutzigen) politischen Alltagsgeschäft heraus und kümmert sich, unterstützt von seiner Familie, um Entwicklungs- und Umweltschutzprojekte. Der König und die Religion sind derzeit die wichtigsten Säulen der thailändischen Gesellschaft.

BEVÖLKERUNG

Thailänder bestechen durch eine einzigartige Mischung aus Freundlichkeit, Fröhlichkeit, Zurückhaltung, Neugierde, Geschäftigkeit und Gelassenheit. Von den über 60 Mio Einwohnern stellen ethnische Thais etwa 85%, Chinesen 7% und Malayen 3%.

Der Rest verteilt sich insbesondere auf Laoten, Khmer, Burmesen, Inder, Weiße und die **Bergvölker** (Karen, Meo, Lahu, Yao, Lisu und Akha). Letztere wanderten vor etwa 100-200 Jahren aus China und den Shan-Staaten des heutigen Burma ein. Als „Ureinwohner" gelten sowohl das fast verschwundene Volk der Mlabri im Norden, als auch die in den abgelegenen Waldregionen des Südens lebenden Sakai, sowie die Chao Leh.

Die **Chinesen** stellen wie überall in Südostasien eine wirtschaftlich enorm einflussreiche Gruppe. Sie sind ein wichtiges Antriebsrad der Wirtschaft Thailands. Fehlende religiöse Schranken sorgten für eine intensive Durchmischung mit den Thais, so dass sie nicht wie in anderen Ländern ausgegrenzt sind.

Sonntagsausflug zum Strand →

CHAO LEH – Nomaden der Meere

Eine interessante Gruppe der frühen Einwohner sind die „Seezigeuner" (Thai: Chao Leh), die auf den Inseln der Andaman-See leben. **Größere Siedlungen** befinden sich auf Ko Surin (Ranong), Ko Lanta (Krabi), Ko Lipe (Satun) und Phuket (Rawai, Ko Sire).

Die **Herkunft** dieses Seefahrervolkes, welches eine eigene Sprache (Yauwi) spricht, ist unbekannt. Ihr Ursprung wird im malaiischen oder im arabischen Raum vermutet. Zu den Chao Leh zählen **drei ethnische Gruppen,** die aber auch untereinander heiraten: Moken, Moklen und Urak Lawoi, die größte Gruppe. Die **Moken** sind Nomaden. **Moklen** und **Urak Lawoi** leben als Halbnomaden oder wohnen in kleinen Küstendörfern. Bei ihnen ist die Bootscrew die wichtigste Sozialeinheit. Fischereigeräte und Boote sind die wertvollsten Werkzeuge und materiellen Güter. Sie haben viele Zeremonien und Rituale, um den Nachkommen Bootsbautechniken, Navigation und Sozialverhalten auf langen Seereisen zu vermitteln. **Urak Lawoi** sind Animisten, die zweimal pro Jahr den Geistern der See huldigen. Im 6. und 11. lunaren Monat jeden Jahres halten sie ein Festival ab, das dem Loy-Krathong-Fest der Thais ähnelt. Kleine Modellboote werden am Strand ins Meer ausgebracht, um Unglück symbolisch zu vertreiben.

Die Chao Leh leben auch heute noch überwiegend vom **Fang von Fischen und Krebsen** sowie vom Sammeln von Schalentieren in der Gezeitenzone. Beim Sammeln von Austern beachten sie das ökologische Gleichgewicht der Gezeitenzone, indem sie Größe und Wachstum überwachen. Ihre Pflanzennahrung stammt vorwiegend aus Strandnähe. Die Urak Lawoi messen den Wert eines Strandes an der Zahl der Kokospalmen.

Auf Grund der zunehmenden Überfischung des Meeres durch große Trawler sind die Chao Leh nunmehr dazu gezwungen, **andere Einnahmequellen** zu nutzen. Viele verdingen sich als Sammler von Schwalbennestern, Fischer auf Hochsee-Trawlern, Touristenguides, aber auch als Muschel- und Aquarienfischsammler für den Export, wobei die Korallenriffe erheblichen Schaden nehmen.

Küstengeographie
Meeresgebiete

MEERE THAILANDS

KÜSTENGEOGRAPHIE

Thailand grenzt an zwei Ozeane. Der Osten (Ostküste) und die östliche Küste der malayischen Halbinsel (Südostküste) grenzen an den **Golf von Thailand,** der als Teil des Südchinesischen Meeres zum Pazifik gehört. Im Westen der Halbinsel liegt die **Andaman-See,** ein Randmeer des Indischen Ozeans.

Ostküste

Der westliche Teil der Ostküste formt als Ausläufer des Zentralen Tieflandes eine weite Küstenebene. **Schlickablagerungen** dominieren an der Festlandsküste von Bangkok bis zum 90 km entfernten Chonburi. Die großen Flüsse Chao Phraya, Tha Chin und Pakong transportieren enorme Schlamm-Massen zur Küste. Südlich von Bangkok schiebt sich die Küstenlinie jährlich um 4-6 m vorwärts. Die Küste war früher einmal von dichten Mangroven gesäumt, die aber Siedlungen, Aquakultur- und Industrieanlagen weichen mussten.

Der **erste nennenswerte Badestrand** liegt bei Bangsaen (100 km östl. von Bangkok). Die attraktivsten Sandstrände folgen jedoch weiter ostwärts, weit vom Einzugsbereich des Chao Phraya und des Pakong entfernt.

Nach Osten wird die Küstenebene zunehmend schmaler. Die Berge des Hinterlandes

Westküste: *Ray Leh East Beach am Phra-Nang-Kap (Krabi)* ↓

Südostküste: *Bunt bemaltes Kor-Leh-Fischerboot, wie man es an den Stränden um Pattani sieht* →

Bohrungen im Raum Bangkok stießen auch in 300 m Tiefe nicht auf festes Gestein. Möglicherweise sind die **Sedimentablagerungen** an einigen Stellen bis zu 2 km dick. Lopburi, heute 120 km nördlich von Bangkok gelegen, war vor einigen hundert Jahren eine Hafenstadt.

rücken immer näher an die Küste heran, bis sie im Ostzipfel Thailands unmittelbar ans Meer stoßen. Die **stark ausgebuchtete Küstenlinie** zeigt eine geologisch junge Küste an (Senkungsküste), die durch Ansteigen des Meeresspiegels bzw. Absinken der Landmasse entstand.

Ungefähr 80 **Inseln** zieren den Golf im Osten. Es sind Ausläufer von parallel zur Küste verlaufenden Gebirgsketten. Ko Si Chang bei Si Racha (120 km östl. Bangkoks) ist die erste dieser Inseln. Es folgen bekannte Inseln wie Ko Larn (Pattaya), Ko Samet (Rayong) und Ko Chang (Trat), die größte Insel im Osten, nahe der Grenze zu Kambodscha. An den Inseln liegen die besten Bade-, Schnorchel- und Tauchreviere Ostthailands.

Südostküste

Weite, **schlickige Küstenebenen** bestimmen auch die nördliche Südostküste der malayischen Halbinsel. Sandstrände gibt es erst ab Petchaburi (100 km südl. von Bangkok).

Die **beliebtesten Badegebiete** der nördlichen Golfküste befinden sich bei Cha Am und Hua Hin (140 bzw. 188 km südl. Bangkoks).

Bizarre Felsformationen sind charakteristisch für die ***Westküste:*** *Phang-Nga-Bucht* ↓

In Prachuab Khiri Khan, Chumphon und Surat Thani wechseln sich schroffe Felsküsten und sandige Buchten ab. Der größte Fluss des Südens, der **Tapi,** mündet bei Surat Thani in den Golf.

Vor der Küste liegen mit Ko Samui, Ko Phangan und Ko Tao die bekanntesten **Inseln** im zentralen Golf von Thailand.

Ab Nakhon Si Thammarat folgt eine **breite, flache Küstenebene,** die überwiegend landwirtschaftlich genutzt wird. Kilometerlange, teilweise schnurgerade Strände ziehen sich Richtung Süden bis zur malayischen Grenze. Ein

schmaler, etwa 50 m breiter **Mangrovenstreifen** begrenzt die Strände zum Festland hin (bzw. begrenzte, als es dort noch keine Shrimp-Farmen gab).

Der **Thale Sap Songkhla** (Songkhla Lake) ist mit über 1.000 km² das größte Inlandgewässer Thailands. Er mündet ins Meer und bildet ein für Thailand einzigartiges Lagunensystem.

Westküste

Die Westküste der malayischen Halbinsel bietet ein völlig anderes Bild als die Ostküste. Bizarre Felsformationen, eine **gezähnte Küstenlinie** mit unzähligen, kleinen Buchten und schmalen Küstenstreifen kennzeichnen die Küste der Andaman-See. Es fehlt eine weite Ebene im Hinterland. Nur wenige kleine Flüsse münden hier ins Meer.

Als **Schelf** bezeichnet man ein Flachmeergebiet bis 200 m Tiefe. Der Untergrund wird vom Rand der Kontinentalplatte in der Erdkruste gebildet, die auch die angrenzende Landmasse formt.

An der **Südwestküste** befinden sich die größten **Mangrovensümpfe** Thailands. Die Berge des Hinterlandes sind noch überwiegend mit dichten Regen- und Monsunwäldern bewachsen.

Die meisten der insgesamt 275 **Inseln** vor der malaiischen Halbinsel liegen auf der Westseite. Dazu zählen neben Phuket, der größten Insel des Landes, auch die Similan-Inseln, Ko Phi Phi und Ko Tarutao. Die Inseln bestehen entweder aus vulkanischem Granit oder aus Kalkstein und sind zumeist dicht bewaldet.

MEERESGEBIETE THAILANDS

Golf von Thailand

Der Golf von Thailand gehört zum **Sunda-Schelf** und bildet einen Ausläufer des südostasiatischen Festlandes, der nach dem Ende der Eiszeit vor 10.000-12.000 Jahren überflutet wurde. Er ist etwa 555 km breit, 370 km lang und mit durchschnittlich 45 m

Der enorme Süßwassereintrag sorgt für eine starke Aussüßung des Wassers. Normalerweise besitzt Meerwasser einen **Salzgehalt** von 33-34 Promille (33-34 g Salz pro Liter). Das Wasser im Golf von Thailand weist dagegen normalerweise nur um 30 Promille auf. Nach der Regenzeit sinken die Salzgehalte in Küstennähe teilweise bis auf 12 Promille. Viele Meerestiere, so auch Korallen, können unter diesen Bedingungen nicht überleben.

Wassertiefe sehr flach. Die größte Tiefe beträgt nur 80 m. Das Zentrum des Golfes wird von einem Bassin gebildet, welches im Süden durch **zwei unterseeische Rücken** vom offenen Meer getrennt ist. Sie erstrecken sich von Vietnam und Nordmalaysia in den Golf. Ein 67 m tiefer Graben trennt die beiden Rücken.

Alle großen Flüsse Thailands (Chao Phraya, Tha Chi, Mae Klong, Pakong) münden in den oberen Golf von Thailand. Insgesamt ergießen sich 93% des Festlandsabflusses von Thailand in den Golf, immerhin rund 205 Mio m^3 Wasser pro Jahr. Dadurch gelangen immense Mengen an **Süßwasser** und **Sedimenten** (Sand, Schlick) ins Meer. Das Wasser ist daher für tropische Verhältnisse relativ trüb, ganz besonders im nördlichen Teil.

An der Oberfläche ist das Wasser wegen des geringen Salzgehaltes und der starken Erwärmung durch die Sonne leichter als in der Tiefe.

*Blick auf Ko Chang und Trat im **Golf von Thailand** ↓*

Golf von Thailand

Unter **Plankton** versteht man im Wasser treibende Organismen, deren Fähigkeit zur Eigenbewegung entgegen der Wasserbewegung nur gering ist. Die Größe des Planktons reicht von mikroskopisch kleinen Organismen wie Bakterien, Geißeltierchen oder Kieselalgen bis hin zu großen Quallen. Die Abbildung zeigt eine Kieselalge (Diatomee) unter dem Elektronenmikroskop.

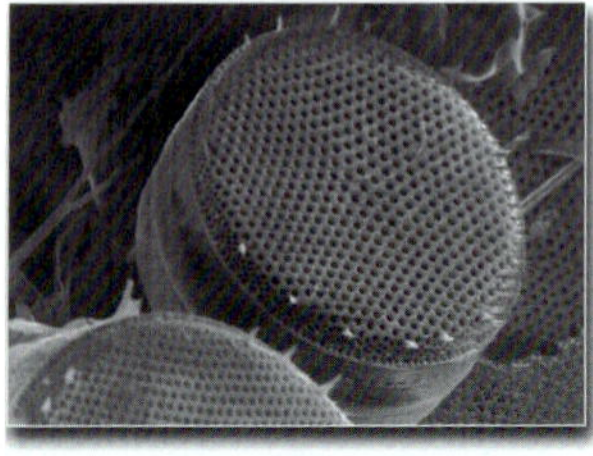

Deshalb ist der Wasserkörper geschichtet. Ein vertikaler **Wasseraustausch** erfolgt nur durch starke Stürme. Der erwähnte unterseeische Graben ist somit für den Wasseraustausch sehr wichtig. Frisches, salz- und sauerstoffhaltiges Wasser fließt in der Tiefe durch den Graben in den Golf hinein und gelangt in Auftriebszonen an die Oberfläche, während Oberflächenwasser in den offenen Ozean abfließt.

Die **Oberflächenströmungen** werden durch die vorherrschenden Windrichtungen bestimmt. Während des NO-Monsuns wird das Wasser gegen den Uhrzeigersinn an der Südwestküste aus dem Golf gedrückt. Hingegen fließt es während des SW-Monsuns in umgekehrter Richtung entlang der Ostküste nach Kambodscha.

Die Flüsse bringen auch viele Nährstoffe (Nitrate, Phosphate) ins Meer und sorgen neben der ganzjährigen Sonneneinstrahlung für eine rasche Vermehrung pflanzlichen **Planktons** im Oberflächenwasser.

Planktonalgen sind die wichtigste Grundlage der Nahrungskette im Meer. Deshalb ist im Golf von Thailand nicht nur die Algenproduktion, sondern auch die Vermehrung von Tieren enorm hoch. Er gehört **zu den produktivsten Meeresgebieten der Welt** und stellt eine Ausnahme unter tropischen Meeren dar, die trotz der schillernden Artenvielfalt meistens ausgesprochen nährstoffarm und unproduktiv sind.

Das Wasser der ***Andaman-See*** *ist kristallklar* →

In der Tiefe gedeihen mangels Licht kaum Sauerstoff produzierende Algen. Im Gegenteil bewirkt von der Oberfläche absinkendes or-

Algenblüten sind explosionsartige Massenvermehrungen einzelliger Algen. Es können sich mehr als 10 Mio Zellen in einem Liter Wasser befinden. Oftmals durchläuft nur eine Art zu einem bestimmten Zeitpunkt eine „Blüte“. Dem Strandwanderer fällt dann eine intensiv grüne oder rötliche Färbung des Wassers auf. Dieses Phänomen erhielt den Namen „Red tides“. Die Farbe entsteht durch die Algenfarbstoffe (Pigmente), mit denen sie das Sonnenlicht für die Photosynthese einfangen.

ganisches Material eine erhebliche **Sauerstoffzehrung.** Nach den Algenblüten kann es in tiefen Senken sogar zu Sauerstoffmangel kommen, so dass Fische und andere Meerestiere sterben. Algenblüten treten aufgrund der enormen Belastung durch organischen Abfall aus Haushalten und Betrieben, das sind vor allem Zucker-, Tapioka- und Düngemittelfabriken, immer häufiger auf. In einigen Gebieten bildeten sich bedrohlich große Faulschlammschichten am Meeresgrund.

Andaman-See

Im Gegensatz zum Golf von Thailand hat die Andaman-See eine **offene Verbindung zum Ozean.** Sie wird lediglich durch die Inselkette der Andamanen und dem Nikobaren-Rücken vom Golf von Bengalen abgegrenzt. Der Wasseraustausch mit dem offenen Ozean erfolgt deshalb viel schneller als im Golf von Thailand. Die Wassertiefen sind bereits in Küstennähe mit über 100 m viel größer als im Golf.

Auffällig ist die **blaue Wasserfarbe,** die dem allgemeinen Bild von tropischen Meeren entspricht. Blaue Färbung zeigt eine geringe pflanzliche Produktion und wenig Eintrag von Trübstoffen an. Die wenigen Flüsse bringen gerade 7% des Abflusses vom gesamten Festland ins Meer. Daher gelangen nur kleine Sediment- und Nährstoffmengen in die Andaman-See. Außerdem werden wegen der großen Wassertiefen kaum Nährstoffe vom Meeresboden aufgewirbelt und in lichtdurchflutete Zonen gebracht. Die Planktonentwicklung und damit auch die Fischereierträge bleiben im Vergleich zum Golf von Thailand sehr niedrig.

Dem spärlichen Süßwassereintrag durch Flüsse verdankt das Wasser der Andaman-See einen hohen Salzgehalt. Klares Wasser und **hohe Salzgehalte** wirken sich insbesondere auf den Korallenwuchs positiv aus. Mehr als 200 Steinkorallenarten gedeihen in der Andaman-See. Im Golf von Thailand sind es hingegen nur ungefähr 80 Arten.

Im zentralen Golf von Thailand wurde eine **tägliche Primärproduktion** von etwa 3,5 gC/m^2 gemessen, bei den Surin-Inseln in der Andaman-See nur etwa 0,06 gC/m^2. Pflanzliche Produktion (Primärproduktion) wird meistens als die Menge Kohlenstoff (C) angegeben, die von Pflanzen innerhalb einer bestimmten Zeit aufgenommen und in den Organismus eingelagert wird. Kohlenstoff ist der Grundbaustein organischer Moleküle und eignet sich somit als Maß für die Produktion. Pflanzen nehmen Kohlendioxid (CO_2) und Wasser auf und erzeugen daraus mit Hilfe von Sonnenlicht als Energiequelle Zucker (Photosynthese). Im Stoffwechsel dient Zucker als Brenn- und Baustoff, um Fette, Eiweiße und andere organische Verbindungen zu erzeugen.

Korallen benötigen lichtdurchflutetes Wasser →

LEBENSRAUM

Sand- und Schlickküsten
Felsküsten und Riffe
Vogelwelt
Wirtschaftliche Nutzung
Bedrohung der Lebensräume

KÜSTE

EINFÜHRUNG

An Küsten prallen zwei grundlegend verschiedene Lebensräume aufeinander: Land und Meer. Sie erfordern von ihren Bewohnern besondere Anpassungen, die sich im jeweilig anderen Lebensraum nachteilig auswirken können. Nur wenigen Arten gelingt es, als Grenzgänger beide Lebensräume zu bewohnen.

Gezeitenzone

Der Gezeitenhub liegt in Thailand bei ungefähr 2-3 m. Die Gezeitenzone ist der Bereich zwischen dem Hoch- und dem Niedrigwasser. Hier lebende Organismen sind neben starken Brandungskräften **großen Schwankungen der Umweltbedingungen** ausgesetzt. Sie müssen Überflutungs- und Trockenperioden überstehen. Die Umgebungstemperaturen ändern sich innerhalb weniger Stunden um 20-30° C. In den Tropen erreichen die Temperaturen in sehr kleinen Gezeitentümpeln und auf der Oberfläche von Felsen am Tag mehr als 50° C, die schon manchem barfüßigen Strandwanderer Blasen an den Füßen eintrugen. Starke Verdunstung beschert den Bewohnern von Gezeitentümpeln sehr hohe Salzgehalte (38 Promille), aber ein urplötzlicher tropischer Schauer sorgt für rasante Aussüßung des Wassers. Auch der Sauerstoff- und Kohlendioxidgehalt ändert sich oft. Läuft das Wasser ab, wird das Ufer direkt dem für viele Meeresbewohner schädlichen Sonnenlicht ausgesetzt.

Vom Land dringen relativ wenige Organismen in den Gezeitenbereich vor. Mangroven, Salzwiesenpflanzen und Flechten sind typische Küstenpflanzen. Einige Insekten (Käfer, Fliegen, *Zuckmücken)* leben unmittelbar am Meerufer. Affen und andere Tiere suchen sich bei Niedrigwasser in der Gezeitenzone Nahrung. Demgegenüber eroberten viele **Meerestiere** die Gezeitenzone. *Strandasseln, Seepocken, Napf-* und *Strandschnecken* sind an fast allen Küsten beheimatet.

ANPASSUNG

Welche gegensätzlichen Anpassungen die beiden Lebensräume bewirken, zeigen die folgenden Beispiele.

Die Dichte und damit „Tragfähigkeit" von Wasser ist viel größer als die von Luft. Schwebendes **Plankton** gibt es daher nur im Wasser. Nahrung und Ausscheidungsprodukte werden von Strömungen heran- bzw. abtransportiert. Deshalb findet man im Wasser viele festsitzende Tiere. **Landtiere** müssen beweglich sein, um sich Nahrung aktiv zu suchen.

Diese *Porpita-Staatsqualle* stirbt, weil sie aus ihrem Lebensraum herausgerissen wurde. Viele werden im Februar und März an Thailands Strände gespült.

Meereslebewesen benötigen kein festes Stützskelett. Im Wasser brauchen sich die Organismen nicht gegen Austrocknung zu schützen.

Atemorgane von Landtieren befinden sich stets im Körperinnern, während marine Arten vielfach äußere Kiemen aufweisen und Hautatmung sehr verbreitet ist. Wasser enthält weniger Sauerstoff als Luft, weshalb große Wassermengen über die Oberflächen der Atemorgane bewegt werden müssen.

Weichhäutige, gelatinöse **Eihüllen** können Landtiere sich nicht leisten. Ihre Brut entwickelt sich stets in schützenden, dickschaligen Eiern oder im Körperinneren.

Die **Körperflüssigkeiten** der meisten Meerestiere haben den gleichen Salzgehalt wie das Meerwasser. Sie brauchen keine besonderen Regulationsmechanismen, um ihren Wasser- und Salzhaushalt im Gleichgewicht zu halten. Die meisten Landbewohner vertragen ihrerseits nicht die hohen Salzgehalte des Meerwassers.

Fels- und Sediment-küsten

Hinsichtlich der Art des Untergrundes unterscheidet man Fels- und Sedimentküsten. **Felsufer** gibt es dort, wo starke Wasserströmungen lockeres Material abtragen. Es bleibt nur ein langlebiger, harter Untergrund über. **Sedimentküsten** findet man, wo sich Sand oder Schlick abgelagern konnten.

SAND- UND SCHLICKKÜSTEN

SANDSTRÄNDE

Vegetation

Die Vegetation an Sandstränden reicht niemals direkt bis zur Wasserlinie, sondern ist durch einen **Sandstreifen** vom Meer getrennt. Sand hält wenig Feuchtigkeit zurück und ist sehr salzhaltig. Meersalz gelangt durch die Gischt auch in hoch gelegene Bereiche, die nicht von der Flut erreicht werden.

Im **oberen Strandbereich** und auf **Dünen** dominieren krautige Pflanzen. Unmittelbar am seewärtigen Rand wachsen dichte Matten der *Strandwinde.* Dahinter stehen die *Große Meerbohne, Strand-Portulak, Vitex* und *Strand-Igelgras.* Es folgen Gehölze, vornehmlich *Schraubenpalmen* oder der *Strandsalat* mit seinen auffälligen, hellgrün gefärbten, fleischigen Blättern. Seine weißen Blütenblätter tragen an der Oberseite feine Fruchthaare, die von bestäubenden Insekten abgefressen werden.

Indische Mandelbäume, Kasuarinen und *Kokospalmen* sind universelle Bestandteile der Strandvegetation, wurden aber hauptsächlich als nützliche Schattenspender angepflanzt. Der *Indische Mandelbaum* ist eine pantro-

Die Korngröße ist das Maß für die **Unterscheidung zwischen Sand und Schlick.** Sandkörner haben einen Durchmesser von 0,063 bis 2 mm. Sandböden besitzen einen großen Porenraum, der einen speziellen Lebensraum für Kleinstorganismen bietet. Enthält der Sand mehr als 50% an Silt- bzw. Tonteilchen (Korngröße < 0,063 mm) und viel organisches Material, spricht man von Schlick. Schlickböden sind viel kompakter als Sande und werden weniger stark durch Wind und Strömungen umgelagert. Schlicke findet man in Stillwasserzonen, wo sich selbst feinste Partikel absetzen.

Blühender ***Strandsalat*** *(Scaevola taccada)* →

Auflegen von frischen Blättern der ***Strandwinde*** *(Ipomoea pes-caprae) lindert Hautreizungen durch Nesselgifte* ↓

KOKOSPALMEN –

VON OBEN BIS UNTEN NÜTZLICH

Palmenstrände sind ein Sinnbild für die Tropen. Das **Verbreitungsgebiet** der Kokospalme liegt zwischen den Wendekreisen. Ihre Heimat liegt vermutlich in Polynesien. Sie ist eine typische Küstenpflanze, die kaum ins Landesinnere vordringt. Kokospalmen werden bis 30 m hoch und bis zu 100 Jahre alt.

Reife, teilweise schon keimende Kokosnüsse. Ein Baum bringt jährlich bis zu 80 Nüsse hervor, die in Thailand auch von dressierten Affen geerntet werden.

Eine **Kokosnuss** ist für Botaniker eine Steinfrucht, d.h. sie besitzt weiche (faserige) äußere und eine harte innere Fruchtschale. Das Kokosfleisch dient dem Embryo der Pflanze als Nährgewebe. Es umschließt einen Hohlraum, der mit Kokoswasser angefüllt ist. Während der mehrere Monate dauernden Keimzeit bildet der Embryo ein Saugorgan, welches das Innere der Frucht ausfüllt und langsam aussaugt. Kokosnüsse können mit Meeresströmungen über 4.500 km reisen, ohne ihre Keimfähigkeit zu verlieren. Die angespülte Frucht vermag im unmittelbaren Strandbereich dennoch oft nicht auszukeimen, weil der Salzgehalt zu hoch ist.

Die meisten Palmen an den Stränden wurden von Menschen gepflanzt. Die Kokospalme ist nicht nur optisch ein unverzichtbarer Bestandteil tropischer Küsten, sondern auch eine **universelle Nutzpflanze.**

Kokosnüsse werden seit über 4.000 Jahren von den Bewohnern Südostasiens gegessen. Ein Baum bringt jährlich bis zu 80 Nüsse hervor, die mit an langen Stangen befestigten Messern oder von Affen geerntet werden. Aus dem Fleisch reifer Früchte wird durch Trocknen **Kopra** gewonnen. Sie enthält bis 70% Fett und dient zur Herstellung von Speisefett (Palmin). Thailand gehört mit jährlich 67.000 t zu den 10 größten Kopraproduzenten der Welt. Das **Fruchtfleisch junger Früchte** wird wegen des süßen Geschmacks in Desserts verarbeitet.

Aus geraspelten, mit Wasser vermischten, reifen Früchten presst man **Kokosmilch,** eine wesentliche Zutat in der thailändischen Küche. Besondere Köstlichkeiten sind in Kokosmilch gekochter Klebereis, Kokosmilchsuppen und diverse Curries. Das trinkbare **Wasser junger Nüsse** ist isotonisch zum Blut und kann deshalb in Notfällen für Infusionen verwendet werden.

Der **Kern der Stammspitze** wird wie Bambussprossen gekocht oder fritiert. Frischer Saft junger Blüten dient zur Zuckergewinnung.

Die Fasern der äußeren Fruchtschale werden zum Flechten von Matten und sogar zur Fertigung von Kleidung genutzt. **Kokosfasern** können das Fünffache ihres Gewichtes an Öl aufnehmen. Deshalb werden große Mengen in Ölraffinerien gelagert, um bei eventuellen Unfällen auf dem Wasser treibendes Öl abzusaugen. Ein Nebenprodukt der Fasern, ein bräunlicher Staub, ergibt mit Erde vermischt eine Töpfermasse.

Aus den **Palmwedeln** werden Flechtwerk und Besen gefertigt. Der **Stamm** dient als Bau- und Möbelholz sowie zur Herstellung von Küchengeräten, Bestecken und Musikinstrumenten. Die **Nussschalen** werden als Brennmaterial und zur Holzkohleproduktion verwendet.

Einige Pflanzenteile haben sogar **Heilwirkung.** Gekochte junge Blüten und Wurzeln helfen gegen Magen- und Halsschmerzen. Die Fruchtschale enthält Stoffe gegen Darmbeschwerden und Nasenbluten, das Fruchtfleisch und Kokosfett Herzstimulanzien. Das Zähneputzen mit Rindenasche soll Zahnschmerzen lindern.

Das natürliche Verbreitungsgebiet der **Schraubenpalmen** reicht von Afrika über Südostasien bis zu den Inseln des Stillen Ozeans. Über 630 Arten sind bekannt, von denen die meisten jedoch Waldpflanzen sind. Aus den Blättern der Strand-Schraubenpalme PANDANUS ODORATISSIMUS werden in Thailand Matten geflochten. Einige Pflanzenteile besitzen Heilwirkung. Die Luftwurzeln fördern den Harnfluss und helfen gegen Gallen- und Nierensteine. Die Blüten dienen als Herzstimulanz (Abb. oben).

pische Pflanze mit essbaren Früchten. *Kasuarinen* sind trotz ihres Aussehens keine Nadelbäume. Die „Nadeln" sind tatsächlich kleine, miteinander verbundene, schuppenförmige Blätter. Sie besitzen ein sehr hartes Holz.

Landeinwärts bilden aus vielen Gehölzpflanzen bestehende **Strandwälder** die natürliche Strandvegetation. Typische Bäume in Thailands Strandwäldern sind *Pappelblättriger Eibisch,* die Citrusart C. MICROCARPA, der orangeblütige *Brustbeerenbaum* und die weißblütige *Sarapee* mit glatten, dunkelgrünen, elliptischen Blättern. CERBERA ODOLLAM ist leicht an den in Rosetten angeordneten, lanzettförmigen Blättern erkennenbar. Sie besitzt weiße Blüten und enthält einen giftigen Milchsaft. Das gelb blühende *Sappanholz* stammt ursprünglich aus Indien, ist aber seit langem in Thailand beheimatet. Im Unterwuchs der Hinterlandvegetation von Thailands Sandküsten wachsen unter anderem *Juwelenwein,* die Jasminart JASMINIUM

BIFARIUM, salztolerante Orchideenarten und die prächtige *Flammen-Lilie.*

Tierwelt

Von der Tierwelt an tropischen Stränden fallen insbesondere **Krebse** auf, deren Gänge unschwer an nahezu jedem Strand bis hoch in die Vegetationszone zu finden sind. Es handelt sich meistens um **Geisterkrabben.** Sie kommen bevorzugt nachts oder am frühen Morgen aus ihren bis 1 m tiefen Bauten. Geisterkrabben sprinten mit langen, schlanken Beinen am Strand umher. Einige Arten erreichen kurzzeitig Geschwindigkeiten von 1,6 m pro Sekunde. Damit gehören sie mit zu den schnellsten wirbellosen Tieren. Mit ihren gestielten Augen können sie hervorragend sehen.

Strandschraubenpalme ←

Kasuarinen *sind trotz ihres Aussehens keine Nadelbäume* ↑

Babylonia-Schnecke ↓

An der Niedrigwasserlinie ist der Strand oft mit kleinen Sandpillen gepflastert. Sie stammen von **Soldatenkrabben.**

Im flachen Wasser leben die meisten Tiere mehr oder weniger im Sand verborgen. Vor allem Muscheln, Schnecken, Borstenwürmer, Krebse und Seeigel *(Sanddollars, Herzigel)* bevölkern den Meeresgrund. Von den Muscheln erkennt man meistens nur die Filteröffnungen *(Siphone),* die an die Sandoberfläche ragen. **Dreiecksmuscheln** sind besonders typisch für grobsandige Tropenstrände. Sie graben sich ein und wan-

Geisterkrabbe →

Soldatenkrabbe ↓

Soldatenkrabben leben in unterirdischen Bauten und beginnen bei jeder Ebbe mit ihrer Tätigkeit. Sie kratzen Nahrung von einzelnen Sandkörnchen ab, die sie geschwind zu kleinen Kügelchen verbacken und auf dem Strand ablegen. Innerhalb kurzer Zeit ist der Sand mit den Pillen übersät, bis sie von der folgenden Flut weggespült werden.

dern im Sandgrund mit dem Steigen und Fallen des Wasserspiegels. Einige **Venusmuscheln** (PAPHIA, MERETRIX) gelten als Delikatesse und werden mit kleinen Rechen aus dem Sand hervorgeholt. **Babylonia-Schnecken** gehen erst in der Nacht auf Nahrungssuche. Auch viele Großkrebse wie **Schwimm- und Schamkrabben** vergraben sich am Tag und sind in der Nacht und frühmorgens aktiv. **Seefedern,** die zu den Blumentieren zählen, leben auf dem Grund. Sie pfählen sich im Boden ein.

Stachelrochen lauern halb bedeckt auf dem Sand. Große Arten findet man meistens im tiefen Wasser, aber kleine Vertreter sind im seichten Wasser der Strände keinesfalls selten. Sie haben ihren Namen von den ein bis zwei Stacheln am Schwanzansatz. Bei Gefahr richten die Fische ihre Stacheln auf, und gelegentlich benutzen sie zur Verteidigung ihren Schwanz als eine Art Peitsche.

Die **Stacheln** der Stachelrochen können tiefe Wunden reißen und stehen zudem mit Giftdrüsen in Verbindung. Das Gift ist nicht lebensbedrohend, aber sehr schmerzhaft. Oft bleiben Reste der Giftdrüsenhaut in der Wunde zurück und verursachen heftige Schmerzen. Die Wirkung der Eiweißgifte kann durch Alkohol, Essig oder Hitze (heißes Wasser) vermindert werden. Man sollte die Wunde unbedingt reinigen und desinfizieren. Das Unfallrisiko mit Stachelrochen ist nicht gering. Beim Baden kann man durchaus versehentlich auf einen Stachelrochen treten. Durch lautes Planschen können die Tiere aber aufgescheucht und vertrieben werden. Es ist auch ratsam, Plastikschuhe zu tragen.

*Gut getarnt: Ein **Grauer Stechrochen** (Dasyatis kuhlii)* ↓

Seegraswiesen

Seegraswiesen kommen an reinen Sandküsten, bei Mangroven und Korallenriffen vor. Sie bilden eine eigenständige Lebensgemeinschaft im Flachwasser. **Seegräser** sind die einzigen höheren Pflanzen (Samenpflanzen), die vollständig untergetaucht im Meer leben. Verwandte der Seegräser, es handelt sich um Laichkraut- und Froschbissgewächse, wachsen in großer Zahl im Süßwasser. In Thailand kommen 12 Seegrasarten vor. Einige, wie HALOPHILA, bilden nur kleine, wenige Zentimeter lange Blätter. Das **Riesen-Seegras** ENHAULUS ACOROIDES wird über 1 m hoch. Seegräser blühen unter Wasser, und die Samen werden durch Strömungen verbreitet. Dichte Wiesen entstehen aber durchweg durch ungeschlechtliche Vermehrung über Seitensprosse. In Thailand findet man Seegraswiesen bis in ca. 6 m Wassertiefe. Sie sind ein wichtiger Aufwuchsgrund für viele Meerestiere (Fische, Garnelen) und Heimat der ein-

*Extrem selten und gefährdet: weidender **Dugong*** ↓

*Die Besonderheit der **Seepferdchen** besteht darin, dass die Männchen die Eier (Brut) austragen. Die Weibchen kleben die Eier am Bauch des Männchens fest. Das Eipaket wird von einer Bauchfalte umwachsen. In dieser Schutzhülle reifen die Eier heran.* (Hippocampus kuda) →

zigartigen **Dugongs** (Seekühe). Sie grasen als reine Vegetarier die Seegräser ab.

Heute leben nur noch etwa 60 Dugongs in der Andaman-See. Lebensraumzerstörung und Ertrinken in Fischernetzen dezimierten die Zahl. Zurzeit unternehmen die thailändischen Behörden und Naturschutz-Organisationen große Anstrengungen, den letzten Bestand zu retten.

Auch **Seenadeln,** schlangen- oder nadelartig geformte Fische, und die mit ihnen verwandten **Seepferdchen** leben oft zwischen Seegräsern.

SCHLICKGEBIETE

Mangrovenwälder

Mangroven sind für die Gezeitenzone geschützter Küsten und Flussmündungen tropischer und subtropischer Breiten typisch. Die Vegetation erstreckt sich von der mittleren Niedrigwasserlinie landwärts bis in Bereiche, in die zumindest gelegentlich Salzwasser eindringt. An Flussläufen können Mangroven langsam in Süßwassersumpfwälder übergehen. Nur an Salzwasser und überfluteten Grund angepasste Pflanzen können in diesem Lebensraum überleben. Mangrovenbäume sind die einzigen Gehölzgewächse, die in diesem speziellen Lebensraum gedeihen.

Kronen- und Wurzelradius *einer alleinstehenden Mangrove* ↑

Blüte *der Mangrovenart Bruguiera gymnorhiza* →

Mangroven kommen **ausschließlich in den Tropen und Subtropen** vor. In den kalten und gemäßigten Breiten wird dieser Gezeitenbereich von Salzwiesen oder Salzmarschen bedeckt. Einige bei uns typische Salzwiesenpflanzen kommen auch in Thailand vor. Die *Strand-Sode* wächst auf nassen, salzreichen Schlickböden und kommt gelegentlich an unbewaldeten Stellen vor. Es ist nicht vollständig geklärt, warum Mangroven nur in den warmen Breiten existieren, denn einige Mangrovenbäume können niedrige Temperaturen (0-4° C) ertragen. Die **idealen Temperaturen** für Mangroven liegen aber zwischen 25° C und 30° C.

Ausgedehnte Mangrovenwälder gedeihen lediglich an wind- und brandungsgeschützten Buchten, Flussmündungen oder Lagunen. Mangrovenbäume können nur in schlickigem Untergrund wurzeln. Sie vertragen keine Stürme, denn sie werden leicht durch Wind und Wellenschlag entwurzelt. Auch starke Gezeiten verhindern deshalb die Ansiedlung von Mangroven.

Instabiler Untergrund, niedriger Sauerstoff- und hoher Salzgehalt im Boden sind die wichtigsten abiotischen (nicht biologischen) Umweltfaktoren, die den Lebensraum der Mangroven bestimmen. Mangrovenbäume besitzen vielfältige Anpassungen an diese Bedingungen. Sie verfügen über flachgründige, aber **weit reichende**

Rhizophora-Wald mit den typischen ***Stelzwurzeln*** →

Wurzeln. Der Wurzelradius übersteigt im Gegensatz zu Bäumen auf dem Festland den Baumkronenradius. Auch bogenförmige Stelzwurzeln sorgen für einen stabilen Stand. Dem Sauerstoffmangel im Boden begegnen Mangrovenpflanzen durch **Luftwurzeln,** große Atemporen *(Lenticellen)* in der Rinde und Luftleitungsgewebe *(Aerenchyme)*. Zu den überirdischen Wurzeltypen gehören **Atemwurzeln** *(Pneumatophoren),* die als Ausläufer unterirdischer Wurzeln senkrecht über den Grund hinausragen. Pneumatophoren findet man zum Beispiel bei den Baumgattungen AVICENNIA und SONNERATIA. Andere Arten haben **Kniewurzeln.** Das sind Kabelwurzeln, die gelegentlich die Oberfläche „kniertig" durchbrechen.

Mangroven-Wälder bieten vielen Tieren den passenden Lebensraum: Im Schlamm leben zum Beispiel ***Borstenwürmer*** ↓

Der hohe Salzgehalt des Bodens führt dazu, dass Mangroven unter einem **ständigen Wassermangel** leiden (physiologische Trockenheit). Hohe Salzkonzentrationen im Boden ziehen das Wasser aus den Pflanzen heraus. Um Verdunstungsverluste zu verringern, sind Mangrovenblätter wie bei Wüstenpflanzen dickwandig, mit einer dicken Wachsschicht überzogen, besitzen große Wasserspeicherzellen und viele Stützzellen. Spaltöffnungen, durch die der Gasaustausch der Pflanzen erfolgt, liegen fast aus-

Im dichten Blattwerk geht der ***Plump-Lori,*** → *nachts auf Nahrungssuche*

nahmslos an der Unterseite der Blätter. Mangroven müssen sich ferner vor eindringendem Meersalz schützen. Ihre Wurzeln wirken wie ein Ultrafilter. Die Wurzelzellen können während der lebensnotwendigen Wasser- und Nährstoffaufnahme einen großen Anteil der im Wasser gelösten, überschüssigen Salzteilchen ausschließen. Trotzdem gelangen immer noch zu viele Salze in die Pflanzen. Sie werden im Stamm gespeichert oder in den Blättern abgelagert, die schließlich abgeworfen werden. Salzausscheidung über spezielle Drüsen in den Blättern ist ein weiterer Mechanismus zur Verringerung des Salzgehaltes in der Pflanze.

Viviparie ist eine Besonderheit, die viele Mangrovenbäume gegenüber anderen Landpflanzen auszeichnet. Die Keimlinge entwickeln sich nicht wie bei anderen Pflanzen aus am Boden liegenden Samen, sondern schon an der Mutterpflanze. Eine Pfahlwurzel treibt aus der ehemaligen Blüte aus. Erst dann fällt der Keim ab und gräbt sich in den Boden ein. Es gibt viele Vermutungen, welche Vorteile die Viviparie den Mangroven bringt (Schutz gegen Vertriftung, Nahrungsparasitismus etc.). Offensichtlich ist der entscheidende Vorteil, dass fortgeschrittene Verbreitungsstadien widerstandsfähiger gegen-

Viviparie: *aus den Blüten wachsen neue Keimwurzeln* ↑

Nypa-Palmen (NYPA FRUITICANS) stehen in Gebieten, die nur wenig Salzwassereinfluss erfahren und selten trockenfallen. Aus den Palmwedeln werden Dachabdeckungen geflochten, die Blätter dienen als Zigarettenpapier, und die essbaren Früchte werden in Süßspeisen verarbeitet. Nypa-Plantagen liegen in ehemaligen Mangrovengebieten, vor allem in Samut Songkram, Samut Sakhorn und Chachoengsao.

über den Verletzungen durch im Wasser treibende Materialien sind als kleine Sämlinge.

In Thailands Mangrovenwäldern wachsen immerhin 74 Gefäßpflanzenarten. Entsprechend der vielfältigen unterschiedlichen Bedingungen (Salzgehalt, Überflutungshäufigkeit und -dauer), denen die Pflanzen ausgesetzt sind, findet man eine deutliche Zonierung der Arten. Die **Baumgattungen** AVICENNIA und RHIZOPHORA bilden meistens den seewärtigen Rand des Waldes, wobei AVICENNIA direkt an der Küste und RHIZOPHORA vor allem am Ufer von Flussmündungskanälen wächst. Auf der Baumzone vorgelagerten Schlickflächen stehen gelegentlich **krautige Pflanzen,** so z.B. *Strand-Portulak* oder in Brackwassermarschen der in Thailand beheimatete *Marsch-Glochidion.*

Im Brackwasser, an Flussufern oder Mangrovenkanälen steht häufig *Blauer* oder *Weißer Acanthus.* Die Blätter der Sträucher erinnern an Stechpalmen. An der Grenze zu reinem Süßwasser gedeihen *Nypa-Palmen* und die *Weiße Avicennia.* Letztere wächst noch in fast reinem Süßwasser. Ein einsamer Baum steht an der Mündung des Klong Bangkok Noi in den Chao-Phraya-Fluss und gedenkt grünerer Zeiten. *Meer-Hibiskus* findet man im Übergangsbereich von feuchten zu trockenen Standorten.

Brackwasser ist Mischwasser aus Süß- und reinem Meerwasser. Sein Salzgehalt liegt zwischen 0,5 und 30 Promille

Mangroven sind eine sehr produktive Pflanzengemeinschaft. Sie liefern vielen Land- und

Die schwarz-gelb gezeichnete ***Mangrovenschlange*** *ist keine Seltenheit* ↓

Winkerkrabben *leben massenweise im Schlick* ↓↓

Wassertieren Nahrung. Das **Fall-Laub** bildet dabei den wichtigsten Nährstofflieferanten für die Nahrungskette, denn nur sehr wenige Tiere (Insekten) fressen frische Blätter. Entscheidend sind verrottende Laubreste und Pflanzenteile. *Marsch-Krabben* zerkleinern und fressen große Laubstücke. Von ihnen ausgeschiedenes Pflanzenmaterial wird von Bakterien und Pilzen besiedelt und weiter zersetzt. Andere Tiere, wie Borstenwürmer, Schnecken oder Fische, fressen die zunehmend kleineren Laubreste. Oft verdauen sie nur Bakterien- und Pilzbewuchs auf den

Laubresten, weil mehrfach gefressenes und verdautes Laub kaum noch verwertbare Nährstoffe enthält.

Viele Meeresbewohner bedienen sich an dem reichhaltigen Nahrungsangebot. Mangroven besitzen als Laich- und Aufwuchsgebiete für Garnelen und Fische eine enorme wirtschaftliche Bedeutung. Insgesamt **72 Fisch-** *(Grosser Meerbarsch, Tilapia),* **37 Garnelen-** *(Bananenshrimp, Schwarzer Tigerprawn)* und **54 Krabbenarten** leben zumindest zeitweise in den Mangroven Thailands. Die schmackhafte *Schwarze Mangrovenkrabbe* ist eine begehrte Delikatesse. *Winkerkrabben* bevölkern zu Hunderten pro Quadratmeter den Untergrund. Sie kommen erst bei Niedrigwasser aus ihren Gängen hervor. Die Männchen besitzen im Gegensatz zu den Weibchen eine stark vergrößerte Schere, mit der sie ständig „winken“. Damit locken sie Weibchen an und grenzen ihr Revier ab. Die Tiere kratzen mit ihren Mundwerkzeugen kleinsten Bewuchs von Sand- und Schlickkörnern ab. *Maulwurfskrebse* bauen mehrere Meter tiefe Gänge in den Grund und schütten bis 1 m hohe Grabhügel auf. Über **20 Muschel-** und **Schneckenarten** leben im oder auf dem Schlick, z.B. *Herzmuscheln* und *Teleskopschnecken.* An den Luftwurzeln der Bäume sitzen *Austern* und *Nerita-Uferschnecken.*

An der Wasserlinie flitzen die neugierigen **Schlammspringer** (PERIOPHTHALMUS) umher. Sie stützen sich mit ihren Vorderflossen am Boden ab. Schlammspringer besitzen zwar noch Kiemen, sind aber an Luftatmung angepasst. Sie atmen weitgehend über die Haut. Schlammspringer gelten als Modell dafür, wie Wirbeltiere vor Jahrmillionen vom Wasser- zum Landleben übergegangen sind.

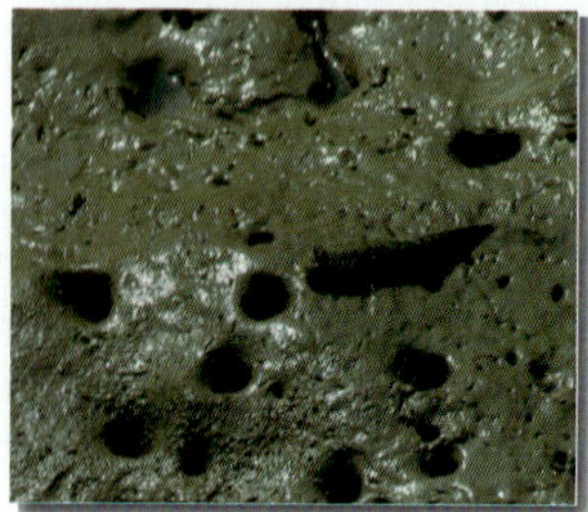

Neben Meerestieren bevölkert auch eine Reihe von **Landtieren** die Mangroven. Schwarzgelb gezeichnete *Mangrovenschlangen* sind keine Seltenheit. *Salzwasserkrokodile* gibt es allerdings

→ ***Makaken*** *warten im Ufergebüsch auf die Ebbe*

nur noch auf Farmen zu bewundern. Immerhin **88 Vogelarten** sind aus thailändischen Mangroven bekannt. Zahlreiche Arten wie *Eis- und Nektarvögel* leben permanent dort. Zugvögelschwärme rasten auf der Durchreise in Mangroven und suchen sich im Schlick ihre Nahrung *(Sandpieper, Regenpfeifer, Seeschwalben).* Von den 35 bekannten **Säugetierarten** sieht man meistens *Langschwanz-Makaken,* die bei Niedrigwasser in der Morgen- und Abenddämmerung auf den Schlickflächen nach Nahrung suchen.

Nutzung von Mangroven

Mangroven sind nicht nur der Lebensraum für viele Tier- und Pflanzenarten. Mangrovenbäume **verhindern Erosion** und sind deshalb als Uferbepflanzung enorm wichtig. Sie spielen auch eine indirekte, aber **wichtige Rolle für Korallenriffe,** denn sie fangen Trübstoffe aus dem Wasser ein und verhindern somit, dass Korallenriffe von Schlamm verschüttet werden.

Mangroven werden in Thailand neben dem Fisch- und Garnelenfang vor allem in zweierlei Hinsicht genutzt. Das ***Holz*** wird direkt als **Stangenholz für Pfähle** gebraucht. Ferner besitzt es einen sehr hohen Brennwert und qualmt beim Verbrennen nur wenig. Deshalb wird Mangrovenholz gerne zur **Erzeugung von Holzkohle und -teer** verwendet. Durch ein Rotationssystem über 15 Jahre wird in bewirtschafteten Flächen einmal jährlich ein festgelegter Streifen eingeschlagen. Anschließend sollen auf den eingeschlagenen Flächen neue Pflanzen eingesetzt werden. Allerdings schwinden infolge des hohen Holzkohle- und Stangenholzbedarfs mehr Mangroven, als ersetzt werden.

Einen wesentlich dramatischeren Einfluss auf die Mangroven hat die Vielzahl von **Garnelenfarmen** in Thailand. Mangrovengebiete eignen sich sehr gut für die Garnelenzucht *(Schwarzer Tigerprawn).* Leider wurden in Thailand insbesondere Ende der 80er Jahre riesige Mangrovenflächen abgeschlagen, um Zuchtbecken anzulegen. Auf **Shrimp-Farmen** trifft mittlerweile nahezu jeder Thailandreisende. Sie sind bestens an den aufgehäuften Erdwällen und Schaufelrädern zu erkennen, die für die notwendige Sauerstoffzufuhr sorgen. Früher wurde die Shrimp-Brut einfach mit dem Meerwasser in die Becken gespült und wuchs ohne zusätzliche Fütterung heran. Heute werden die Becken mit jungen Shrimps aus speziellen Anzuchtbetrieben besetzt. Eiertragende „Mutter-Shrimps" aus dem Meer werden immer wertvoller, um die Anzucht aufzufrischen. Es wird wie in einem Mastbetrieb zugefüttert und keineswegs mit Medikamenten gespart, damit Infektionen und Parasitenbefall unterdrückt werden. Der Einsatz von Antibiotika wurde erst reduziert, als Japan Einfuhrverbote für stark belastete Shrimps erhob. Es kursierte dort der Witz, dass Halsschmerzen am besten durch Verzehr von einem Pfund Shrimps auskuriert werden.

Die Tiere sind nach ungefähr 4 Monaten marktreif. Wegen überhöhter Besatzdichte sinkt die Produktivität der Bassins nach 3-4 Jahren erheblich. Krankheiten und Parasiten sind kaum mehr zu kontrollieren. Sie gelangen nebst Ausscheidungen der Shrimps, Pestiziden und Antibiotika in den Boden und mit dem Zuchtwasser ins Meer und von dort wieder zurück. Werden die Becken stillgelegt, bleibt zerstörtes Brachland zurück, wo lange keine Mangroven mehr wachsen. Neuerdings verlangt der Staat mancherorts die Schließung von Farmen (z.B. Sam Roi Yot); ob mit Erfolg, bleibt abzuwarten!

Zerstörter Mangrovenwald *im Nationalpark Sam Roi Yot* ↓

FELSKÜSTEN und RIFFE

LEBENSRAUM GEZEITENZONE

Felsküsten sind besonders für Thailands Inseln typisch, hier an den Similan-Inseln ↓

Felsige Küstenabschnitte sind weitaus seltener als Sand- oder Schlickküsten. Am Festland Thailands sind es meistens nur kurze Abschnitte, die von **felsigen Kaps** gebildet werden. Dagegen sind viele Inseln nahezu vollständig von Felsküsten umgeben. Die Klippen der **Kalksteininseln** fallen oft senkrecht ins Meer ab. An **Granitinseln** formen riesige Felsblöcke

bizarre Trümmerlandschaften. Meer und Küstenwälder sind durch einen breiten, kahlen Felsstreifen getrennt.

Salzige Gischt, Oberflächentemperaturen über 70° C und wenig bzw. fehlender Mutterboden verhindern die Ansiedlung von Festlandpflanzen. Lediglich **schwarze Krusten** von *Verrucaria-Flechten* und *Blaualgen (Cyanobakterien)* besiedeln den Fels. Die Krusten werden von winzigen Rundwürmern und Milben bewohnt, die den unwirtlichen Bedingungen trotzen.

Sehr kleine **Spritzwassertümpel** dampfen bei Ebbe oft zu Salzsohlen ein, in denen nur Bakterien- und Krustenalgenmatten existieren können.
In größeren **Gezeitentümpeln** entfaltet sich dagegen eine bunte Lebensgemeinschaft mit Seeanemonen, Schnecken, Garnelen und kleinen Fischen.

Der **Übergang zur Landvegetation** erfolgt normalerweise abrupt. Hinter einem Streifen mit kleinen Sträuchern und Bäumen ragen dichte Tropenwälder empor. Gelegentlich wächst aus Südamerika eingebürgerter *Portulak* an geschützten, seewärtigen Stellen. Mit der Fläche steigt auch die Artenfülle der Fauna und Flora im Küstenhinterland. Auf dem Festland der südlichen Halbinsel und den großen Inseln erhält man den besten Eindruck von der Mannigfaltigkeit der Wälder. Ko Tarutao und Ko Chang sind besonders reizvolle Ziele für Wanderungen in Inselwäldern.

Morgens und abends erschallen Rufe von *Gibbons,* und mit Glück kann man einen Blick auf die Kletterkünstler erhaschen. Bei Niedrigwasser suchen *Makaken* zwischen den Felsen nach Muscheln, Schnecken und Krebsen.

Seewärts erscheint an Felsküsten erkennbarer Bewuchs mit *Krustenrotalgen, Tetraclita-Seepocken* und *Austern* erst in feuchten oder beschatteten Bereichen. Die Artenzahl nimmt in tiefer gelegenen Bereichen rasch zu. *Grüne Miesmuscheln* siedeln an der mittleren Wasserlinie.

Algen abweidende *Strand-* und *Käferschnecken* sowie räuberische *Purpurschnecken* kriechen auf dem Fels umher. *Klippenkrabben* und *-asseln* su-

Die für Felsküsten gemäßigter Breiten typischen **Algengürtel fehlen.** Nur wenige Großalgenbüschel wachsen in der Gezeitenzone und im Flachwasser, obwohl bei genauerer Untersuchung viele Arten entdeckt werden können. Im Spülsaum schwemmen oft Algen an: *Sargassum, Würfel-* und *Beerentang.* Es sind die größten Algenarten in Thailand. Der enorme Fraßdruck durch Schnecken, Seeigel, Krebse und Fische sorgt vermutlich dafür, dass sich Großalgen nicht ausbreiten.

chen zwischen Spalten Schutz und Nahrung. Selten trockenfallende Bereiche sind dicht mit S*chwämmen, Polypenkolonien, Austern, Moostierchen, Röhrenwürmern* und *Seescheiden* bedeckt.

KORALLENRIFFE

Felsengrund in klarem, lichtdurchflutetem Wasser erlaubt die Ansiedlung von riffbildenden *Steinkorallen.* Sie bilden das Grundgerüst eines Riffes. **Korallenriffe** sind typische Flachwasser-Gemeinschaften der Tropen. Sie kommen nur dort vor, wo die Wassertemperatur nicht unter 20° C absinkt. Korallenriffe gehören zu den artenreichsten und produktivsten Ökosystemen der Erde.

Seeleute und Naturfreunde bezeichnen gerne alle festsitzenden, krustenförmig oder verzweigt wachsenden Lebewesen als „Korallen". Es kann

Käferschnecke
CHITON SP. ↑

sich hierbei um *Steinkorallen, Kalkalgen, Moostierchen* etc. handeln. Für Zoologen sind „Korallen" Vertreter der Nesseltiere.

Die **Nesseltiere** umfassen vier Tierklassen: *Polypentiere* (HYDROZOA), *Quallen* (SCYPHOZOA), *Blumentiere* (ANTHOZOA) und *Würfelquallen* (CUBOZOA). Mit Ausnahme der Feuerkorallen, die zu den Polypentieren gehören, zählen **Korallen** zu den Blumentieren. Riffbildende Korallen sind festsitzende Formen mit einem festen, zusammenhängenden Kalkskelett, das nach Absterben des Tieres über einen langen Zeitraum erhalten bleibt. Neben den eigentlichen *Steinkorallen* (SCLERACTINIA) gibt es auch in einigen anderen Blumentiergruppen einzelne Vertreter, die ebenfalls feste Kalkskelette bilden. Blumentiere ohne Skelett *(Seeanemonen)*, mit Eiweißskelett *(Hornkorallen)* oder einzelnen, im Gewebe verstreuten Kalknadeln *(Lederkorallen, Krustenanemonen)* tragen nicht zur Entstehung eines Riffes bei, obwohl sie in großer Artenfülle in jedem Riff leben.

Ein **Korallenriff** ist eine maßgeblich von *Steinkorallen* aufgebaute, bankförmige Struktur, die vom Meeresboden bis an die Wasseroberfläche reicht. Riffe beeinflussen die physikalischen und ökologischen Eigenschaften der Umgebung und bilden einen reich gegliederten Lebensraum für ihre Bewohner.

Lebensraum

***Korallenlandschaft** bei Ko Surin* ↓

Faszinierende Vielfalt:

Rasenkoralle
Galaxea, Ko Dok Mai, Phuket →

Stachelige Prachtkoralle
Dendronephthya, Similan-Inseln →

Gehirnkoralle
Faviidae, Similan-Inseln →

Pilzkoralle
Fungia sp., Ko Sak, Pattaya →

Lebende Steinkorallen bestehen aus einem regelmäßig skulpturierten Stück Kalk, welches mit einem gelatinösen Häutchen überzogen ist. Das Häutchen ist das eigentliche Tier. Es besteht aus einem oder mehreren Polypen. Die Polypen sind Hohlzylinder mit einer Mundöffnung und Tentakeln. Der mehrfach durch Scheidewände gekammerte Innenraum dient vor allem der Verdauung. Der Korallenkalk wird von der Fußscheibe des Polypen abgeschieden. Korallen sind Räuber, die mit ihren Tentakeln Kleinkrebse und andere kleine, im Wasser treibende Tiere fangen. Die Beute wird mit Nesselzellen gelähmt. Die Beuteorganismen der Korallen steigen meistens nur nachts an die Wasseroberfläche. Deshalb strecken viele Korallen ihre Tentakeln nur nachts aus und entfalten dann ihre ganze Pracht.

Korallen nehmen auch im Wasser gelöste Nährstoffe über ihre Körperwand auf; ganz ent-

Systematik der Nesseltiere (Riffbildner in Fettdruck)

STAMM	NESSELTIERE (CNIDARIA)				
KLASSE	HYDROZOA (POLYPENTIERE)	SCYPHOZOA (SCHIRMQUALLEN)	ANTHOZOA (BLUMENTIERE)		CUBOZOA (WÜRFELQUAL.)
Unterklasse			*Octocorallia*	*Hexacorallia*	
Ordnung	Hydroidea Hydroidpolypen **Millepora (Feuerkorallen)**	Stauromedusae (Stielquallen)	Stolonifera (Orgelkorallen) **Tubipora (Orgelkoralle)**	Ceriantharia (Zylinderrosen)	Cubomedusae (Würfelquallen)
	Siphonophora (Staatsquallen)	Coronata	Telestacea	Corallimorpha (Scheibenanemonen)	
	Trachylina	Semaeostomeae	Alcyonacea (Weich-, Lederkorallen)	**Scleractinia (Steinkorallen)**	
		Rhizostomeae (Wurzelmundquallen)	Coenothecalia **Heliopora (Blaue Koralle)**	Actinaria (Seeanemonen)	
			Gorgonacea (Hornkorallen) **Corallium (Edelkoralle)**	Zoantharia (Krustenanemonen)	
			Pennatulacea (Seefedern)	Antipatharia (Dörnchenkorallen) **Antipathes (Schwarze Koralle)**	

NESSELGIFTE

Nesselzellen enthalten eine unter Druck stehende Blase (Nesselkapsel) mit einem „handschuhfingerförmig" ausstülpenden Schlauch, dessen Spitze oft mit Dornen bewehrt ist. Die Blase ist mit Nesselgift gefüllt und entlädt sich durch mechanische oder chemische Reizung. **Nesselgifte** sind Eiweißverbindungen, welche die Nervenfunktion beeinträchtigen oder die roten Blutkörperchen zerstören.

Zart, aber brennend: Diese Kolonie von Polypen namens *Lythocarpus sp.* sieht aus wie ein winziger Wald von Tannenbäumen.

Viele Schwimmer und Taucher machen unliebsame Bekanntschaft mit Nesseltieren. Die dornenbewehrten Schläuche der Nesselkapseln einiger Arten durchschlagen auch unsere Haut. Berührungen mit **Quallen** *(Sternenhimmelqualle),* einigen unscheinbaren, büschelförmigen **Polypenkolonien** (LYTOCARPUS, AGLAOPHENIA) und **Feuerkorallen** verursachen ein empfindliches Brennen auf der Haut. Manche Quallen ziehen meterlange Tentakeln hinter sich her. Auch winzige, abgerissene Tentakelstücke sorgen oft für ein Pieken auf der Haut, ohne dass man etwas im Wasser sieht.

Begegnungen mit wirklich **gefährlichen Nesseltieren** *(Seewespe, Portuguiesische Galeere)* sind in Thailands Küstengewässern nahezu ausgeschlossen. Als **Erste-Hilfe-Maßnahme** empfiehlt es sich, betroffene Hautstellen mit Essig, Zitrone oder Alkohol einzureiben. Diese Stoffe zerstören Eiweiße und damit die Giftwirkung. Papaya enthält ein eiweißabbauendes Ferment, das *Papain.* Auflegen von Papayascheiben hilft somit gegen den Schmerz. Tentakelreste auf der Haut sollte man nach der Behandlung entfernen und danach mit Meerwasser nachspülen. Niemals (!) mit Süßwasser oder destilliertem Wasser waschen, denn dadurch können weitere Nesselkapseln explodieren.

scheidend tragen aber symbiontische Algen im Korallengewebe zur Ernährung bei. Es handelt sich um einzellige, gelbbraune Algen der Gattung SYMBIODINIUM. Sie werden als ***Zooxanthellen*** bezeichnet. Die Algen leben in den Zellen des Korallengewebes. Ein Polyp kann bis zu 1 Mio Algen pro cm^2 enthalten. Zwischen Algen und Koralle besteht ein kurzgeschlossener Nährstoffkreislauf. Die Algen nutzen Ausscheidungen der Koralle als Nährstoffe (Stickstoff, Phosphat, Kohlendioxid) und erzeugen daraus Zucker, Eiweiße und Fette. Überschüssige organische Stoffe werden an die Koralle abgegeben. Lebende Algen werden von den Korallen normalerweise nicht verdaut.

Das extrem effektive **Nährstoffrecycling** ermöglicht die Existenz von Korallenriffen in sehr nährstoffarmen Meeresgebieten. In Gewässern, die hohe Konzentrationen im Wasser gelöster Pflanzennährstoffe enthalten, werden Korallen schnell von Algen überwuchert, die unter nährstoffreichen Bedingungen viel schneller als Korallen wachsen.

Der **Beutefang** spielt bei vielen Arten nur noch eine untergeordnete Rolle für die Ernährung. Er ist aber für die Aufnahme lebenswichtiger Phosphatverbindungen wichtig. In nährstoffarmen Gewässern liegen im Wasser gelöste Phosphate nur in extrem niedrigen Konzentrationen vor, sind aber im Gewebe von Tieren angereichert.

Larven sind nicht geschlechtsreife Jugendstadien von Tieren mit besonderen Larvalorganen, die erwachsenen Tieren fehlen (z.B. Kiemen und Schwanz von Kaulquappen).

Korallenpolypen können sich **ungeschlechtlich in Tochterpolypen teilen.** Dabei trennen sich die Tochterpolypen entweder vollständig, oder die Mundöffnungen bleiben wie bei den *Gehirnkorallen* miteinander verbunden. Ferner **vermehren sich Korallen geschlechtlich.** Aus befruchteten Eiern entwickeln sich freischwimmende Wimpernlarven, die der Ausbreitung dienen.

Korallenriffe existieren nur in den tropischen Meeren, obwohl es auch in der Nordsee und dem Mittelmeer *Steinkorallen* gibt. Die **enormen**

Die ***Sternenhimmelqualle*** *(Mastigias sp.) heißt in Thailand aus gutem Grund* ***Feuerqualle*** ↑

Wachstumsraten (Kalkbildung), die für die Entstehung eines Riffes notwendig sind, werden außer von der *Grünen Zäpfchenkoralle* nur von *Steinkorallen* mit symbiotischen Algen in ihrem Gewebe erzielt, die ihrerseits ganzjährig Temperaturen von 20-30° C benötigen. Die optimale Temperatur beträgt 25-27° C. Die physiologische Aktivität der Algen erhöht die Kalkabscheidung um das 10fache. Die Wachstumsgeschwindigkeiten der verschiedenen Korallenarten sind unterschiedlich hoch. *Geweihkorallen* wachsen mit jährlich bis zu 15 cm sehr schnell. Dagegen erreichen *Poren-* und *Rasenkorallen* nur 1 cm pro Jahr.

Riffkorallen benötigen wegen der Algen eine **gute Lichtversorgung.** Deshalb kommen lebende Riffe nur bis 50 m Wassertiefe vor. Korallen vertragen kein trübes, mit Schwebstoffen beladenes Wasser. Es dringt nicht nur weniger Licht ins Wasser ein, sondern die Korallen ersticken unter absinkenden Trübstoffen. Nur wenige Arten wie die *Gelbe Poren-, Anemonen-* und *Pilzkorallen* tolerieren mäßige Sedimentation. Aus diesem Grund gibt es im oberen Golf von Thailand keine Korallenriffe, denn über die Flüsse gelangen zu viele Sinkstoffe ins Meer. Korallen vertragen ferner **keine niedrigen Salzgehalte** (< 30‰). Außerdem muss **ausreichende Wasserbewegung** herrschen, die die Korallen mit Nahrung und Sauerstoff versorgt. Schließlich benötigen sie **festen Ansiedlungsgrund** (Fels, tote Korallen). Auf Sedimentböden wachsen sie mit Ausnahme der Pilzkorallen nicht.

Riffentstehung

Zur Riffentstehung müssen sich **Korallenlarven** in einer geeigneten Umgebung ansiedeln und heranwachsen. Die meisten der noch winzigen Korallen werden von Seeigeln und Schnecken abgeweidet. Erst mit zunehmender Größe sinkt das Risiko, abgefressen zu werden. Jugendformen überleben oft nur in für Feinde unzugänglichen Spalten. Dadurch entsteht eine mosaikartige Verteilung einzelner **Korallenstöcke,**

Ein Riff entsteht: *Ältere Korallenstöcke schützen jüngere vor Wegfraß (Geweihkoralle, Ko Similan)* →

Auge in Auge mit einem ***Papageienfisch*** *(Scaridae)* ↑

in deren Schutz sich weitere Arten ansiedeln. Die Kolonien dehnen sich seitlich aus und wachsen Richtung Wasseroberfläche. Sie bilden das Grundgerüst eines Riffes.

Die eigentliche Riffbildung setzt mit der **Verfüllung von Lücken und Porenräumen** im Korallenkalk und der Verfestigung der Kalksubstanz ein. Andere kalkbildende Organismen spielen dabei eine entscheidende Rolle: *Krustenrotalgen,* einzellige Tiere *(Kammerlinge), Moostierchen, Kalkröhrenwürmer, Muscheln* und W*urmschnecken.* Bis zu 80% des in einem Riff abgelagerten Kalks kann von diesen Lebewesen stammen. Sie verkitten in Lücken angesammelten Sand und Kalkreste zu festem Korallenfels. Krustenförmige Formen bedecken tote Korallen oder beschattete Unterseiten lebender Kolonien und verhindern die Erosion des Kalks. So bildet sich ein Kalksockel, auf dem das Riff langsam emporwächst (< 1 cm pro Jahr).

Damit ein Riff entsteht, müssen riffbildende Vorgänge eine Fülle **riffzerstörender Prozesse** übertreffen. Brandungswellen brechen Korallen ab. Unverkalkte Raumkonkurrenten *(Leder-* und *Weichkorallen)* behindern *Steinkorallen.* Viele Tiere wie *Bohrschwämme* und *-muscheln* zerstören den Kalk lebender Korallen. *Papageifische* beißen mit

DORNENKRONEN – DER NATÜRLICHE FEIND DER RIFFE

Die ***Dornenkrone*** (ACANTHASTER PLANCI) gilt als gefräßiges „Monster", das ganze Riffe kahlfrisst. Massenvermehrungen dieser Seesterne sorgen in Australien alle 10-15 Jahre für Schlagzeilen. Die Ursachen für das plötzliche Massenauftreten sind noch unklar. Sie traten offenbar nicht erst in Folge menschlicher Einwirkungen auf, wurden aber durch das Absammeln des wichtigsten Fressfeindes, der *Tritonshorn-Schnecke,* und den Anstieg des Nährstoffgehaltes im Wasser verstärkt. In Thailand stellen *Dornenkronen* keine ernsthafte Bedrohung dar, denn sie kommen nur in geringen Dichten vor, obwohl periodisch auch größere Bestände auftreten. Zudem spielen sie wie alle Korallenfresser eine bedeutende Rolle für die Artenvielfalt im Riff. Sie meiden oft große, massive Korallenarten, die sehr langsam wachsen (z.B. *Poren-* und *Strahlenkorallen).* Selektives Abfressen von schnell wachsenden Arten verhindert deren Dominanz und erlaubt relative kurze Regenerationszeiten von 5-10 Jahren, wenn kein vollständiger Kahlfraß vorliegt. Neue Arten können sich auf den freien Flächen ansiedeln. Korallenriffe sind seit Millionen Jahren an natürliche Störungen wie durch Fressfeinde angepasst. Das Problem der Riffzerstörung liegt weniger an den Seesternen, als vielmehr an zusätzlichen massiven Eingriffen des Menschen.

Verrufene Schönheiten sind die *Dornenkronen-Seesterne*

ihrem kräftigen Gebiss Korallenstücke ab und verdauen das Korallengewebe. Den Kalk scheiden sie als Sand aus. *Dornenkronen-Seesterne* stülpen ihren Magen über Korallenstöcke und verdauen die Polypen. Ein Seestern kann bis zu 6 m² Korallenfläche pro Jahr abweiden.

Strukur von Saumriffen

Es gibt folgende Rifftypen: Atolle, Saum-, Barriere- und Plattformriffe. In Thailand existieren nur Saumriffe. Sie liegen direkt an der Küste und ziehen sich an ihr entlang. Saumriffe besitzen einen **Kalksteinsockel,** der über Jahrhunderte oder Jahrtausende hinweg entstand. Am Strand verläuft oft eine Rinne, die von der Brandungslängsströmung ausgewaschen wurde

Relief eines Ufersaumriffes (Schema)

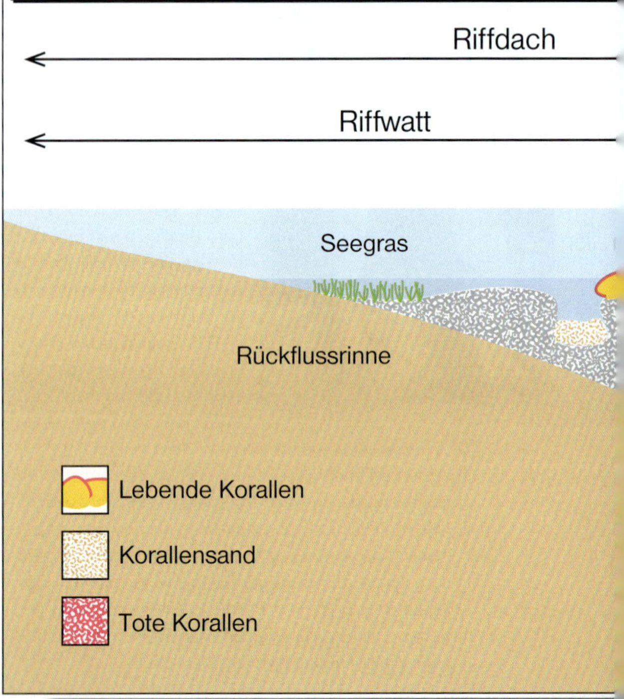

Riffdach

Riffwatt

Seegras

Rückflussrinne

Lebende Korallen

Korallensand

Tote Korallen

Barriereriffe gleichen Saumriffen, liegen aber weit vor der Küste. **Atolle** sind ringförmige Riffe, die eine tiefe Lagune umschließen. Sie bilden sich am Rand von im Meer absinkenden gebirgigen Inseln. Auf dem **Riffkranz** liegen mehrere Sandinseln. An der Außenkante fällt das Riff steil ab. **Plattformriffe** entwickeln sich im offenen Wasser und sind allseitig von (gleich) tiefem Wasser umgeben.

(darunter versteht man parallel zur Küste abfließendes Wasser, das von der Brandung eingespült wird). Die Oberseite des Riffes **(Riffdach)** dehnt sich fast tischeben seewärts aus. Das Korallenwachstum ist im landwärtigen Bereich wegen vermindertem Wasseraustausch langsamer als seewärts. Teile des Riffdaches fallen bei Ebbe trocken.

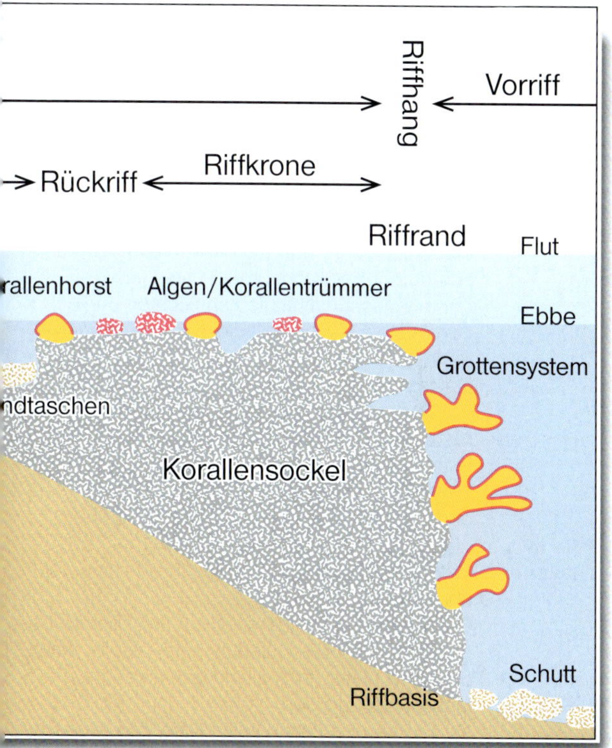

Auch dadurch verlangsamt sich das Korallenwachstum, denn nur wenige Arten vertragen Trockenheit. Mit der Zeit kann sich durch die Erosion eine Lagune bilden.

Seichte Abschnitte, die bei Niedrigwasser gerade noch vom Meer bedeckt sind **(Riffwatt),** sind mit eingespültem Sand, toten und lebenden Korallen, Braunalgen und Seegräsern bedeckt.

Die Dichte lebender Korallen nimmt seewärts zu. Im vorderen Riffdach überwiegen gedrungene, massive Korallenkolonien, die der Brandung trotzen. Die Vorderkante des Riffdaches heißt **Riffkante** oder **Riffrand**. In der Nähe des Riffrandes liegt der höchste Abschnitt des Daches, die **Riffkrone.** An dieser Stelle beginnt das Riff steil abzufallen **(Riffhang).** Riffkrone und oberer Riffhang sind die Hauptwachstumszone des Riffes, insbesondere die stets mit Wasser bedeckten Bereiche. Hier steht die Riffbildung noch am Anfang. Dicht, aber noch getrennt stehende Korallen bilden einen vielgestaltigen Lebensraum aus tiefen Rinnen, Senken und Brunnen. Am oberen Riffhang dominieren weit ausladende, geweihförmige Wuchsformen. Die Geweihform eignet sich sehr gut, um die Kraft von Turbulenzen durch brechende Wellen abzufedern. In tieferem Wasser nimmt die Zahl trichter- und scheibenförmiger Typen zu, die das spärlicher werdende Sonnenlicht am besten einfangen. Die Untergrenze des Riffhanges stellt die **Riffbasis** dar. Der seewärts vor dem Riff liegende Meeresboden wird **Vorriff** genannt. Er ist mit Korallenschutt, vereinzelten lebenden Korallenstökken und *Pilzkorallen* bedeckt, die wie ausgestreute Geldstücke auf dem Grund liegen.

Riffe in Thailand

Typisch ausgebildete Saumriffe mit breitem Riffdach sind in Thailand selten. Meistens sind sie sehr kurz. Das gilt insbesondere für den Golf von Thailand, der grundsätzlich schlechtere Bedingungen für die Riffentstehung als die Andaman-See bietet. In Thailand gibt es an der Festlandsküste und den großen Inseln (Ko Chang, Ko Tarutao, Ko Lanta) keine Riffe. Sie existieren

***Riffdach** mit Geweihkorallen (Ko Hai, Krabi)* →

***Elefantenhautkoralle** (Pectinia sp.)* →

***Gerillte Plattenkoralle** (Pachyseris speciosa)* →

***In der Tiefe** wachsen bevorzugt flächige Formen (Faviidae-Art)* →

Riffdachwanderungen bei Niedrigwasser sind auf Phuket (Rawai-Strand) und Ko Hai (Krabi) möglich. Wanderer sollten strengstens darauf achten, keine Korallen abzubrechen und keinerlei Tiere oder Pflanzen zu sammeln. Im Riffdach gibt es eine Vielzahl interessanter Tiere zu entdecken. *Seegurken* und *Seesterne* liegen in Gezeitentümpeln. *Kegelschnecken, Fangschreckenkrebse, Scham-* und *Felskrabben* verbergen sich zwischen Korallen. Überall erschallen schnalzende Geräusche von *Pistolenkrebsen.*

Leoparden-Seegurke *(Bohadschia graeffei)* ↑

durchweg nur an kleinen, vom Festland entfernten Inseln. Im oberen Golf von Thailand sucht man vergeblich nach *Steinkorallen.* Korallenwuchs beginnt erst an vorgelagerten Inseln der Ostküste bei Chonburi und der Südostküste ab Petchaburi. Korallenformationen im Golf von Thailand werden in folgende Typen unterteilt: **Korallen-Gemeinschaften** sind dichte Korallenbestände, ohne dass sich ein Riff gebildet hat. In diesen Gemeinschaften sind vor allem *Gelbe Poren-, Erdbeer-* und *Favites-Korallen* vertreten. Korallengemeinschaften findet man in sandigen Gebieten mit wenigen Felsflächen und in Regionen, die häufig von starken Stürmen betroffen sind.

Bei **Korallen-Gemeinschaften in Entwicklung zum Saumriff** sind Riffdach, Riffkante und Riffhang ausgebildet, die einzelnen Riffabschnitte aber nicht klar voneinander getrennt. Das Riff erstreckt sich maximal 100 m seewärts. Am Riffhang sieht man bereits viele verschiedene Wuchsformen. Viele Riffe im zentralen Golf von Thailand befinden sich in diesem Stadium.

In einem **jungen Saumriff** schufen frühere Korallengenerationen bereits einen Kalksockel. Das Riff ist bis zu 500 m breit und deutlich in unterschiedliche Abschnitte gegliedert. Auf dem Riffdach findet man Ansammlungen von toten und lebenden Korallen, zwischen denen Seegräser wachsen. An der Riffkante wachsen gro-

ße, massive Korallen, und der steile Riffhang ist mit vielen Arten bedeckt. Der Riffhang reicht im Golf von Thailand selten tiefer als 10 m hinab. Es existieren junge Saumriffe um Chumphon, Ko Tao sowie an einigen Inseln um Ko Chang.

Die **schönsten Saumriffe** Thailands liegen in der Andaman-See. Häufig findet man dichte Bestände mit *Geweihkorallen,* die klares Wasser lieben. Der Riffhang reicht bis auf 30 m herab. Wundervolle Saumriffe befinden sich bei den nördlichen Inseln in der Andaman-See: Ko Surin, Ko Bon und Ko Tachai (Provinz Phang-Nga) sowie um Ko Rok und Ko Hai (Krabi).

Das totale Formen- und Farbenspiel: ***Weihnachtsbaumwürmer*** *(Spirobranchus giganteus)* ↑

LEBENSRAUM RIFF

Thailands Korallenriffe gehören zum Indopazifik, der größten zusammenhängenden Riffregion der Erde. Die riesige Ausdehnung ermöglichte die Entstehung einer **immensen Artenfülle.** Außerdem überlebte im äquatorialen Indopazifik während der vergangenen Eiszeiten ein Artenreservoir, das nach dem Ende der Eiszeiten neue Riffe entstehen ließ. Während der Eiszeiten starben die meisten damals existierenden Riffe ab, als sich der Meeresspiegel um 120 m senkte.

Zum **Schnorcheln** eignen sich am besten Korallengründe im Flachwasser (bis max. 5 m). Dann kann die Lebenswelt im Riff leicht von der Oberfläche aus beobachtet werden.
Gute Schnorchelgründe gibt es an vielen Stellen, z.B. Ko Kradat, Ko Wai (Trat), Ko Tao (Surat Thani), Ko Phi Phi, Ko Hai, Ko Poda (Krabi) und Ko Rawi (Satun).
Flaschentauchern bieten sich im Golf von Thailand die **besten Möglichkeiten** um Ko Tao und in der Andaman-See von Phuket aus, dem Tauchsportzentrum Thailands.

Beim Schnorcheln und Tauchen in Thailands Riffen begegnet man einer schillernden Vielfalt an Formen und Farben.

Schwämme

Fast alle Stämme des Tierreiches sind im Korallenriff vertreten. Schwämme, wie die gewaltigen **Neptunskelche,** gehören zu den ursprünglichsten, mehrzelligen Tieren. Ihr Körper besteht aus einem Zellverband ohne innere Organe und Nervengewebe. Sie leiten Wasser durch ein Kanalsystem im Körperinnern, wo kleine Nahrungspartikel herausgefiltert werden.

Korallen

Lederkorallen (SARCOPHYTON, SINULARIA, LEMNALIA) und **Krustenanemonen** wie *Seematten,* überziehen große Flächen. **Felsaktinien** schmiegen sich zwischen Korallenblöcken und Sandtaschen. Buntgefärbte **Stachelige Prachtkorallen** bilden fantastisch anmutende Korallengärten. Biegsame **Hornkorallen** *(Gorgonien, Peitschenkorallen)* wiegen sich in der Strömung. *Fächergorgonien* wachsen stets senkrecht zur Hauptströmungsrichtung, um Nahrung aus dem vorbeiströmenden Wasser zu fangen.

LEBENSGEMEINSCHAFT PORENKORALLE

Ein Korallenstock bietet für viele andere Tiere einen Lebensraum. Es lohnt sich, beim Tauchen einige Zeit mit der Betrachtung der Lebensgemeinschaft in Kolonien der **Gelben Porenkoralle** zu verbringen. In Thailand sind meterhohe Blöcke dieser Porenkorallenart sehr häufig. Große Korallenstöcke sind mehrere hundert Jahre alt.

Irisierende Kamm-Muscheln sind bis auf die Schalenöffnung eingebettet. Ihre perlenschnurartig aufgereihten Augen erkennt man als kleine schwarze Punkte.

Viele der Einmieter besiedeln die Koralle als Larven, die sich in die Koralle einbohren und dort heranwachsen. Manche Arten lassen sich fast völlig von der Koralle umwachsen. Sie halten nur eine kleine Öffnung zur Atmung, Nahrungsaufnahme und Fortpflanzung offen, z.B. **Spritzwürmer** und die **Meerdattel,** eine Bohrmuschel. Dagegen erscheinen die beiden spiraligen, wunderschön farbigen Tentakelkränze der **Weihnachtsbaumröhrenwürmer** dicht gedrängt an der Oberfläche. Er gehört zu den Borstenwürmern und ist ein entfernter Verwandter der Regenwürmer. Er baut eine Wohnröhre aus Kalk, die fest in die Koralle eingewachsen ist. Mit den Tentakelkronen filtert er Nahrung aus dem Wasser.

Auch in Spalten siedelnde **Indische Schraubensabellen** sind Röhrenwürmer. Sie haben nur einen Tentakelkranz und bauen Pergament-Röhren.

Horndeckelwurmschnecken scheiden ein Schleimnetz aus, in dem sich kleine Nahrungspartikel verfangen. Das Netz wird eingezogen und vollständig aufgefressen. **Irisierende Kamm-Muscheln** sind bis auf die Schalenöffnung eingebettet. Ihre perlenschnurartig aufgereihten Augen erkennt man als kleine, schwarze Punkte am schillernd bunten Mantel. Dunkelbraune **Paranussmuscheln** sitzen oft in Gruppen beieinander. Die Schalenspitze mit der auffälligen, rautenförmigen Öffnung ragt ins freie Wasser. Diese Art schädigt die Stabilität des Korallenkalks erheblich, weil sie nur sehr locker in der Koralle sitzt.

Schnecken Die artenreichste Tiergruppe im Meer sind mit über 130.000 Arten die Weichtiere, deren bekannteste Vertreter Schnecken, Muscheln und Tintenfische sind. Zwischen Korallen kriechen oft große, räuberische **Leisten-Schnecken** umher. **Porzellanschnecken** mit ihren spiegelglatten, kunstvoll gemusterten Gehäusen ernähren sich überwiegend von Polypen- und Korallentieren. Gänzlich ohne Gehäuse leben die prächtigen **Nacktschnecken.** Viele Arten sind Nahrungsspezialisten, die nur eine einzige Schwamm- oder Polypentierart abweiden.

Kegelschneckengifte bestehen aus Eiweißverbindungen. Eintauchen der Wunde in heißes Wasser (60 °C) ist eine effektive **Erste-Hilfe-Maßnahme,** denn Hitze zerstört Eiweiße. Verletzte Gliedmaßen sollte man nach Kontakt mit gefährlichen Arten in elastische Binden wickeln (Kompressionsverband).

Nacktschnecken sind auch ohne Gehäuse hervorragend gegen Räuber geschützt, weil sie **Giftstoffe** aus ihrer Nahrung im Körper anreichern. Einigen polypenfressenden Arten gelingt es, intakte Nesselzellen (s. Exkurs „Nesselgifte") auf noch ungeklärte Weise vom Mund durch den Darm bis ins Rückengewebe zu transportieren. Die Nesselkapseln explodieren erst, wenn ein Räuber in die Schnecke beißt.

Kegelschnecken leben in großer Zahl in Riffen. Sie sind gefürchtete Räuber, die andere Schnecken, Würmer und sogar Fische erbeuten. An der Spitze eines langen, vorstreckbaren „Rüssels" befindet sich ein rasiermesserscharfer Zahn. Der Zahn steht mit einer Giftdrüse in Verbindung. Bei der Jagd richtet die Schnecke den Rüssel auf die Beute und schießt den Giftpfeil ab. Die Giftzähne werden ständig nachgebildet. Kegelschneckengifte wirken auf die Funktion von Nervenzellen. Die Gifte greifen an verschiedenen, nacheinander geschalteten Funktionen der Reizleitung an. Das macht sie enorm effektiv und sogar fähig, einen Menschen zu töten. Glücklicherweise wirken die Gifte der meisten Kegelschnecken nur spezifisch auf ihre Beutetiere. Meistens ziehen sich die Schnecken

Nacktschnecke (Nudibranchia-Art) ↑

Diverse Kegelschneckenformen

bei Gefahr in ihr Gehäuse zurück, können aber durchaus ihre „Giftpfeile“ blitzschnell zur Verteidigung abschießen. Der „Rüssel“ ist enorm beweglich! Es sei jedem tunlichst angeraten, keine Kegelschnecken anzufassen. Die Tiere bzw. deren Gehäuse gehören ins Meer und nicht in den Wohnzimmerschrank!

Muscheln

Muscheln sind unbewegliche Filtrierer, die mit ihren Kiemen Nahrung aus dem Wasser filtern. **Flügelmuscheln** sitzen oft in Fächergorgonien. Zu den größten Muschelarten zählen die **Mördermuscheln.** Bei geöffneten Schalen breiten sie ihren in vielen Farben schillernden Mantel aus. Das Mantelgewebe enthält wie bei den Korallen symbiontische Zooxanthellen, die zur Ernährung und Kalkbildung beitragen.

*Die **Felsauster** (Chama sp.) wird von einem giftigen Schwamm gegen Räuber geschützt*↓

MÖRDERMUSCHELN

Die martialisch anmutende Bezeichnung **Mördermuschel** für die Gattung TRIDACNA verleiht den wunderschönen Muscheln ungerechtfertigterweise einen schlechten Ruf. Der thailändische Name klingt viel treffender: *Tigertatzen-Muschel.* Diese Muscheln besitzen stark gewellte, oft ganz oder auch teilweise im Korallengestein eingewachsene Schalen. Sie leben nur im Flachwasser bis in 15 m Tiefe, weil sie wegen der Algensymbionten auf Sonnenlicht angewiesen sind. Die größte Art, TRIDACNA GIGAS, kann über einen Meter Schalendurchmesser und ein Gewicht von 1.100 kg erreichen. Diese südpazifische Art kommt in Thailand aber nicht vor. Hier findet man neben weiteren, unter Wasser nicht voneinander unterscheidbaren Arten TRIDACNA SQUAMOSA, die immerhin bis 30 cm lang wird.

Völlig zu unrecht werden so genannte Mördermuscheln gefürchtet. Die Abbildung zeigt ein Exemplar der Art *Tridacna Crocea*.

Der fragwürdige Ruf der Mördermuscheln rührt von der gewaltigen Kraft des Schließmuskels her. Schließt die Muschel ihre Schalenhälften und würde dabei ein Arm oder ein Bein eingeklemmt, so wäre ein Entrinnen unmöglich. Mit immenser Kraft bleibt die Schale dann über Stunden hinweg geschlossen. In der Realität klappt die Schale aber nicht schlagartig zu, sondern es werden mindestens 2-3 Muskelkontraktionen benötigt. Selbst versehentlich zwischen die Schalen gelangte Gliedmaßen von Tauchern oder Schnorchlern könnten noch mühelos herausgezogen werden – im Unterschied zu eindrucksvollen Experimenten mit Beinattrappen von *Hans Hass* (eigene Experimente dieser Art sind strikt verboten, weil dabei die Muscheln Schaden nehmen). In früheren Zeiten, als Schwammtaucher schwer beladen über den Meeresgrund liefen, mag es allerdings tatsächlich zu Unfällen gekommen sein.

Kopf-füßer

Kopffüßer oder Tintenfische *(Kraken, Sepien, Kalmare, Papier-* und *Perlboote)* sind eine hoch interessante Gruppe unter den Weichtieren. Ursprüngliche Formen, so die **Perlboote,** besitzen eine gekammerte äußere Schale, die dem Auftrieb dient.

Eine der sechs Arten aus der spektakulären und altertümlichen Tiergruppe der **Perlboote:** NAUTILUS POMPILIUS kommt auch an der Küste der Andaman-See vor. Die Tiere leben in 100-600 m Tiefe, aber ab und zu werden Schalen an der Küste angespült. Die Tiere können sich bei Gefahr in das spiralige Gehäuse zurückziehen und die Öffnung mit einem harten Deckel verschließen. NAUTILUS ernährt sich von Garnelen.

Ihren Namen verdanken **Tintenfische** einer schwarzen Flüssigkeit, die sie bei Flucht vor Feinden ausstoßen. Die ausgestoßene Wolke gleicht einem Tintenfisch, und die Flüssigkeit enthält Reizstoffe, die Angreifer irritieren. Tintenfische besitzen hochentwikkelte Linsenaugen, die den Augen von Wirbeltieren ähneln. *Kraken* vollbringen enorme Gehirnleistungen. Sie sind imstande, einfache Aufgaben eigenständig zu lösen, etwa das Öffnen von Schraubverschlüssen.

Sepien vollführen blitzschnelle Farbwechsel. Sie besitzen Farbzellen in ihrer Haut, die gelbe, orange, rote, blaue oder schwarze Pigmente enthalten. Einige Zellen reflektieren auch Licht. Durch Nervenimpulse ausgelöste Muskelkontraktionen verlagern die Pigmente in den Zellen.

Krebs-tiere

Krebstiere sind allgegenwärtig, auch wenn viele Arten versteckt leben. **Garnelen, Langusten, Einsiedlerkrebse, Krabben, Seepocken** sowie mit bloßem Auge kaum erkennbare **Ruderfußkrebse** sind Vertreter dieser Tiergruppe.

Langusten verstecken sich tagsüber einzeln oder in Gruppen zwischen Felsen und Korallenblöcken und streifen nachts auf Nahrungssuche umher.

Auch die kräftigen **Felskrabben** kommen erst nach Einbruch der Dunkelheit zum Vorschein. Mit ihren mächtigen Scheren knacken sie Muscheln, Schnecken und andere Krebstiere. Im Geäst von Geweihkorallen leben **Korallenwächter.** Verschiedene Arten von **Porzellankrebsen** verbergen sich in *Anemonen* vor Feinden. **Scherengarnelen** bilden Putzerstationen, wo sie auf Grundfische warten, um Parasiten von deren Haut abzufressen.

Die **Farbzellen** von Kraken sind in Gruppen oder in mehreren Schichten angeordnet. An ihnen setzen winzige Muskeln an, die durch Nerven und Hormone gesteuert werden. Durch Kontraktion und Entspannung der Muskeln werden die Pigmente verlagert, und die Hautfarbe passt sich an die Umgebung an.

Stachelhäuter

Eine unübersehbare Tiergruppe im Riff sind die Stachelhäuter. **Haarsterne** sind die altertümlichste Gruppe. Der Körper besteht aus einem zentralen Kelch. An dessen Unterseite sitzen Cirren, mit denen sich die Tiere am Grund festkrallen. An der Oberseite des Kelches entspringen 5-200 gefiederte Arme. Auf den Armen befinden sich Wimpernrinnen, in denen aus dem Wasser gefilterte Nahrung zur Mundöffnung an der Kelchoberseite transportiert wird. Tagsüber verstecken sich die *Haarsterne* und rollen ihre Arme ein. Nachts klettern sie an gut beströmte Stellen und breiten ihre Krone aus.

Seesterne sind oft gefräßige Räuber. Sie stülpen ihren Magen über ihre Beute und verdauen sie außerhalb des Körpers. An der Unterseite der Arme sitzen Saugfüßchen, mit denen sie sich fortbewegen. Manche Arten können damit auch Muscheln öffnen.

Seeigel zeichnet ihr festes, kugeliges Plattenskelett aus. Die Außenseite ist mit Stacheln

Diadem-Seeigel besitzen lange Stacheln, die ein schmerzhaftes Gift enthalten. Die Stacheln brechen leicht ab. Widerhaken an der Außenseite machen es unmöglich, die Stacheln aus der Haut herauszuziehen. Man sollte sie mit einem Hammer oder Tauchermesser in der Haut zertrümmern.
Kleine Bruchstücke lösen sich schneller auf als große. Einreiben mit Essig oder Zitrone beschleunigt die Auflösung des Kalks.

besetzt, die gelenkig mit dem Skelett verbunden sind. Die Stachelbewegungen sind beim schwach giftigen **Diadem-Seeigel** besonders gut zu beobachten.

Es gibt noch weitere Seeigelarten, die Gifte produzieren (z.B. TOXOPNEUSTES). Seeigel weiden mikroskopisch kleinen Bewuchs vom Untergrund ab. Einige Arten bohren sich auch tief in den Fels ein, um sich vor Wellen, Strömung und Räubern zu schützen, z.B. der schwarz-violette *Bohrende Riffseeigel.*

Die walzenförmigen **Seegurken** gelten als die „Staubsauger" im Riff. Sie nehmen Nahrung mit ihren Tentakeln vom Grund auf oder filtern sie aus dem Wasser. Seegurken haben ein enorm hohes Regenerationsvermögen. Bei Gefahr stoßen sie fast alle inneren Organe aus und regenerieren sie anschließend.

Fische

Fische sind die größte Wirbeltiergruppe im Riff. Es wird zwischen Knorpel- und Knochenfischen unterschieden. Die **Knorpelfische** *(Haie, Rochen)* sind stammesgeschichtlich die ältesten der heute lebenden Fische. Sie haben kein verknöchertes Skelett, keine Kiemendeckel und keine Schwimmblase. Die Haut trägt zahnartige Plakoidschuppen, weshalb Haihaut früher als Schmirgelpapier diente.

Haie gelten zwar als die Schrecken der Meere, die meisten Arten sind jedoch harmlos. Der in Thailand häufige kleine *Schwarzspitzen-Riffhai* nähert sich Schnorchlern und Taucher nur aus Neugierde. *Ammen-* und *Leopardenhaie* ruhen die meiste Zeit träge auf dem Grund. Die impo-

Rotfeuerfische *schweben im Wasser: Sie vertrauen auf ihre Gifte (Pterois sp.)* →

Mond-Sicheljunker *(Thalassoma lunare)* →

Schwarzer Anemonenfisch *(Amphiprion clarkii)* →

Ringelkaiserfisch *(Pomacanthus annularis)* →

Auffällig ist, dass **Clownsfische** von den Seeanemonen nicht genesselt werden. Sie besitzen eine Schleimschicht, die eine Entladung der Nesselkapseln verhindert. Der Schutzschleim wird entweder von der Wirtsanemone bereits auf die Jungfische übertragen, oder die Fische produzieren den Schleim möglicherweise selbst. Die Art der Schwimmbewegungen der Fische trägt ebenfalls dazu bei, dass sie nicht genesselt werden.

Harlekin-Anemonenfisch *(Amphiprion ocellaris)* ↑

santen *Walhaie* sind mit bis zu 18 m Länge die größten Fische der Welt. Sie ernähren sich aber nur von Plankton, d.h. von im Wasser treibenden, meist kleinen Pflanzen und Tieren. Dem Menschen gefährlich werden nur Haie, die Jagd auf große Beute (*Schildkröten, Robben)* machen. Zu den potenziell gefährlichen Arten in Thailand gehören *Tiger-* und *Hammerhaie,* die aber nur sehr seltene Gäste an der Küste sind.

Die artenreichsten **Knochenfischfamilien** im Riff sind die Familien der Barschartigen, Schmetterlings- und Lippfische. Zu den *Riffbarschen* gehören auch *Anemonen-* und *Preußenfische.* Sie leben in Korallenstöcken und Anemonen. Bei Gefahr und nachts verstecken sie sich in ihrem Wirt. **Anemonen- bzw. Clownsfische** leben mit Seeanemonen in Symbiose. Viele Anemonenfische gehen nur mit jeweils einer bestimmten Wirtsart eine Symbiose ein. Zur Wirtserkennung tragen Ausscheidungen der Anemonen bei. Die Fische werden von der Anemone vor Raubfischen geschützt und verteidigen ihrerseits ihren Wirt gegen deren Feinde. Die Sozialstruktur einiger Clownsfischarten ist hoch interessant. Der größte Fisch in einer Anemone ist ein Weibchen, der zweitgrößte ist ein geschlechtsreifes Männchen. Alle kleineren Fische sind nicht geschlechtsreife Männchen. Stirbt das Weibchen, wandelt sich das größte Männchen in ein Weibchen um und eines der jungen Männchen rückt zum geschlechtsreifen Tier nach.

Schmetterlingsfische und die verwandten **Engelsfische (Kaiserfische)** sind auffällig bunt gefärbt. Die plakativen Farben dienen der innerartlichen Verständigung. Bei *Schmetterlingsfischen* sorgen die Färbungen für den Zusammenhalt der Paare. *Engels-* bzw. *Kaiserfische* sind hingegen Einzelgänger, die ihr Revier gegen Artgenossen verteidigen. Die Jungfische haben des-

HAIE UND ROCHEN

Haie und Rochen sieht man häufig beim **Tauchen und Schnorcheln.** *Braune Stachelrochen* und *Blaupunkt-Stachelrochen* gibt es in den meisten Tauchgebieten. Schnorchler begegnen oft *Schwarzspitzen-Riffhaien* im flachen Wasser um Ko Phi Phi und Ko Hai (Krabi). *Leopardenhaie* sind regelmäßig beim Hin Musang (Phuket), Hin Bida (Krabi) und um Ko Tao zu beobachten.

Die spektakulärsten Begegnungen mit Haien und Rochen bietet die Andaman-See.

Manta (Manta birostris)

© Foto: Mark Strickland

Um die Similan- und Surin-Inseln ziehen *Graue Riffhaie* und *Mantas* durchs Wasser, auch die extrem seltenen *Hairochen.*

Tauchen mit *Walhaien* ist einer der regelmäßigen Höhepunkte in den Tauchgebieten von Trang (Hin Muang, Hin Daeng) und Ko Surin. Dort sehen Taucher auch *Graue Riffhaie* und *Adlerrochen.*

Silberspitzen- und (sehr selten) *Tigerhaie* kreuzen bei den weit vom Festland entfernten Burma Banks. Tauchfahrten zu den Burma Banks, Surin- und Similan-Inseln und nach Trang starten von Phuket. Hin Muang und Hin Daeng (Trang) werden auch von Ao Nang, Ko Phi Phi und Ko Lanta (Krabi) aus angelaufen.

halb ein anderes Farbkleid als die erwachsenen Tiere. Sie würden sonst aus dem Revier verjagt.

Sehr neugierige Vertreter sind die farbenprächtigen **Lippfische**. *Mondsicheljunker* und *Kuckuckslippfische* wagen sich bis auf wenige Zentimeter an Taucher heran, um aufgewirbelte Nahrung zu ergattern. Einige Arten verfolgen Raubfische, um in deren Gefolge ihre eigene Beute zu ergattern. *Putzerlippfische* entfernen Parasiten von der Haut, den Kiemen und Zähnen anderer Fische. Sie sind reviertreu. Daher müssen die anderen Fische zu einer „Putzstation" kommen. Dabei kommunizieren die Partner miteinander. Der Putzerfisch muss durch bestimmte Signalgebung darauf achten, eine Fraßhemmung zu erzeugen, damit er nicht von Raubfischen gefressen wird. Demgegenüber signalisieren Schwimmbewegungen und Abspreizen der Kiemendeckel dem Putzerfisch die Bereitschaft des anderen Fisches, gereinigt zu werden.

Ein kräftiges, Respekt einflößendes Gebiss haben **Drückerfische.** Sie haben eine rautenförmige Gestalt mit zurückgesetzten Augen. Manche Arten erbeuten Seeigel, indem sie diese durch Anblasen auf die Rückenseite wälzen oder vom Boden abheben und absinken lassen. Dann beißen sie das von nur wenigen Stacheln geschützte Mundfeld auf.

Brauner Igelfisch *(Diodon holacanthus)* ↑

Steinfisch *(Synanceia verrucosa)* →

Die possierlichen, bunten **Kofferfische** sind langsame, aber sehr manövrierfähige Schwimmer. Sie können sich auf der Stelle drehen. **Kugel- und Igelfische** blasen sich bei Gefahr wie Ballons auf. Angeblich sind sogar schon Haie an diesem Bissen erstickt. Hochwirksame Hautgifte schützen sie ebenfalls vor Räubern.

Zackenbarsche sind gedrungene, scheinbar träge Raubfische, die zumeist in Spalten am Grund auf Beute lauern. Der *Riesenzackenbarsch* wird bis zu 3 m lang und über 90 kg schwer. Freilebende Exemplare dieser Größe sind allerdings kaum mehr zu sehen.

Skorpions- und Steinfische verbergen sich hervorragend getarnt auf dem Grund, zwischen Korallen oder in Neptunskelchen. *Steinfische* sind absolute Meister der Tarnung, die mit ihrer Umgebung völlig verschmelzen. Vorbeischwimmende Beutefische werden blitzschnell in ihr Maul eingesogen.

Rotfeuerfische sind in Thailand sehr häufig. Sie schweben nahe an Felswänden und Korallenblöcken. Ihr gemächliches Schwimmverhalten zeigt an, dass sie sich auf ihre giftigen Flossenstrahlen verlassen. *Rotfeuerfische* treiben teilweise ihre Beute mit gespreizten Brustflossen in die Enge, bevor sie sie verschlingen. Die auffällige, rot-weiße Musterung gilt als Warntracht, und der Fisch ist im tiefen Wasser schwerer wahrzunehmen, weil rote Farbtöne mit zunehmender Tiefe zuerst verschwinden.

Rotfeuer-, Skorpions- und Steinfische besitzen **giftige Flossenstrahlen.** Verletzungen sind sehr schmerzhaft, u. U. sogar lebensbedrohlich (Steinfische). Stein- und Skorpionsfische vertrauen auf ihre Tarnung, stellen aber bei Bedrohung ihre Rückenstacheln auf. Die Eiweißgifte werden erst durch Druck freigesetzt. Ein unbedachter Griff in Felsspalten oder an Pfeiler kann fatal enden! **Erste Hilfe:** Patienten beruhigen, in Schocklage lagern, Wunde 30 Minuten in ca. 60 °C heißes Wasser tauchen, festen Kompressionsverband (elastische Binde) anlegen und schnellstens zum Arzt.

In Spalten und Höhlungen sitzen oft **Muränen.** Sie besitzen mindestens einen Stammplatz, in den sie nach den nächtlichen Streifzügen zurückkehren. *Muränen* haben ein kräftiges Gebiss und erbeuten Fische, Tintenfische und Krebse. Sie sind gegenüber dem Menschen normalerweise nicht angriffslustig.

Makrelen, Stachelmakrelen und **Barrakudas** nutzen die Riffe zum Beutefang. Sie kommen vom offenen Meer und durchstreifen Riffe auf der Suche nach Beute. Hochseefische sind häufig silbern gefärbt und heben sich nur schlecht vom graublauen Hintergrund des Wasserkörpers ab.

Schiffshalter stellen einen interessanten Lebensformtyp dar. Sie halten sich mit der Rückenflosse an Großfischen oder Schildkröten fest und lassen sich von ihm durchs Wasser ziehen. Ihre Rückenflosse bildet dazu eine Saugscheibe mit Lamellen. Schiffshalter fressen Parasiten des Großfisches und ernähren sich von dessen Nahrungsüberresten.

Seeschlangen

In Thailands Gewässern leben cirka 30 Seeschlangenarten. Seeschlangen halten sich gerne im flachen Wasser und in der Nähe von Flussmündungen auf. Die meisten Arten bringen lebendige Junge zur Welt.

Seeschlangengifte sind tödlich. Die Giftzähne sind aber weit hinten im Maul, das außerdem sehr klein ist, so dass man meistens nicht die volle Giftladung abbekommt und überlebt. Seeschlangengifte bestehen aus Eiweiß. Die **Erste Hilfe** erfolgt wie bei Giftfischunfällen. Zudem sollte man sofort in eine Klinik (Antiserum!).

Seeschlangen sind sehr scheu und weichen Menschen aus. Sie sind deshalb grundsätzlich ungefährlich. Sie greifen nur an, wenn sie in die Enge getrieben werden.

Meeresschildkröten

In Thailand legen vier Meeresschildkrötenarten ihre Eier ab: *Leder-, Suppen-, Karett-* und *Riddley's Seeschildkröte.* Die *Unechte Karett-Schildkröte* gilt in Thailand als ausgestorben. Alle Arten sind stark in ihrer Existenz bedroht. Seeschildkröten finden kaum noch geeignete Brutstrände, zudem gelten die Eier als Delikatesse. Sie geraten auch oft in Fischernetze, in denen sie ertrinken.

Falsche Netzmuräne *(Gymnothorax favagineus)* →

Stachelmakrele *(Caranx elacate)* →

Gebänderte Gelblippen-Seeschlange *(Laticauda colubrina)* →

Suppenschildkröte *(Chelonia mydas)* →

Delfine →
lieben es, Schiffe zu begleiten (Ko Similan)

Karettschildkröten sind echte Riffbewohner und noch relativ oft in der Andaman-See anzutreffen.

Wale und Delfine

Mindestens 18 Wal- und Delfinarten leben an Thailands Küsten. Ihre Größe reicht vom 1,5 m großen **Indischen Schweinswal** bis zum 18 m langen **Pottwal.** Große Wale sind jedoch selten. Gelegentlich taucht der **Brydes-Wal** an den Inseln Thailands auf. Die meisten Meeressäugerarten sind Delfine. In der Andaman-See sammeln sich zwischen Januar und Februar Delfine an der Küste, um dort ihre Jungen zu gebären.

CAVERNEN UND HÖHLEN

Für **Cavernen- und Höhlenfans** ist Südthailand ein Paradies. Die märchenhafte Inselwelt von Phang-Nga, Krabi und Trang bietet fantastische unter- und überseeische Höhlen. Einige Inseln besitzen im Zentrum allseitig von senkrechten Klippen umschlossene Canyons und Lagunen, die über Höhlen mit dem Meer in Verbindung stehen.

Zahlreiche Kalksteininseln Thailands weisen Steilwände mit beschatteten Überhängen auf und sind von Cavernen und Höhlen durchsetzt. An Steilwänden gelingt es Korallen nicht, Riffe aufzubauen. Sie können nicht auf großer Fläche emporwachsen und brechen wegen der Brandung oder der Erosion des Untergrundes frühzeitig ab. An Schattenstandorten und in Höhlen findet man eine völlig andere Fauna als an beleuchteten Stellen. An den Wänden wachsen überwiegend *Schwämme, Röhrenwürmer* und *Felsaustern.* Außerdem siedeln dort *Steinkorallen,* die keine symbiontischen Algen besitzen. Sie wachsen langsamer als Riffbildner und können sich nur an Schattenstandorten gegen schnell wachsende Riffkorallen durchsetzen. *Gelbe Zäpfchenkorallen* bilden leuchtend gelbe Krusten am Fels. Auch einzelne *Peitschenkorallen* und *Fächergorgonien* sitzen unter Überhängen. Gruppen von *Rosengarnelen* sitzen in geschützten Höhlungen, *Glasfischschwärme* stehen zwischen Felspassagen, *Zackenbarsche* und *Muränen* lauern in Spalten auf Beute.

Lebensraum

Gelbe* → *Zäpfchenkoralle
(Dendrophyllia)
(Ko Dokmai)

DIE VOGELWELT DER KÜSTEN

Thailands Ornis lädt mit 915 verschiedenen Vogelarten zur intensiven Tierbeobachtung ein. In den Wäldern des **Küstenhinterlands** brüten *Bülbüls, Türkis-Irenen, Drongos, Pirole, Nektar-* und *Hornvögel* und viele andere Arten. **Mangrovenwälder** bilden auch für die Vogelwelt eine Übergangszone von Meer und Land. Sowohl Arten, die sich eher im Inland aufhalten als auch Küstenvögel bevölkern die Mangroven. Einige *Pirole, Drongos, Weber-* und *Eisvögel* leben hier, ebenso *Reiher, Scharben* und Watvögel. Der *Mangroven-Pitta* und *Braunflügelgurial* zählen zu den wenigen Arten, die ausschließlich in Mangroven leben.

Die **Marschen** an Küsten und Flüssen stellen wertvolle Rast- und Futterplätze für **Zugvögel** aus dem kalten Norden dar. Im Winter treffen Scharen von Watvögeln wie *Teichwasserläufer, Grünschenkel, Rotschenkel, Große Brachvögel, See-* und *Mongolen-Regenpfeifer* ein. Auch die *Flussseeschwalbe* ist ein sehr häufiger Wintergast.

Auffällig ist aber, dass es **kaum große Seevogelbrutkolonien** gibt, wie übrigens in vielen warmen Regionen der Erde. Nur wenige **Möwen** tauchen als Wintergäste an den Küsten auf, so die *Lach-, Silber-* und *Schmarotzerraubmöwe.* Selbst *Fregattvögel,* große dunkle Vögel mit tief gegabeltem Schwanz, die typisch für die Tropen sind, erscheinen nur selten als Gäste im tiefen Süden Thailands. Allerdings brüten recht häufig einige **Seeschwalbenarten** an den Küsten Thailands. An offenen, felsigen Inseln legen *Rosen-, Zügel-* und *Schwarznacken-Seeschwalben* ihre Nester an. Die *Zwergseeschwalbe* brütet hingegen ebenso wie der *Sunda-Regenpfeifer* an sandigen und schlickigen Küstenabschnitten. *Pazifik-Riffreiher* suchen häufig auf trocken gefallenen Riffdächern nach Nahrung. Interessanterweise gibt es zwei Farbvarianten dieses Vogels und zwar mit weißem und grauem Gefieder.

Die **Wälder kleiner Inseln** beherbergen vergleichsweise wenige Vogelarten. Zwei Taubenarten gelten aber als Spezialisten in diesem Lebensraum. Die *Nikobaren-Taube* lebt im Innern der Wälder, während die *Zweifarben-Fruchttaube* steile Klippen favorisiert. *Weißbauch-Seeadler* kreisen an vielen Inseln des Südens auf Futtersuche über dem Wasser. Sie greifen dicht unter der Wasseroberfläche schwimmende Fische und auch treibende Abfälle von Fischerbooten.

Zur **Vogelbeobachtung** bieten sich in den Küstenregionen insbesondere folgende Orte an: Bang Phu und der Wat Ratsatthakayana (Ban Phaeo bei Lak Sam in Samut Sakhorn) zwischen den Mündungen des Mae Nam Tha Chin und Mae Klong am oberen Golf von Thailand, Sam Roi Yot (Prachuab Khiri Khan), Thale Noi (Phattalung), Phru Toh Daeng (Narathiwat), Ko Surin (Phangna) und Khanab Nam (Krabi) im Süden.

Braunliest *(Halcyon smyrnensis)* ↓

WIRTSCHAFTLICHE NUTZUNG

Es gibt etwa **dreihundert nutzbare Fischarten** in Thailands Meeresgebieten.
Der enorme Fischreichtum des Golfes von Thailand wird jedem Besucher bei einem Spaziergang über einen der zahlreichen **Fischmärkte** eindrucksvoll vorgeführt.
Beispielsweise zeigte eine Studie, dass auf den Märkten in Chonburi neun Hai- und Rochen-, sowie 87 Knochenfischarten angeboten werden. Letztere verteilen sich auf 44 Fischfamilien, ein Beleg für die Artenvielfalt des Golfes.
Die artenreichsten Fischgruppen sind: *Stachelmakrelen, Schnapper* und *Zackenbarsche.*

FISCHEREI

Thailands Meeresgebiete sind die Heimat von über 850 Fischarten. Neben Reis ist Fisch eines der wichtigsten **Grundnahrungsmittel der Thailänder.** Im Durchschnitt verspeist jeder Thai über 22,5 kg Fisch pro Jahr. Zählt man das Fleisch mit Fischmehl gezogener Hühner und Schweine dazu, sind es fast 40 kg. Vor 1960 wurden in Thailand etwa 200.000 Tonnen Fisch pro Jahr gefangen. Davon stammte ein Viertel aus dem Süßwasser. Danach explodierte der **Fischereiertrag** auf nunmehr bis zu 3 Mio. Tonnen pro Jahr, und der Anteil der Süßwasserfische sank auf unter 10%. Wegen Überfischung steigt der Energieeinsatz pro kg Fisch ständig an.

Bis in die 1960er Jahre wurde zumeist nur in Küstennähe mit kleinen Reusen, Ringwaden und Stellnetzen gefischt. Die Einführung neuer Fangtechniken sorgte für den Anstieg der Fangquoten. Mit **Grundschleppnetzen** wurden die bis dahin ungenutzten Bodenfischbestände des Golfes von Thailand erschlossen.

Das gelang Mitte der 60er Jahre auch unter deutscher Entwicklungshilfe so gründlich, dass heute nur noch ungefähr 20% (!) des Ertrages erzielt werden, der bei vernünftiger Befischung hätte erzielt werden können.

Innerhalb von 2-3 Jahren bauten die Thais etwa 4.000 neue, motorisierte Boote. Insgesamt stieg die **Zahl motorisierter Kutter** zwischen 1960 und 1985 von 1.400 auf 17.000 an, die täglich den Golf durchpflügen. Jede Nacht bietet sich ein eindrucksvolles Bild, wenn eine schier endlose Kette von beleuchteten Fischereibooten am Horizont aufzieht. Mit starken Lampen werden *Sardinen, Scad* und *Tintenfische* in die Netze gelockt.

Bodenfische (demersale Fische) sind alle Arten, die am Meeresgrund leben bzw. ihre Nahrung am Boden suchen. Neben *Rochen* und *Plattfischen* zählen *Ziegenfische (Meeräschen), Zackenbarsche* und *Meerwelse* dazu.
Demgegenüber stehen **pelagische Arten**, die weit über dem Grund im freien Wasser leben, beispielsweise *Makrelen, Bonito, Scad, Sardinen* und *Thunfische.*

Gleichzeitig verlagerte sich die Fischerei von der Eigenbedarfswirtschaft (Subsistenz-Wirtschaft) zu einem kommerziell orientierten Wirtschaftszweig. Die Produktion von tiefgefrorenen Fischprodukten und -konserven für den **Export** ist heute ein bedeutender Devisenbringer des Landes. Gegenwärtig leben 1-2 Mio Menschen direkt von der Fischerei und Fisch verarbeitenden Industrie. Zahlreiche Küstengemeinden bestreiten ihr Einkommen fast ausschließlich aus dem Fischfang.

Die **küstennahen Gewässer** sind mittlerweile **weitgehend leergefischt.** Daran ist in erster Linie der intensive, kommerziell orientierte Fischfang schuld. Mit immer kleineren Maschenweiten versuchen die Fischer, ihre Erträge zu halten. Doch damit fangen sie auch Jungfische weg. 40% des Fanges besteht mittlerweile aus

Küstenfischer *holen ihre Netze ein* ↓

DYNAMITFISCHEREI

Mit der **Dynamitfischerei,** einer besonders zerstörerischen Fischereimethode, wurden in vielen Teilen Thailands ganze Riffabschnitte zerstört. Lediglich die Inseln um und nördlich von Phuket entgingen weitgehend diesem Schicksal. Dabei werden Sprengladungen unter Wasser gezündet, die einen Wirkradius von etwa 10 m haben. Die Druckwelle tötet viele Fische, weil deren innere Organe zerreißen, und verwüstet den Korallenbestand. Einige der getöteten Fische, schätzungsweise ganze 5%, treiben an der Oberfläche auf und werden abgesammelt. Der Rest verfault am Meeresgrund. Es geht nur um wenige Fischarten, wie große *Zackenbarsche,* die auf den Märkten hohe Preise erzielen. Zurück bleibt aber ein auf Jahrzehnte zerstörter Riffabschnitt. Dynamitfischen ist in Thailand verboten, doch die Fischerräuber operieren in der Nacht mit sehr schnellen Booten und entkommen ungesehen.

So sieht ein durch Dynamitfischerei zerstörtes Korallenriff aus: farb- und leblos (Ko Samaesan)

„Trash fish“, der zu Fischmehl und -sauce verarbeitet wird. Einfache Fischer wechselten in ihrer Not auf den Fang von Tintenfischen und Wirbellosen. Die großen Trawler zieht es immer weiter von der Küste weg. Sie fischen oft in den Gewässern der Nachbarländer. Vietnam, Burma und Thailand bringen regelmäßig Fischkutter des jeweils anderen Landes auf.

Neben Fischen gibt es in Thailand natürlich noch viele andere essbare Meerestiere, vornehmlich **Muscheln und Krebse.** Die wichtigsten Muschelarten sind *Austern, Grüne Miesmuscheln, Pferde-, Herz-* und *Venusmuscheln.* Nicht weniger als 10 **Tintenfischarten** werden angelandet. Außerdem werden ungefähr 10 **Großgarnelenarten** *(Schwarzer Tigerprawn, Bananen-, Schleier-* und *Pinkfarbene Shrimps* etc.), etliche **Krebse,** vor allem *Schwimmkrabben,* in großem Stil gefangen. Daneben werden *Fangschreckenkrebse, Scham-, Klippen-* und *Felskrabben* in allerlei Speisen verarbeitet. Aus kleinen *Glas-* und *Acetes-Garnelen* bereiten Thais Shrimp-Pasten zu.

Auf dem Fischmarkt *von Chonburi: auffällig artenreiches Angebot →*

Zu den für Europäer exotisch anmutenden **Meeresfrüchten** gehören Algen, Quallen, Seeigel und Seegurken. **Porphyra-Rotalgen** werden frisch als Suppenzutat verwendet. Aus der **Gracilaria-Rotalge** wird Agar gewonnen, eine Zuckerverbindung, die als Gelier- und Verdickungsmittel vielseitig in der Lebensmittelindustrie eingesetzt wird. *Gracilaria* wächst in flachen Buchten und im Songkhla-See.

Am Golf von Thailand werden auch drei **Quallenarten** gefangen, die *Wurzelmundquallen* Ropilema hispidum, Mastigias sp. und Lobonema smithi. Die Hauptfangsaison dauert von Ende Juli bis September, wenn große Quallenmengen an die Küste treiben. Zuletzt fing man an der Küste der Provinz Chonburi jährlich 700 Tonnen. Ein Zentrum der Quallenfischerei ist die Bucht von Ang Sila. Die Quallen werden von kleinen Booten aus mit Keschern aus dem Wasser geschöpft. Die Tentakel der Quallen kommen als Zutat in Suppen und Süßspeisen. Grössere Mengen werden nach Korea exportiert.

Pfeilschwanzkrebse bevölkern seit mehr als 200 Mio Jahren die Erde. Sie sind trotz ihres Namens keine Krebse, sondern mit den Spinnentieren verwandt. Zoologen ordnen sie neben den Spinnentieren *(Arachnida)* und Asselspinnen *(Pantopoda)* als eine Klasse *(Merostomata)* in den Tierstamm der Scherenträger *(Cheliceraten)* ein.

In Japan gelten die Eier des **Diadem-Seeigels** als Delikatesse. Deshalb wird er in einigen Teilen Thailands für den Export gesammelt. Frische **Seegurken** findet man selten auf den Märkten. Die wirtschaftlich bedeutendste Art ist *Stichopus,* deren getrocknete Haut ebenfalls nach Japan verkauft wird.

Eine besondere Köstlichkeit sind die Eier von **Pfeilschwanzkrebsen,** die als Salat angeboten werden. Die Eier gleichen Senfkörnern. *Pfeilschwanzkrebse* leben in Mangrovenkanälen. Es gibt weltweit nur vier Arten dieser urtümlichen Tiergruppe, von denen zwei Arten in Thailand vorkommen: *Rundschwanz-* und *Dreikantschwanz-Pfeilschwanzkrebse*. Nur die letztgenannte Art ist essbar, da der *Rundschwanz-Pfeilschwanzkrebs* mit der Nahrung aufgenommene Gifte im Körper und in den Eiern anreichert.

AQUAKULTUR

Aquakultur wird in Thailand seit einigen hundert Jahren praktiziert. Ursprünglich wurden **Süßwasserfische** für den Eigenbedarf auf gefluteten Reisfelder angezogen. Heute findet man neben Süßwasser- auch Brackwasser- und Meerwasserkulturen. Zuletzt erzielte die Aquakultur einen Anteil von 5-10% des Gesamtfischereiertrages. In Teichen, Gräben und Netzkäfigen an Flussufern werden insbesondere *Welse, Tilapia, Karpfen* und *Riesen-Süßwassergarnelen* gehalten.

Der **Große Meerbarsch** oder **Giant Sea Perch** *(Lates calcarifer)* wird vor allem in Samut Sakhon, Samut Songkram und im Songkla-Lake kultiviert. Er wächst innerhalb von sechs Monaten vom 1 cm großen Fingerling zum verkaufsfähigen, 700 g schweren Fisch heran.

Brackwasserfarmen liegen in Küstennähe im Übergangsbereich von Süß- und Meerwasser. Zumeist züchtet man dort *Shrimps, Meeräschen* und den *Großen Meerbarsch.*

In **Meeres-Aquakulturen** werden insbesondere Muscheln gezogen. *Austern* werden im Flachwasser an mit Austernschalen bestückten Betonblöcken, Seilen oder Holzpfählen angezogen. Junge Muscheln setzen sich bevorzugt an den Schalen älterer oder abgestorbener Tiere fest. Die Austernernte erstreckt sich von Oktober bis April.

Grüne Miesmuscheln werden an Holzpfählen kultiviert. Bis zu 10 m lange Bambus-Pfähle

Netzkäfige in einem Fluss bei Pattani ↑↑

Austernzuchtanlage bei Khao Sam Muk, Chonburi ↑

werden in einem Abstand von 25 cm in den Meeresboden gerammt. Auch bei dieser Art wird die Brut durch Muschelschalen angelockt.

Junge *Herzmuscheln* werden am Meeresgrund ausgesät. Sie benötigen Grobsand im Flachwasser, der nicht mehr als 4 Stunden trocken fallen darf. Auf einem Hektar werden etwa 4 Millionen kleine Muscheln ausgebracht und nach 1-1,5 Jahren mit Handdredschen abgeerntet. (Dredschen sind mit einem Netz versehene Metallrahmen, deren Unterseite eine Schneide besitzt, die sich etwas in den Boden eingräbt.)

Sehr kleine Tiere können wieder ins Meer zurückgeworfen werden. Herzmuschelkulturen gibt es insbesondere in Petchaburi und Satun.

Im kleineren Maßstab kultiviert man in Thailand auch *Langusten* und *Tintenfische.* Zudem werden teilweise kleine, frisch gefangene *Schwimmkrabben* und *Fangschreckenkrebse* gehältert, bis sie ein gutes Verkaufsgewicht erzielen.

BEDROHUNG DER LEBENSRÄUME

Die Küsten- und Meereslebensräume Thailands sind erheblich gefährdet. Die rasante wirtschaftliche Entwicklung Thailands und der Bevölkerungsdruck brachte auch in Küstengebieten immense Umweltprobleme mit sich, von denen der normale Reisende wenig mitbekommt.

Für diese Probleme sind zum einen zunehmende **Abwassereinleitungen** von Haushalten, Industrie und Erzbergbau verantwortlich. Schwermetalle und Pestizide reichern sich im Nahrungsnetz an. Zinnminen belasten z.B. bei Ron Phibun und Pak Phanang (Nakhorn Si Thammarat) das Meer mit Arsen. Beim **offshore Zinnabbau** wirbelt Sediment auf, das beim Absinken Korallen und andere Wirbellose erstickt, die wiederum eine wertvolle Nahrungsquelle für Fische darstellen. Weitere Bedrohungen sind massiver **Raubbau an den Ressourcen** durch Überfischung, Dynamitfischerei, Sammeln von Schalen, Fangen von Fischen für Meerwasseraquarien, Ausweitung von Aquakulturanlagen und unkontrollierter Tourismusentwicklung. All dies hinterlässt natürlich **Spuren in der Tier- und Pflanzenwelt.** *Salzwasserkrokodile* gibt es nicht mehr in der freien Wildbahn. Alle *Meeresschildkrötenarten* sind massiv bedroht oder ausgestorben. Von den seltenen *Seekühen* existieren nur noch 60 Exemplare. Auch viele Wirbellose sind rar geworden, so die *Anemonenkoralle* GONIOPORA BURGOSI, *Tritonshorn-, Turban-, Strombus-* sowie einige *Porzellan-* und *Kegelschnecken.*

Glücklicherweise wurden viele Inseln und Küstenabschnitte zu **Nationalparks** erklärt. Fischereiverbotszonen für Hochsee-Trawler in Küstennähe sollen den Überfischungsdruck nehmen,

→ *Andenkenladen in Si Racha (Ko Loy):* ***Souvenirs, die man nie kaufen sollte***

damit die Küstenfischerei schützen und eine Erholung der Lebensräume einleiten. Im Sommer 1998 erweiterten die Behörden z.B. die Schutzzone von Krabi bis Phuket. Leider verhindert dies nicht, dass sich mächtige Interessengruppen immer wieder schonungslos über den Schutzstatus hinwegsetzen – ein weltweites Problem, wie auch die Konflikte zwischen Ökonomie und Ökologie bei uns zeigen.

TOURISMUS

Der unkontrollierte Tourismus in Thailand bedroht die Umwelt zusätzlich, eröffnet zugleich aber auch **neue Chancen.** Mit den vermehrten Auftauchen von Touristen verschwanden die Dynamitfischer aus dem Similan-Nationalpark, Tourismus bringt Geld in manche ärmliche Küstengemeinde und schafft neue Erwerbsquellen. Die wachsende Zahl von Naturtouristen zeigt der lokalen Bevölkerung, dass naturbelassene Wälder, Mangroven und Korallenriffe mehr finanzielle Vorteile bringen, als wenn man sie anderweitig „verbraucht". Mit der zunehmenden Popularität von Naturreisen bei Thais wächst deren Bewusstsein über die Bedeutung der einzigartigen Lebensräume. Es entstanden viele engagierte Umweltinitiativen, die aber oft einen sehr schweren Stand haben.

Auf der anderen Seite verwandelten sich Inseln wie Ko Phi Phi oder Ko Samet in riesige Touristenresorts. Erhebliche Probleme entstanden durch **Landverbauung, Müll, Abwässer und übermäßigen Süßwasserverbrauch.** Meerwasser sickert in aufgezehrte Süßwasserlinsen im Untergrund von Inseln ein. In der Folge wird das Wasser immer brackiger und versalzt den Boden übermäßig.

Hier ist ein Anker eingeschlagen→

Knatternde Longtail-Boote und Wasserscooter sorgen für erheblichen Lärm und vertreiben viele Tiere. Ausflugsboote schütten massenweise Schnorchler über Korallengründen über Bord. Alleine durch **Ankern in Korallenbänken** wurden ganze Riffabschnitte zerlegt. Bei einem einzigen derartigen Ankermanöver bricht bis zu 1 m^2 Korallenfläche ab. Zudem werden Korallen, Muschel- und Schneckengehäuse in erheblichen Mengen gesammelt und verkauft. Auch **seltene und geschützte Arten** werden **zum Kauf** feilgeboten. Ganz abgesehen davon, dass Besitz und Ausfuhr unter Strafe stehen, heizt schon der Kauf solcher Meeresprodukte den Handel an. Fang und Handel sind professionell organisiert. Es werden keineswegs Einzelstücke aus dem Beifang eines Fischers verkauft. Ergo: Finger weg!

Das Problem in Thailand ist nicht unbedingt der Tourismus an sich. Es ist vielmehr die Masse der Menschen an einem Ort und die ständige Wiederholung der **touristischen Übernutzung neu erschlossener Gebiete.** Die Entwicklung der Touristenresorts Ko Samui und Pattaya wäre, für das ganze Land betrachtet, nur halb so schlimm, wenn diese Erscheinungen auf vereinzelte Orte beschränkt blieben. Die Tourismusindustrie versucht jedoch, alle kostbaren Flecken dem Massentourismus zugänglich zu machen, zurzeit gerät Ko Chang ins Visier.

Thailandreisende können unter diesem Aspekt die Arbeit von thailändischen Umweltschutzinitiativen sinnvoll unterstützen. Der **„Ökotourismus"** bzw. **„Sanfte Tourismus"** bietet hierfür eine Chance. Doch leider werden die Begriffe oft nur als leere Worthülse für gnadenlose Vermarktung der Umwelt missbraucht. Neben unabdingbaren gesetzlichen Regelungen über Null-Nutzungszonen in Schutzgebieten kann jeder vor dem Besuch „unberührter Gebiete" die eigene **Vernunft über Neugier und Abenteuergeist** siegen lassen. Es muss nicht der letzte Winkel eines Waldgebietes erobert oder jedes neue Riff als Tauchgrund erschlossen werden. Faszinierende Natureindrücke erleben Reisende auch dort, wo sich bereits andere Besucher einfanden.

In diesem Zusammenhang sind auch die Touranbieter gefordert. Nicht alles, was machbar ist, muss auch durchgeführt werden. Die **Anzahl der Touren und Teilnehmer** in bestimmte Gebiete kann drastisch reduziert werden. Jeder Naturraum benötigt permanent geschützte Tabuzonen und Pufferzonen, die nur mäßig beansprucht werden. Bestimmte Gebiete könnten nach einem Rotationsprinzip zeitweise besucht, dann aber wieder in Ruhe gelassen werden. Für die Similan-Inseln ist die Monsunzeit ohne Tauchtourismus eine ganz wichtige Regenerationsperiode, wobei aber in dieser kurzen Zeit nicht mehr alles kompensiert werden kann, was während der Saison zerstört wird.

Bei der **Wahl eines Tourangebotes** sollten Anbieter gemieden werden, die offensichtlich das Wort „Natur“ missbrauchen. Hochseeangeln als Sportjagd nach Großfischen geht zwar in, aber dennoch gegen die Natur. Photos von aufgeblasenen Kugelfischen in der Hand eines Tauchers im Laden oder Offerieren von „Walhaireiten“ gehören ebenfalls in diese Kategorie. Im Herbst 1995 fertigten Reporter auf einem Similan-Trip mit einer sehr großen deutschen Tauchschule in Phuket eine Reportage über Walhaie in der Bangkok-Post an. Dabei gab es ein Bild, wie ein Taucher auf einem jungen Walhai ritt. Meines Erachtens ist es Pflicht der Guides, solche Aktionen zu verhindern. In diesem Fall war es besonders schlimm, weil Taucher durch die Publikation zur Nachahmung animiert werden. Es muss reichen, mit den sanften Riesen zu schwimmen. Alle Tiere brauchen ihre Energie für die Nahrungssuche, Fortpflanzung und Flucht vor Fressfeinden. Durch unnötigen Stress verlieren sie an Kraft, die ihnen in anderen Situationen das Leben retten würde. So friedlich und ruhig die Welt unter Wasser erscheinen mag, hier herrschen ständiges Belauern und Ausweichen. Raubfische nutzen jede erkennbare Schwäche ihrer Beute. Gerade Taucher haben die Möglichkeit, durch ruhiges Schweben im Wasser wie ein ungefährlicher Friedfisch zu erscheinen.

Vergleichbare Folgen auf die Tierwelt treten bei Landtouren auf, wenn lärmende Gruppen mit knatternden Motorrädern durch Schutzgebiete geschleust werden. **Wanderungen** statt Motorradausflüge, **Kanus** oder **Flöße** statt lauter Longtail-Boote sind angemessen. Solche Dinge kann man bereits vor der Buchung eines Ausflugs abklären. Besucher von Nationalparks können übrigens **Parkranger** bitten, ob sie eine Tour begleiten – gegen angemessene Bezahlung natürlich. Sie sind überwiegend ausgesprochen nett und hoch motiviert, aber stets miserabel bezahlt. Solche Gelegenheiten können die Ranger als zusätzliche Patrouillengänge nutzen, während die Gäste von deren Erfahrungen profitieren.

Ein Schritt zum Ökotourismus ohne jeglichen Verzicht ist bei der **Wahl der Unterkunft** möglich. Hotel- und weitläufige Bungalowanlagen im Kern eines Schutzgebietes bringen erhebliche Zerstörungen mit sich. Die Zufahrtsstraßen erleichtern auch Wilddieben den Zugang. In Thailand bieten sich meistens Unterkünfte an den Parkgrenzen zur Übernachtung an. Von dort können Wanderungen, auch über mehrere Tage mit Zelten, unternommen werden. Einfache Hütten passen besser zum Ambiente als protzige Hotelanlagen mit Golfplatz. Ein Swimming-Pool auf einer kleinen Insel, wenige Meter hinter einem Traumstrand mit kristallklarem Meerwasser gehört zu den Abartigkeiten des Tourismus. Leider ist es schon Realität. Der Boykott solcher Anlagen schafft sie nicht mehr weg, doch vielleicht verhindert es deren Errichtung an anderen Orten. Es gibt in Thailand noch viele Plätze, wo der Boden bereits von Investoren aufgekauft wurde, um dort bald Resorts zu bauen.

EINFACHE REGELN FÜR DAS VERHALTEN IN SCHUTZGEBIETEN

- Selbstbeschränkung bei der Auswahl einer Tour!
- Einfache Unterkünfte am Rand von Nationalparks aufsuchen!
- Verantwortungslose Touranbieter meiden!
- Die lokale Bevölkerung durch sinnvolle Maßnahmen unterstützen (Restaurant, Anheuern als Guides, u.Ä.)!
- Unmotorisierte Wanderungen, Floß- oder Kanufahrten in Kleingruppen!
- Auf angelegten Wegen bleiben und keine neue Schneisen in die Vegetation schlagen!
- Keinerlei Müll außer organischen Abfällen zurücklassen!
- Keinerlei Tiere oder Pflanzen anfassen, sammeln, geschweige denn jagen (damit sind auch Hobbybiologen, Biostudenten und Sammler gemeint, die den Anspruch erheben, aus „wissenschaftlichen" Gründen zu sammeln)!
- In der Natur keinen unnötigen Lärm verursachen!
- Wasserverbrauch einschränken (insbesondere auf Inseln)!
- Aufladbare Akkus statt Batterien verwenden!

UND FÜR TAUCHER ZUSÄTZLICH:

- Niemals über Korallengründen, sondern an Bojen oder auf Sandgrund ankern!
- Anker am Boden vor Ende des Tauchganges freimachen!
- Beim Tauchen permanent Abstand von Korallen und dem Grund halten!
- Unter Wasser angetroffene Dosen, Plastik und Netzreste, die in Korallen verheddert sind, an Bord bringen!
- Nach dem Tauchgang nicht allzu ausführlich von Begegnungen mit beliebten Speisetieren (Langusten, Zackenbarsche, etc.) berichten (manche Einheimische gehen dann alsbald auf Fang)!
- Kein Anfüttern von Fischen
- Auf eventuell vorhandene Öllecks am Boot aufmerksam machen!

Demgegenüber verdient die **ortsansässige Bevölkerung** Unterstützung, die am Rand der Schutzgebiete (meist einfache) Guest Houses, Geschäfte und Restaurants betreibt. Sie verdienen Geld an einer unzerstörten Natur und fallen nicht den Verlockungen von Wilderei, illegalem Holzeinschlag und Feldbau im Nationalpark zum Opfer. Damit fördern Touristen die Einbindung der lokalen Bevölkerung in Schutzkonzepte. Die Menschen akzeptieren und verteidigen den Schutzstatus nur, wenn sie von den Maßnahmen profitieren. Bei den Alltagsproblemen steht der Naturschutz hinten an, eine Erscheinung, die wir auch in der Wohlstandsregion Mitteleuropa erleben.

Während der Land- oder Tauchausflüge gilt: **Nimm nichts mit außer Fotos und hinterlasse nichts außer Fußspuren** (für Taucher: **...außer Luftblasen)!** Hinzuzufügen bleibt: **„Berühre nichts!“** Wie wichtig diese Grundsätze sind, verdeutlichen folgende Zahlen: Phuket empfängt jährlich mehr als 1 Million Besucher, von denen etwa 75.000 tauchen oder schnorcheln. Wenn nur jeder Zehnte davon etwas sammelt oder abbricht, ist es in wenigen Jahren um die Korallengründe geschehen. Ein unbedachter Flossenschlag kann jahrzehntelanges Wachstum zerstören. Viele Meerestiere sind mit dünnen Schleimschichten vor Infektionen geschützt, die durch Berühren in ihrer Funktion gestört werden können.

Analog gilt an Land, dass keine Pflanzen beschädigt werden. Abgeknickte Blüten welken und bringen keine Samen hervor. Das mag zwar übertrieben klingen, doch für tropische Lebensräume gilt, dass es extrem viele Arten in jeweils sehr geringen Bestandsdichten gibt. Das bedeutet, teilweise müssen große Entfernungen zwischen den Vertretern einer Art für die Fortpflanzung überwunden werden. Der Kontakt zwischen Artgenossen könnte unterbrochen werden. Nach Absterben einer Blütenpflanze werden z.B. Schmetterlinge in Mitleidenschaft gezogen, die nur an dieser Pflanzenart leben und keinen Ersatz finden.

Nach Abschluss eines Naturtrips sollte man durchaus **Erlebnisse mit dem Organisator besprechen,** die positiv oder negativ auffielen. Wie verhielten sich die Guides, wurde Müll zurückgelassen, leckte Öl aus dem Boot und Ähnliches. Damit hilft man engagierten Anbietern, Fehler abzustellen und kann die schwarzen Schafe mit den negativen Auswirkungen der Mundpropaganda konfrontieren. Bevor man den Laden verlässt, dem Besitzer also offen die Meinung sagen.

Sinnvoller Umweltschutz bedeutet nicht Konservierung des aktuellen Zustands in unveränderter Form, den jedes Ökosystem verändert sich permanent nach eigenen Gesetzmäßigkeiten. An erster Stelle steht deshalb der **Erhalt natürlicher, ökologischer Prozesse** in einem Lebensraum. Naturschutz umfasst den Erhalt der biologischen und genetischen Vielfalt (Diversität), den Schutz gefährdeter Arten und deren Lebenräume, Sicherung von Wildpopulationen und Erholung von Restbeständen einer Art zu überlebensfähigen Beständen. Er muss in bestimmten Bereichen die nachhaltige Nutzung von Arten und Ökosystemen einschließen. Soziokulturelle, naturhistorische und Forschungszwecke sind dabei zu berücksichtigen. In Meeresgebieten ermöglicht oft nur ein Schutzstatus, dass der Fischfang anstelle von Ausbeutung im Sinne einer nachhaltigen Entwicklung *(sustainable development)* betrieben wird. Das heißt vereinfacht, es wird nur soviel gefangen, wie nachwächst. Der Schutzgedanke und eine angemessene Nutzung schließen sich nicht unbedingt aus. Tourismus ist eine Nutzungsform der Umwelt, die in vernünftige Bahnen gelenkt werden muss, damit die prachtvollen Lebensräume erhalten bleiben. Für Reisende ist es durchaus leicht möglich, einen positiven Beitrag für den Umweltschutz in Thailand zu leisten.

*Ein Flossenschlag kann einen Jahrzehnte alten **Hornkorallenfächer** zerstören →*

*Ein **Script-Feilenfisch** (Aluteres scriptus) kann hoffentlich auch in Zukunft seine Kreise durch klares Wasser ziehen →*

***Clark's Anemonenfische** (Amphiprion clarkii) verteidigen ihr Revier, doch gegen menschliche Eindringlinge sind sie machtlos →*

*Intakte Riffe sind der Lebensraum von **Blaupunkt-Rochen** (Taeniura Lymma) →*

DER OBERE GOLF

VON THAILAND

Der Ballungsraum der **Mega-Stadt Bangkok** prägt die Landschaft am oberen Golf von Thailand. Chaotisches Nebeneinander von modernen Glas- und Betonpalästen, altehrwürdigen Tempeln, ländlicher Idylle, doppelstöckigen Super-Highways und beschaulichen Kanälen machen den Großraum Bangkok zu einem interessanten, teilweise charmanten Moloch. Die **Küste** zwischen Samut Songkhram und Chachoengsao ist schlickig und lädt kaum zu einem Ausflug ans Meer ein. Der Boom Bangkoks strahlt bis in diese Provinzen aus, so dass Straßen, Wohnblocks, Einkaufszentren und Fabriken die Reisfelder und Kanäle immer weiter zurückdrängen. Mangrovenwälder an der Küste sind praktisch verschwunden.

SAMUT PRAKAN สมุทรปราการ

Die Küstenregion südlich von Bangkok bietet kaum Attraktionen, es sei denn, man interessiert sich für den Verstädterungsprozess asiatischer Metropolen.

KROKODILFARM

Anreise

- **Ab Bangkok** (29 km) fahren Stadtbusse (Nr. 25, 102 und 119; A.C. Nr. 8 u. 11) bis Samut Prakan, von dort Minibusse, Taxis, Tuk Tuks zur Farm.
- **In Bangkok** bieten viele Veranstalter **Package-Touren** (3-4 Std.) an.

In Samut Prakan lohnt sich lediglich der Besuch der Krokodilfarm. Ursprünglich wurde die Farm errichtet, um die letzten Krokodile Thailands vor dem Aussterben zu bewahren. Mittlerweile tummeln sich dort über 30.000 Krokodile, die aber in erster Linie als Lederlieferanten herhalten müssen.

Für Besucher gibt es Schauprogramme mit „Krokodilskämpfen", wobei das Krokodil etwas mit Schlafmitteln oder Tranquilizern gedopt erscheint. Täglich werden mehrere Krokodilshows veranstaltet. Fütterungen finden am Nachmittag statt.

Die Farm ist täglich von 8.00-18.00 Uhr geöffnet.

KROKODILE IN THAILAND

Ein Hauch vergangener Zeiten

Einst gab es in Thailand drei freilebende Krokodilarten. Heute sind sie in der freien Wildbahn praktisch ausgestorben, und gelegentliche Berichte über Sichtungen geradezu eine Sensation. Meistens sind es wohl Farmflüchtlinge. Sie litten unter der Zerstörung ihrer natürlichen Lebensräume und der systematischen Jagd nach ihrer Haut zur Ledergewinnung. Das bis 4 m lange **Siamesische Süßwasserkrokodil** (CROCODYLUS SIAMENSIS) war früher in Süßwassermarschen beheimatet. In Flüssen der malaiischen Halbinsel lebte der **Falsche Gavial,** TOMISTOMA SCHLEGELII. Diese Art erreicht bis zu 5 m Länge und fällt durch eine ausgesprochen schmale Schnauze auf. Die größte Krokodilart mit über 7 m Länge ist das Mangroven- bzw. **Leistenkrokodil** (CROCODYLUS POROSUS). Es bewohnte die Flussmündungen und Mangrovengebiete der thailändischen Küsten, bevorzugte Brack- und Salzwasser und schwamm gelegentlich auch lange Strecken im offenen Ozean. Es ernährt sich von Fischen und Landtieren, die sich zu nahe ans Ufer wagen. Leistenkrokodile sind sogar in der Lage, große Hirsche und kleine Elefanten zu ergreifen und sie ins Wasser zu zerren. So gefürchtet die Krokodile als Jäger sind, so bedeutsam waren sie für die Regulation der Fischbestände, indem sie die Zahl großer Raubfische begrenzten. Weibliche Leistenkrokodile sind überraschend fürsorgliche Mütter. Sie legen ein Nest an Land an, bewachen das Gelege, graben die schlüpfenden Jungkrokodile aus, sobald sie deren Fiepen hören, und geleiten sie sogar ins schützende Wasser. Allerdings müssen sich die Jungen vor den ausgewachsenen Männchen hüten. Krokodile können bis zu 50 Jahre alt werden.

Leistenkrokodil *(Crocodylus porosus)*

In den **Krokodilfarmen** findet man entweder Leistenkrokodile oder Kreuzungen mit dem Siamesischen Süßwasserkrokodil. In der Natur paaren sich die Arten nicht miteinander, weil sie verschiedene Lebensräume beanspruchen.

SAMUT SAKHON

สมุทรสาคร

Anreise

- **Ab Bangkok** (36 km): Vom *Southern Busterminal* fahren **Normalbusse** (4.30-21.30 Uhr);
- **Züge** starten stündlich (5.30-20.00 Uhr) von der *Wong Wian Yai Station* in Thonburi.

Samut Sakhon liegt westlich von Samut Prakan. Der Übergang von der Metropole Bangkok ist fließend, d.h. die Betonwüste lockert sich langsam auf. Der Tha-Chin-Fluss kommt als Ableger des Chao Phraya von Norden und mündet hier ins Meer. Entlang des Tha Chin liegen viele Werften.

Samut Sakhons **Fischmarkt** *Saphan Pla* ist der wichtigste **Umschlagplatz für Fischereiprodukte,** von dem Bangkok beliefert wird. In Samut Sakhon gibt es neben der Fischerei intensive **Shrimp-Zucht** und **Salzgewinnung.**

In der Umgebung des Fischmarktes gibt es sehr **gute Sea Food-Restaurants.** Am Anlegesteg kann man Boote mieten, die zum **Wat Chom Long** fahren, dem wichtigsten Tempel Samut Sakhons. Er liegt unmittelbar an der Mündung des Tha-Chin.

SAMUT SONGKHRAM สมุทรสงคราม

Anreise

- **Ab Bangkok** (72 km): Von 5.00-21.00 Uhr fahren **Normal-** und **A.C.-Busse** ab dem *Southern Busterminal;* Fahrtzeit: 1,5 Std.; **Auto:** H-way 35 *(Rama 2 Rd.)* nach Süden.
- **Von Samut Sakhon** fahren **Züge** nach S. Songkhram. In der Nähe des Bahnhofs liegt ein Pier, von dem der Tha-Chin-Fluss überquert werden muss, um zu den Zügen nach S. Songkhram zu gelangen. Um 15.30 Uhr fährt der letzte Zug zurück.

Die **Industriegebiete** südlich von Bangkok erstrecken sich bis nach Samut Song-Khram. Dennoch gibt es hier noch viele landwirtschaftlich genutzte Flächen mit Reisanbau und **Litchie-Plantagen.** Litchies aus Samut Songkhram stehen dem Ruf der Früchte aus Chiang Mai um nichts nach. Ferner wird in Samut Song-Khram **Kokosnusszucker** produziert. Der Saft aus frisch geschnittenen Kokosblütenständen wird auf großen Öfen eingekocht, bis schließlich der Zucker zurückbleibt. Einige der Herstellerbetriebe erlauben Touristen den Zutritt (z.B. Tau Tahn, H-way 325, km 30-32). Sie haben von 8.30-12.00 Uhr geöffnet. Package-Touren von Bangkok zum schwimmenden Markt in Damnoen Saduak (Provinz Rachaburi) halten normalerweise an einem Zuckerbetrieb.

Die **Küste** besteht überwiegend aus schlickigem Schwemmland. Ehemalige Mangrovenwälder sind in dieser Region bis auf einzelne Reste fast völlig verschwunden. Nypa-Palmen werden in Plantagen angebaut.

Direkt an der Hauptstraße (H-way 35) kann man **Meersalzgewinnungsanlagen** sehen. Sie nehmen große Flächen des Küstenhinterlandes ein. Meerwasser wird bei Flut über Kanäle in flache Erdbecken geleitet. Das Wasser verdunstet in der Sonne, und das Salz bleibt zurück.

Liebhabern kulinarischer Köstlichkeiten aus dem Meer sei auf der Fahrt nach Süden ein Abstecher nach **Don Hoi Lod** empfohlen. Dazu biegt man auf dem H-way 35 bei km 65 nach Osten ab, dann noch 5 km. An den Wochenenden werden *Scheidenmuscheln* bei Niedrigwasser aus dem schlickigen Meeresboden geerntet und auf vielfältigste Art und Weise in diversen Restaurants und an Ess-Ständen zubereitet.

Aus Samut Songkhram stammt auch die **Kapie-Fischpaste.** Türme dieser braunen Paste werden auf fast allen Märkten Thailands feilgeboten. Sie wird in Soßen *(Nam Phrik Kapie)* verarbeitet, die zu frischem und fritiertem Gemüse gegessen werden. Der Geschmack erfreut aber nicht jeden westlichen Gaumen.

In Samut Songkhram gibt es einige traditionelle **schwimmende Märkte** *(Talat Nam),* deren Bekanntheitsgrad deutlich hinter dem Markt bei Damnoen Saduak zurücksteht. Der Amphawa-Markt öffnet täglich 6.00-11.00 Uhr, der Markt bei Tha Kha nur am 2., 7. und 12. Tag der zu- oder abnehmenden Mondphase. Der Betrieb beginnt um 7.00 Uhr und schließt um 12.00 Uhr. Beide Märkte liegen am H-way 325 Richtung Nakhon Pathom.

Meersalzgewinnung: *In flachen Becken dampft das Wasser zu Salzsole ein*↓

CHACHOENGSAO ฉะเชิงเทรา

Anreise

- **Ab Bangkok** (82 km): **Normal-** und **A.C.-Busse** fahren vom *Mor-Chit-* und *Ekkamai-Busterminal;* Fahrtzeit ca. 1 Std.; **Züge** fahren vom *Hua-Lampong-Bahnhof*

- **Weitere Verbindungen** (Busterminal/ Stadtzentrum): **Busse** und **Taxis** nach Chonburi, Pattaya, Rayong.

Unterkunft

- Es gibt ein paar Hotels (**-****)

Von Bangkok führt der Weg Richtung Osten zunächst durch die Provinz Chachoengsao. Hier hat man den Beweis, dass Beton lebt: Er vermehrt sich ungehemmt. Der H-way 3 verwandelte sich bis Chonburi in eine gigantische Hochstraße auf Betonpfeilern – der Bau erweckt den Eindruck, als wollte man die Gegend überdachen.

Chachoengsao grenzt einige Kilometer an die Küste, die hier von Nypa-Palmenplantagen, Shrimp-Farmen und Industrieansiedlungen geprägt ist. Touristisch ist das beschauliche Chachoengsao, abgesehen vom **Wat Sothorn,** der zu den verehrtesten Tempeln Thailands gehört, weitgehend uninteressant. Zahlreiche Thais besuchen den Tempel, um sich Rat in allen Lebensfragen zu holen. Der Ruf des Tempels gründet auf dem *Luang Pho* (Abt) *Sothorn,* einem Mönch mit übersinnlichen Fähigkeiten. Er sagte bereits lange vorher den exakten Termin seines Todes voraus. Tausende erlebten dann tatsächlich, wie der Abt, im Lotussitz verharrend, verschied.

Die thailändische Regierung plant, irgendwann **den Regierungssitz** nach Chachoengsao zu verlagern, um der Verkehrskatastrophe in der „Stadt der Engel" (Bangkok) zu entgehen.

Ansonsten geriet Chachoengsao kurz in die Schlagzeilen, als im Jahr 1993 fünf **Siamesische Süßwasserkrokodile** im Ang Ruanai Wildschutzgebiet entdeckt wurden. Sie galten in freier Wildbahn als ausgestorben.

CHONBURI UND UMGEBUNG

Die Stadt Chonburi ist eine **kleine Hafen- und Handelsstadt** ohne besuchenswerte Strände oder besondere Attraktionen. Allenfalls der **Wat Intraram** im Stadtzentrum ist einen Besuch wert. General *Taksin,* dessen Denkmal am Tempeleingang steht, ließ ihn erbauen.

ANG SILA

Interessant ist aber ein Besuch in dem kleinen Ort Ang Sila (5 km südl. von Chonburi). Ab ungefähr 7.00 Uhr morgens bringen die **Fischer** ihren Fang an dem kleinen Pier an Land. Geschäftiges Treiben beherrscht die Szenerie. Neben Fischereiprodukten ist Ang Sila für Baumwoll-Webereien und die Fertigung von **Granit-Mörsern** bekannt. Das Schlagen der Meißel erschallt aus zahlreichen Steinmetzbetrieben an den Straßen. Im September fischt man in der Bucht Quallen für den Verzehr und Export.

*Reicher Fang in Ang Sila: Körbe voller **Blauer Schwimmkrabben** werden angelandet* ↓

KHAO SAM MUK

Vom Bootspier führt eine kleine Küstenstraße (H-way 3134) durch Reste von Mangrovewäldern nach Khao Sam Muk, einem winzigen Fischereihafen unterhalb eines kleinen Berges. Bei Niedrigwasser tauchen **Austernzuchtanlagen** aus dem Flachwasser auf. Riesige Felder mit Betonpfeilern um Konstruktionen aus Bambusstangen mit herabhängenden Seilen durchziehen die Bucht.

Am Fuß des Sam-Muk-Berges liegt ein ungewöhnliches Kloster, **Wat Tamnawa (Rua Sam-**

pao). Die Mauern des Klosters gleichen einem Schiffsrumpf. Auch die Mönchsunterkünfte sind in der Form kleiner Boote gebaut. Angeblich wurde es zu Ehren ertrunkener chinesischer Einwanderer errichtet. In dem Wat zu sterben, soll Glück bringen, denn die Seelen werden zurück nach China getragen.

Ein weiterer chinesischer Tempel **(Wat Khao Sam Muk)** ist mit Skulpturen angefüllt, die allerlei Motive aus Himmel und Hölle darstellen.

In Khao Sam Muk gibt es exzellente, über das Meer gebaute **Restaurants,** die allerlei Köstlichkeiten aus Meeresfrüchten anbieten. Ein beliebtes Vergnügen ist die **Fütterung von Makaken,** die in der Umgebung des Felsens leben. Am Gipfel warten bereits zahlreiche Bananenverkäuferinnen auf Touristen.

BANGSAEN

Bangsaen ist nur 3 km von Khao Sam Muk entfernt. Unter der Woche ist der Ort ein kleiner, beschaulicher Badeort. An Wochenenden und Feiertagen wird er gerne von Scharen einheimischer Touristen besucht. Westliche Touristen verirren sich selten hierhin. Der **Bangsaen-Strand** ist der erste lohnenswerte Badestrand an der Ostküste.

Strand

Das Meer ist nicht allzu sauber, und der Strand leidet etwas unter Abfall und Angespültem. Die Stadtverwaltung lässt den Strand aber täglich reinigen und sorgt seit einigen Jahren für gepflegte Strandanlagen und die touristische Entwicklung des Ortes. Es entstanden neue Hotels, Apartmentanlagen und Pensionen in der Umgebung.

Am Strand gibt es **typisch thailändische Freizeitgestaltung** zu bewundern. Die Thais gehen kaum zum Schwimmen ins Wasser. Meistens stehen sie nur bis zur Hüfte im Meer und sind stets mit Hemd und Hose bekleidet. Da spielt vor allem die Sorge mit, „braun“ zu werden. Der ganze Strand ist mit überdachten Liegestühlen und flachen Tischen zur Vermietung gesäumt. Gleich dahinter schließt sich an der **Strandpromenade** eine endlose Kette mit Ess- und Souvenirständen an. Gegrillte Krabben, Fisch, Hühner, Fleischspießchen oder Papayasalat werden prompt zubereitet und zum Liegeplatz geliefert.

Am Abend ziehen junge **„Goldsucher“** mit Metalldetektoren auf der Suche nach verlorenen Schätzen zum Strand. Bei abendlichem Niedrigwasser pflügen Anwohner den Sand mit kleinen Rechen auf der Suche nach Muscheln durch.

Songkran am 13. April ist das thailändische Neujahrsfest. Es findet zum Höhepunkt der Trockenzeit statt. Die wichtigste Aktivität ist trotzdem (oder gerade deshalb), sich gegenseitig mit Wasser zu bespritzen und die Mitmenschen kräftig mit Talkum „einzuseifen“. Es herrscht eine ausgelassene Atmosphäre, bei der Thais ihrer Lebensfreude freien Lauf lassen. Eigentlich sollte man geachtete Personen (Mönche, Eltern) mit etwas Wasser benetzen, um ihnen Respekt zu erweisen. Aber 10 Liter tun es beim Rest der Mitmenschen auch...!

Sehenswertes

Zwei Spektakel sollte sich niemand in Bangsaen entgehen lassen. Am Strand findet ein besonderes **Songkran-Festival** statt (normalerweise am Samstag nach

dem 13. April). Neben anderen Aktivitäten gibt es einen Tempelbau-Wettbewerb am Strand. Viele Gruppen errichten vom Morgen an herrlich geschmückte Sandtempel, die abends wieder Wind und Wellen preisgegeben werden (siehe Abb. links).

Auch **Loi Krathong** am Meer in der Vollmondnacht des Novembers ist ein wunderschönes Ereignis, wenn Hunderte mit Kerzen bestückter Flöße ins Meer entlassen werden.

Mit **Loi Krathong** huldigen die Thais der „Mutter" des Wassers, Mae Kongkha. Bei diesem Fest werden lotusförmige Gestecke *(Kratongs)* auf Seen, Flüsse oder das Meer gesetzt. Die Gestecke bestehen aus Blumen und Blättern, dazu kommen Räucherstäbchen, eine Kerze und eine Münze als Opfergaben. Mit den Gaben sollen die Sünden des vergangenen Jahres die Flüsse hinuntergespült werden und somit die Zukunft Glück bringen. Loi Krathong ist eines der besinnlichsten und malerischsten Feste Thailands.

Zu den Sehenswürdigkeiten des Ortes zählt in jedem Fall das **Meeresbiologische Institut** (Institute of Marine Science) mit seinem sehr schön gestalteten Aquarium und Museum. Viele interessante Meerestiere werden dort präsentiert *(Schildkröten, Haie, Riesen-Zackenbarsche)*. Für Nachtschwärmer bietet der Ort einige nette **Biergärten** und **Musikkneipen** mit guten Live-Bands sowie sogenannte „Suan Aharn" (Essgärten) mit Thai-Style Entertainment.

Schließlich lohnt sich ein Besuch des **Fischmarktes** von **Nongmon** an der Sukhumvit-Straße (H-way 4, 4 km von Bangsaen). Entlang der Hauptstraße bietet eine Fülle von Geschäften Meeresfrüchte feil. Unmengen frischer, getrockneter oder eingelegter Muscheln, Krabben, Tintenfische und Fische werden verkauft. Zudem wird hier mit Khao Lam eine Spezialität des Ortes angeboten. Es ist in Bambusrohren gebackener, süßer Klebereis. Für viele Thais ist der Besuch des Marktes unabdingbar - Essen gehört zu ihren liebsten Aktivitäten.

Unterkunft

- **Chonburi:** An der Sukhumvit liegen einige Hotels (**-⊥⊥⊥).
- **Bangsaen:** In Bangsaen gibt es eine Vielzahl Guest Houses mit 24-Std.-Service, die Zimmer (**-***) vermieten. Es lohnt, sich etwas umzuschauen und zu handeln. An Wochenenden kann fast alles ausgebucht sein. Die Guest Houses sind um die Sois 1-3 zentriert. Die Hotels in Bangsaen gehören zur ****-⊥⊥⊥-, günstige Bungalows zur ***-Klasse.

Anreise

- **Von Bangkok** nach **Chonburi** (81 km): **Normal-** und **A.C.-Busse** fahren ab *Ekkamai-Busterminal;* A.C.-Busse Richtung Pattaya ab *Mor Chit Terminal* fahren über Chonburi; Fahrtzeit ca. 1,5 Std.
- **Nach Bangsaen** (96 km): **A.C.-Busse** ab *Ekkamai-Busterminal* mit Umsteigen in **Nongmon** in ein Sammeltaxi; **Normalbusse** nach Si Racha oder Pattaya passieren Nongmon; Gegenüber dem Busstopp fahren Songthaews nach Bangsaen. Zwischen Chonburi, Nongmon und Bangsaen verkehren ebenfalls (rote) Songthaews.
- **Von Chonburi nach Ang Sila**: Blaue Songthaews ab dem Krankenhaus an der Sukhumvit Road.
- **Nach Khao Sam Muk:** Songthaews ab Bangsaen oder Ang Sila.

SI RACHA UND UMGEBUNG ศรีราชา

Si Racha ist eine kleine, saubere Stadt, die in den letzten Jahren einen enormen Boom erlebte. In der Nähe liegen viele Fabriken, deren Arbeiter und Angestellte sich in Si Racha niederlassen. Es gibt große Department Stores, eine Reihe Restaurants und Bars. Thais fahren gerne nach Si Racha, um sich mit Meeresprodukten und Ananas einzudecken.

Strand

Am Meer gibt es eine adrette Parkanlage, aber der **Strand** ist **kiesig,** und die Wasserqualität lädt nicht gerade zum Baden ein.

Sehenswertes

Die Attraktion Si Rachas ist **Ko Loy,** eine winzige Insel am Südende der Stadt. Sie ist in wenigen Minuten zu Fuß über einen Damm vom Festland aus erreichbar. Auf einem kleinen, steilen Felsen im Zentrum Ko Loys steht ein Tempel, der **Wat Ko Loy.** Von hier hat man eine herrliche Aussicht auf das Meer. Am Fuß des Felshügels

Wat Ko Loy *auf der gleichnamigen Insel bei Si Racha* →

befindet sich eine Parkanlage mit Schildkrötenbecken, Souvenir- und den (unvermeidlichen) Imbissbuden. Ein kurzer Rundweg führt um die Insel herum.

KO SI CHANG

Ko Si Chang ist eine felsige Insel mit einigen kleinen, sandigen Buchten vor den Toren Si Rachas. Brauchbare Strände sind der 2 km vom Pier entfernte Hat Tha Wang und der verborgene Hat Tham auf der anderen Inselseite. Frachter liegen vor der Insel, um Tapioka zu laden. Um Ko Si Chang wachsen kaum **Korallen.** Das Wasser ist für Korallenwuchs wegen des Flusseintrages zu trübe und nach der Regenzeit zu salzarm.

Die Attraktion der Insel ist ein chinesischer Tempel in der **Chakrapong-Höhle** bei dem kleinen Ort am Bootspier. Der Tempel ist für die chinesischstämmige Bevölkerung Thailands sehr bedeutsam, denn viele chinesische Einwanderer landeten Ende letzten und Anfang diesen Jahrhunderts bei Ko Si Chang. Die Thais nannten sie „Kopfkissen-Menschen", weil sie oft nicht viel mehr als ein Kopfkissen besaßen, das auf der Überfahrt als Unterlage auf den harten Bootsplanken diente. Heute führen Pilgerfahrten nach Ko Si Chang, die Nachkommen der Einwanderer zum Tempel bringen.

Außerdem steht auf Ko Si Chang ein **Ferienpalast** König Rama V. sowie der **Wat Atsadang Nimitr,** der eine Pagode und einen Bot im europäischen Baustil hat. In der Nähe ragt die Saowapha-Höhle tief in den Fels hinein. Im Inselzentrum liegt das Yai-Phrik-Vipassana-Zentrum. Mönche und Nonnen ziehen sich hier zur Meditation in die Einsamkeit zurück. Sie wohnen in Palmhütten und Höhlen.

Ein **Bot** ist der Haupttempel einer Tempelanlage. Dort werden religiöse Zeremonien abgehalten. Er ist stets in Ost-West-Richtung gebaut. Der Bot ist von 8 Grundsteinen (Bai Sema) eingefasst, die den heiligen Bezirk abgrenzen und ihn der weltlichen Gerichtsbarkeit entziehen. Er besitzt einen Altar und das Hauptbuddha-Standbild, d.h. das älteste, bestgearbeitete und größte des Tempels. Es befindet sich an der Westseite, mit dem Gesicht nach Osten gerichtet.

AO UDOM, LAEM CHABANG

Östlich von Si Racha (24 km) passiert man auf der Fahrt nach Pattaya den Marktflecken Ao Udom und Laem Chabang, das einen Überseehafen, Industriekomplexe und eine Ölraffinerie besitzt.

Unterkunft
- In der Jemjonpol Rd. und Surasaki Rd. **Si Rachas** liegen günstige Hotels (**). Teure Hotels an der Sukhumvit Rd. kosten deutlich über 1.000 Baht.
- Auf **Ko Si Chang** gibt es einige Unterkünfte (**-****).

Anreise
- **Ab Bangkok** (104 km): **Normal-** und **A.C.-Busse** fahren vom *Ekkamai-Busterminal* sowie **A.C.-Busse** (Richtung Pattaya) ab Mor Chit; Fahrtzeit ca. 2 Std.; Busse stoppen an der Hauptstraße (Sukhumvit Rd.); die A.C-Busstation liegt am Laem Tong Department-Store.
- **Nach Ko Si Chang:** stündl. Boote vom Bootspier in Si Racha; das letzte Boot fährt um 15.00 Uhr zurück.

PATTAYA UND UMGEBUNG

Pattaya ist einer der legendärsten Orte Thailands. Hier gehen die (kopierten „Rolex"-) Uhren wahrhaft anders als sonstwo im Land – aber einen solchen Platz kann es vielleicht nur in Thailand geben. Pattaya ist auch ein Paradebeispiel dafür, wie sich Tourismusresorts nicht entwickeln sollten.

In den 1960er Jahren war es ein verschlafener **Fischerort.** Dann beschlossen die im Vietnamkrieg engagierten Amerikaner, dort ein **Rest and Recreation Center** einzurichten. Daraufhin schossen jede Menge Bierbars mit weiblichem Personal aus dem Boden.

Als die USA ihr unrühmliches Engagement beendeten, begannen **Touristenströme** zu fließen, die die GIs lückenlos ersetzten. Gerüchten zufolge war Pattaya Anfang der 80er Jahre noch immer ein nettes Resort mit schönen Stränden. Aber damit war es rasch vorbei, nachdem Dutzende von **Hotelbunkern** und noch mehr **Vergnügungsetablissements** (Bars, Discos, Massagepaläste, Fast-food-Restaurants) gebaut wurden. Es entstand ein „Honky-Tonk-Town" für Pauschaltouristen, überwiegend männlich, die dort in erster Linie 24 Stunden auf Sause aus waren.

Zu Beginn der 90er Jahre **brach das Geschäft ein:** Hotels wurden nicht mehr fertig gebaut, Bierbars schlossen, viele „Girls" zogen ab – in Spitzenzeiten lag deren Zahl bei ca. 15.000! Pattaya war in jeder Beziehung ausgelaugt:

Skyline von Pattaya ↑

Überhöhte Preise, Wasserverschmutzung, kaputte Straßen und Kanalisation, Betrug sowie ein paar Raubüberfälle vermiesten die Besucherlaune (1989 starben 140 Touristen an „Herzversagen"). Allerdings ist Pattaya heute kein gefährliches Pflaster, wenn man etwas Vorsicht walten lässt. (Etliche Kriminelle dort sind übrigens keine Thais!)

AIDS verbreitete sich nun auch massiv in Thailand. Ganz Pattaya fieberte nur noch den Flottenbesuchen der USA entgegen. Flugzeugträger warfen Tausende Soldaten mit vielen Dollars an Land. Wer „Sozialexpeditionen" liebt, dem sei eine Pattayavisite während eines Flottenbesuchs oder ein Besuch der Marine Discothek (South Pattaya, ab 23.00 Uhr) empfohlen.

Die Stadtverwaltung begann, das **Image** der Stadt **aufzupolieren.** Straßen wurden neu gepflastert, Gesetze für Bauvorschriften, Barbetriebslizenzen, Abfallentsorgung etc. wurden neu erlassen bzw. sollten plötzlich beachtet werden. Besucher wird es schon erstaunen, dass die meisten Gebäude am Meer in Südpattaya mehr oder weniger illegal errichtet sind.

Mittlerweile baut man vermehrt Abwasserleitungen, zuletzt am Wong-Amat-Strand (Na Klua), um die Verschmutzung des Meeres zu vermindern.

Strandszene: ***Jomtien-Beach,*** *Pattaya* ↑

In jüngster Zeit entstand eine Reihe von Shopping-Centern. Pattaya wird mittlerweile sehr gern von **thailändischen Besuchern** frequentiert, die früher dort selten gesehen wurden. Shopping ist ein weiteres Freizeitvergnügen der Thais. Kyrillisch geschriebene Werbetafeln weisen auf **zunehmende Besucherzahlen aus Osteuropa** hin.

Sehenswertes

Pattaya gliedert sich in North- und South-Pattaya. **North-Pattaya** ist im wesentlichen Hotel- und Shoppingzentrum, **South-Pattaya** hält überwiegend als Vergnügungspiste her. Die Pattaya-Bucht wird nach Süden von dem **Tam-Nak-Hügel** begrenzt, auf dem sich das Royal Cliff Beach Hotel, der **Rama IX. Memorial Park** und der **Wat Phra Yai** mit einer riesigen Statue eines sitzenden Buddhas befindet. Vom Hügel hat man eine schöne Aussicht auf Pattaya-City.

Nördlich von Pattaya liegt **Na Klua,** ein typisches thailändisches Provinzstädtchen, obwohl sich im Südteil des Ortes an der Straße bereits andeutet, was den Besucher in Pattaya erwartet.

Strand

Gediegenes Strandleben findet man am Hat Na Klua (Hat Wong Amat). Der Sand wich teilweise einer Strandpromenade. Ein schöner Strandflecken, der Hat Cliff, liegt unterhalb des Royal Cliff Beach Hotel. Wer Ruhe möchte, kann sich auch an den Jomtien-Strand zurückziehen. Dort ist das Leben gemächlicher. Der Strand ist sauber, und das Wasser erscheint blauer als in der Bucht vor Pattaya. Gebratener Reis *(Khao Phat)* kostet hier aber immer noch doppelt soviel wie landesüblich. Jede Menge Luxushotels „zieren" die Landschaft hinter dem Strand, die – denkt man sich die Palmen weg – an Spanien erinnern.

Wer das Meer nicht so einladend findet, kann im **Pattaya-Park** baden, einem Wasserpark am nördlichen Jomtien-Strand.

KO LARN

Von Pattaya werden Ausflüge zu den vorgelagerten Inseln angeboten. Ko Larn ist die größte Insel. Hier ist das Wasser sehr viel sauberer als am Festland, und der weiße Strand am Hat Ta Waen ist sehr attraktiv. Weitere Strände sind der Laem Tien, Samae, Ta Pan und Nuah Beach. Die Rückfront besteht aus überteuerten Restaurants und Souvenirshops. Ausflugsboote

Anfahrt auf ***Ko Larn*** ↓

fahren um 9.00 und 11.00 Uhr (Rückfahrt 15.00 Uhr). Es gibt auch Touren mit Glasbodenbooten und Dschunken. Vom Tangke-Pier Nak Kluas und vom South-Pattaya-Pier fahren zwischen 8.30 und 18.30 Uhr Boote nach Ko Larn (zurück von 6.30-17.00 Uhr).

Die kleine Nachbarinsel **Ko Sak** beherbergt zwei nette Strandflecken.

KO PHAI

Weiter vom Festland entfernte Inseln wie Ko Phai werden für den doppelten Preis angesteuert. An deren Ostseite liegt ein herrlicher Strand. Hier herrscht weniger Trubel. Zahlreiche Läden an der Beach Rd. bieten Touren an. Gruppen können sich auch einen Fischkutter für etwa 2.500-3.500 Baht pro Tag mieten.

BANG SARAY

Bang Saray ist ein kleiner ehemaliger Fischerort am Südende der Jomtien-Bucht. Hier gibt es einen sauberen Strand, viele Sea-Food-Restaurants und Unterkünfte (ab ***). (H-way 3, bei km 165 rechts ab.)

SATTAHIP, SAMAESAN

Sattahip ist eine **Marinebasis** südlich von Pattaya. Es liegen dort einige **schöne Inseln** mit herrlichen Buchten (Ko Samaesan, Ko Chuang, Ko Khram, Ko Raet, Ko Chan), die aber leider teilweise militärisches Sperrgebiet sind.

Auf **Ko Khram** und **Ko Chan** gibt es nette Strände, die zum Picknick einladen. Die Korallenriffe wurden von Marineübungen und Dynamitfischern fast vollständig zerstört.

Hinter Sattahip führt ab km 185 (H-way 3) eine Straße nach **Chong Samaesan.** In dem kleinen Dorf an der Spitze der Halbinsel gibt es Kulinarisches aus dem Meer und einige Bungalows (ab ***).

Wassersport

Trotz allem bietet Pattaya von der Schweinshaxe über Bungy-Springen, Tauchen, Wasserski und Kartfahren bis zum sehr beliebten Paragliding Annehmlichkeiten, die es nicht überall in Thailand gibt. Bei einem Spaziergang an der Strandpromenade bzw. der Beach Rd. stößt man schnell auf die Angebote. Es werden **Wasserski, Surfbretter, Wasserscooter, Bananen-, Segel-** und **Motorboote** angeboten. Vorsicht! Schwimmer und Schnorchler sollten stets ein „wachsames Auge" auf Wasserskooter und Motorboote werfen. Schwerwiegende Unfälle passieren immer wieder, weil achtlos übers Wasser gebrettert wird.

- **Segeln:** Es werden Einhand-Dinghis, Prindles und Hobie Cats vermietet. Bootcharter: Pattaya Sailing Center, Jomtien-Strand, Tel. (038) 423695.
- **Wind- und Kite-Surfen:** vor allem am Jomtien Beach, u.a. Blue Lagoon Watersports Club, 23/4 M. 2, Soi Na Jomtien 14, Tel. (038) 255115, Fax 255116, E-Mail: info@bluelagoon.biz; Club Long Chat, 444/775 M. 12 Nongprue, Banglamung, Tel. (038) 232813, Fax 232932, E-Mail: popw@loxinfo.co.th.
- **Fischen:** Angebote für „Deep-Sea-Fishing" gibt es reichlich in Pattaya (gefangenen Fisch sollte man zumindest selbst verzehren, um puren Umweltfrevel zu vermeiden).

Unterkunft

- Pattaya verfügt über etwa 20.000 Hotelbetten. Die Qualität reicht von einfachen Guest Houses bis zu absoluten Luxushotels. Eines der weltbesten Resort-Hotels ist ebenso vertreten wie etwas schäbige Verschläge für Budgetbewusste. Im Umfeld der Pattaya 2 Rd. zwischen Soi 12 bis 13 liegen einige gute und günstige Unterkünfte (**- ***).
In der „Saure-Gurken-", sprich Regenzeit gibt es in einigen Hotels oft erhebliche Preisnachlässe (bis 60%), um die niedrige Belegungsrate etwas anzuheben. Dann lohnt es sich zu feilschen.

Anreise

- **Ab Bangkok** (154 km): **Normalbusse** ab *Ekkamai-Busterminal;* sie passieren Na Klua, Pattaya und enden teilweise am Jomtien-Strand; Fahrtzeit ca. 3 Std.; **A.C.-Busse** vom *Ekkamai-* und *Mor-Chit-Busterminal* stoppen an der Busstation in der North Pattaya Rd., eine Maßnahme, um die Songthaews zu unterstützen. Die verlangen vom Busterminal aus oft Phantasiepreise, obwohl dort ein Aushang mit den Fahrpreisen zu den wichtigsten Zielen in Pattaya hängt. Es empfiehlt sich, an die Straße zu gehen und dort einen Songthaew ins Zentrum oder zu den Stränden anzuhalten.
- **Taxiservice ab Don-Muang-Flughafen** (internationaler Flughafen von Bangkok), Fahrtzeit 2 Std.; ferner gibt es einen Sonderservice der Thai Airways (Schalter in der Ankunftshalle); Transportservice nach Bangkok sowie diverse Touren vermittelt: Malibu-Travel, 485 Pattaya 2nd Rd. (Ecke Soi Post Office), Tel. (038) 423180, 428422, Fax 426229, E-Mail: pattaya@malibu-travel.com.
- Bangkok Airways fliegt ab/nach **Bangkok** und **Ko Samui.**
- Eines der bestgehüteten Geheimnisse Thailands sind **Zugverbindungen** von Bangkok nach Pattaya (sofern sich Passagiere einfinden): ab *Hua-Lampong-Bahnhof* um 7.00 Uhr.
- **Nach Bangkok:** Der letzte Normalbus zurück nach Bangkok kommt etwa um 19.30 Uhr aus Trat (Busstop an der Sukhumvit Rd., am Abzweig der Central Pattaya Rd.); der A.C.-Busservice nach Bangkok endet um 21.00 Uhr.
- **Minibusse** und **Taxis** nach Bangkok: Sofern man alleine ist und keine reguläre Fahrt anliegt, wird es sehr teuer.
- **Weitere Busverbindungen:** ab der Na Klua Rd. nach **Sattahip,** nach **Ban Phe** und **Rayong** Busse vom Nakornchai Terminal (Sukhumvit Rd., Nähe Central Rd.); Normalbusse kann man an der Sukhumvit Rd. stoppen.

TAUCHEN UM PATTAYA

Um Pattaya findet man schöne Tauchgründe. Die Tauchgebiete gliedern sich in die **„Inneren Inseln“** (Ko Larn, Ko Krok, Ko Sak), die **„Äußeren Inseln“** (Ko Luam Yai, Ko Phai, Ko Hu Chang, Ko Klung Padan, Ko Man Wichai, Ko Rin) und Tauchplätze bei **Sattahip** sowie **Samaesan** (Submarine Rock, Bremen und Hardeep-Wrack, Hin Lak Bet, Ko Nok).

Ko Larn

Bei Tauchgängen vor Ko Larn sollte auf das unangenehme Surren der **Wasser-Skooter** über dem Kopf geachtet werden, insbesondere beim Aufstieg. Gleiches gilt übrigens auch für

→ *Riesige* ***Seeanemonen*** *sind im Golf von Thailand sehr häufig. Hier ein Prachtexemplar von* RADIANTHUS SP.

Schwimmer und Schnorchler. Über das ganze Jahr hinweg herrschen gleichmäßige **Tauchbedingungen.** Die Sichtweiten sind für tropische Verhältnisse oft recht gering (<10 m). Zwischen November und Mai ist das Wasser am klarsten.

Die Inseln vor Pattaya sind das nördlichste Gebiet im Golf von Thailand, in dem **Steinkorallen** akzeptable Wachstumsbedingungen finden. Es fehlen echte Saumriffe, aber Taucher sehen vielfältige Korallengemeinschaften. Dichte Steinkorallenbestände existieren nur im Flachwasser (6-8 m). Unter Felsen und Korallenblöcken ruhen viele *Blaupunkt-Stachelrochen.* In tieferen Zonen liegen einzelne Felsblöcke auf

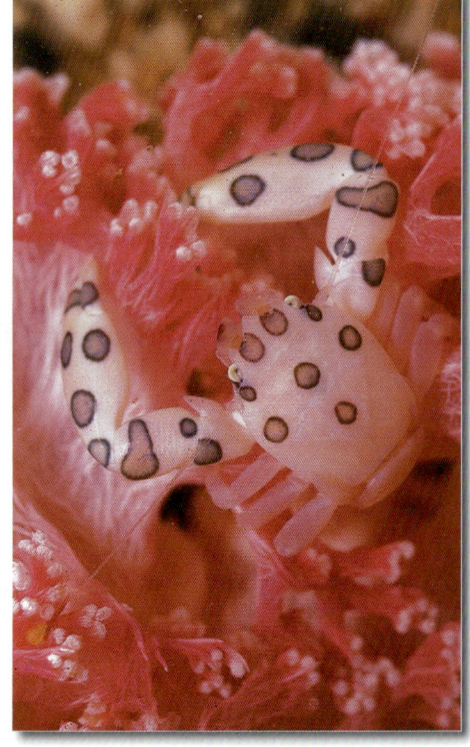

→ ***Porzellankrabben*** *(Porcellanella picta) leben auf Weichkorallen und Seefedern*

dem Sand, die mit Horn- und Dörnchenkorallen bewachsen sind. Im Sandgrund leben *Wächtergrundeln* mit ihren *Pistolenkrebs*-Partnern.

Vor der Bucht des Jomtien-Strandes liegen zwei vor über 600 Jahren gesunkene chinesische Dschunken **(Coin Wreck, Pottery Wreck).** Einige Bootsplanken und Überbleibsel der Ladung sind auf dem Meeresgrund verstreut.

Ko Rin

Die **Sichtweiten** sind bei den äußeren Inseln durchweg besser als an den Inseln in Küstennähe. *Neptunskelche, Stein-* und *Peitschenkorallen* wachsen an den Felsen. Bei Ko Rin sieht man häufig *Muränen. Thunfische* und *Barrakudas* kommen an die Insel heran. Am **Hin Ton Mai** bei Ko Rin sind leider auch die Spuren der Dynamitfischerei und Schießmanöver der thailändischen Marine unübersehbar.

Sattahip

Östlich vom militärischen Sperrgebiet Ko Khram (Sattahip), liegt der **Submarine Rock.** Er ähnelt der Brücke und dem Turm eines U-Bootes. Die Südspitze ist mit *Neptunskelchen, Steinkorallen* und *Fächergorgonen* bewachsen. Felder aus *Peitschenkorallen* wechseln sich mit kahlen Felsflächen ab. *Stachelrochen* und *Seeschildkröten* sind gelegentliche Gäste an dem Felsen.

Vor Sattahip liegen zwei sehenswerte, dicht bewachsene Wracks. Die **Petchburi-Bremen** war ein 110-m-Frachter, der wohl wegen einer gewaltigen Detonation im Maschinenraum bei Ko Khram sank. Das Schiff liegt aufrecht im Boden. Der Rumpf ist stark beschädigt. *Barrakudas, Muränen, Kaiser-* und *Fledermausfische* finden sich am Wrack ein.

Die **Hardeep** wurde ein Opfer des 2. Weltkrieges. Die Hülle des 64 m langen Schiffs ist weitgehend intakt. Es ist möglich, durch den Rumpf in den Maschinenraum zu schwimmen. Bei starken Strömungen sollten nur sehr erfahrene Taucher die Hardeep betauchen.

Das frühere **„Vertical Wreck“** trieb 2002 auf und wurde gesprengt. Der Gastanker liegt nun mit dem Kiel etwa 50 km vor der Küste. Das Heck mit der Brücke ist besonders sehenswert.

1 Taphan-Strand
2 Tawaen-Strand
3 Pottery-Wrack
4 Coin-Wrack
5 Submarine Rock
6 Petchburi-Bremen-Wrack
7 Hardeep-Wrack und Ko Nok
8 Hin Lak Bet

Ko Nok

Ko Nok ist eine **Reihe von drei Inseln,** die von einem gemeinsamen Felsrücken aufragen. Im Süden spaltet er sich in mehrere, unter der Wasseroberfläche liegende Felsrücken auf. Auf dem Sandgrund zwischen den Felsen lauern *Stachelrochen* und *Ammenhaie.*

Ko Chan

Eindrucksvolle **Felspassagen** bietet Ko Chan. An dieser Stelle gedeihen reichlich *Leder-, Weich-* und *Peitschenkorallen.*

Ko Samaesan

Ehemalige Riffe vor Ko Samaesan sind fast völlig zerstört. **Kahle, zerschlagene Korallenblöcke** sind die Überbleibsel einer Vergangenheit, die aus militärischen Schießübungen und Dynamitfischerei bestand. Es siedelten sich kaum neue Hartkorallen an, obwohl diese Aktivitäten schon vor Jahren eingestellt wurden. Samaesan lohnt sich daher nur für den Anschauungsunterricht.

Tauchrevier	Tauchstellen	Tiefe	Qualität
Ko Larn	***Laem Thong, Shark Point*** (Stein-, Weich- und Hornkorallen, Blaupunktrochen)	20 m	+/++
Ko Larn	***Südostseite*** (Steinkorallen, Neptunskelche, Blaupunktrochen)	12 m	+/++
Ko Sak	***Nordwest- und Westseite*** (Steinkorallen, Muränen, Blaupunktrochen)	15 m	+/++
Ko Krok	***Westseite*** (Steinkorallen, Neptunskelche, Mördermuscheln, Muränen)	20 m	++
Jomtien Nord	***Pottery Wreck*** (Reste einer chinesischen Dschunke)	14 m	+
Bang Saray	***Coin Wreck*** (Reste einer chinesischen Dschunke)	11 m	+
Ko Luam Yai	***Südostspitze*** (Steinkorallen, Schwarzspitzen-Riffhaie)	20 m	++

Fortsetzung siehe Seite 161

Tauch-unterneh-men in Pattaya

Tagestouren (2 Tauchgänge) kosten 2.500-3.000 Baht (ca. 55-70 US$), Nachttauchen 1.000 Baht (25 US$), Discount mit eigener Ausrüstung, Leihen kostet bis ca. 1.000 Baht extra; Touren zum „Ex-Vertical-Wreck" 7.500-10.500 Baht (ca. 185-260 US$), Open-Water-Anfängerkurse je nach Dauer ca. 9.200-14.000 Baht (ca. 230-350 US$), Fortgeschrittenen-Kurse ca.10.400 Baht (260 US$).

- **Mermaids Sea Sport Center,** 75/112 M. 12 Nongprue, Jomtien Beach Rd. (Soi White House), Tel. (038) 232219, 232220, Fax 232221, E-Mail: mermaids@loxinfo.co.th, u.a. Touren nach Ko Chang.
- **Seafari Dive Center,** 359/2 Soi 5, Pattaya Beach Rd., Tel. (038) 429060, Fax 361356, E-Mail: seafari@a1-diving-thailand-seafari.com.
- **Aquarelax Diving Center,** 183/31 Soi 13/2 (Post Office), Pattaya Beach Rd., Tel. (038) 710900, Fax 710901, E-Mail: aquarelax@hotmail.com.
- **Paradise Divers,** Siam Bayview Hotel, Pattaya Beach Rd., Tel. (038) 710567, Fax 423879, E-Mail: info@tauchenthailand.de (2. Büro: Jomtien Beach Rd., Tel./Fax 303333).
- **Aquanauts Dive Center,** 437/17 M. 9, Soi Yodsak, Pattaya Beach Rd., Tel. (038) 361724, Fax 412097, E-Mail: aquanauts@aquanautsdive.com.

Tauchrevier	Tauchstellen	Tiefe	Qualität
Ko Phai	***Südostseite*** (Steinkorallen)	15 m	+
Ko Hu Chang	***Nord- und Südseite*** (Steinkorallen)	12 m	+
Ko Klung Badan	***Südspitze*** (Stein- und Hornkorallen, Neptunskelche)	15 m	+/++
Ko Man Wichai	***Südostspitze*** (Stein- und Hornkorallen, Schwämme)	18 m	+/++
Ko Rin	***Hin Khao, Hin Ton Mai*** (Stein-, Weich- und Hornkorallen, Muränen)	19 m	++
Submarine Rock (Ko Khram Yai)	***Umrundung des Felsens*** (Stein- und Hornkorallen, Stachelrochen, Seeschildkröten)	18 m	++
Bremen-Wrack	***Gesamtes Wrack*** (Schiffswrack, Bewuchs mit Schwämmen, Hornkorallen und Muscheln)	25 m	+++
Hardeep-Wrack	***Gesamtes Wrack*** (Schiffswrack zum Durchtauchen, Bewuchs mit Schwämmen, Hornkorallen und Muscheln)	28 m	+++
Hin Lak Bet	***Westseite*** (Steinkorallen, Prachtanemonenteppiche)	20 m	+
Ko Nok	***Südspitze*** (Felsrücken und -blöcke, Hornkorallen, Stachelrochen, Ammenhaie, Barrakudas, Kaiserfische)	22 m	+++
Ko Chan	***Südwestseite*** (Felsblöcke, Stein- und Hornkorallen)	22 m	++
Ex-Vertical-Wreck (Kohu Maru/ PAK1)	***Gesamtes Wrack*** (Wrackerkundung, besonders Heck und Brücke)	42 m	++++

Die Ostküste

RAYONG UND UMGEBUNG ระยอง

Mit dem Erreichen der Provinz Rayong verlässt man den oberen Golf von Thailand. Auf fruchtbaren Böden gedeihen Kautschuk, Maniok und Obstbäume (Durian, Rambutan, Mangosteen, Jackfruit, Mango). Intensiver Anbau von Kautschuk zeigt tropisch-feuchtes Klima an. Landwirtschaftlich genutzte Flächen verdrängten fast vollständig die natürliche Vegetation.

Die **blaue Farbe des Meerwassers** an der Küste verrät, dass es hier sauberer als an den

Durian-Frucht *(Durio zibethinus): wegen des Geruchs scheiden sich an ihr die Geister*→

westlich gelegenen Küsten ist. Der Eintrag über Flüsse ist geringer, und der Wasseraustausch mit dem zentralen Golf von Thailand besser als im oberen Golf.

Strände

Rayong ist für seine ausgedehnten weißen Strände und seine Meeresfrüchte berühmt. Der **Pala-** und der **Payoon-Strand** (im Ban Chang-Distrikt, 32 bzw. 34 km westl. Rayongs) sind nette Sandstrände, die von schattenspendenden Kasuarinen gesäumt werden.

In der Nähe des Stadtzentrums findet man mit dem **Hat Laem Charoen** (5 km ab Zentrum) und **Hat Saeng Chant** (7 km) zwei weitere Flecken am Meer, die sich zu einer kurzen Erholungspause eignen.

Der Charme des **Hat Sai Thong** bei Mab Tha Pudt (11 km westl. von Rayong) hält sich mittlerweile in Grenzen, nachdem dort ein großer Industriekomplex entstand. Vom Strand aus fahren Boote nach **Ko Saket,** das mittlerweile im Würgegriff der Industrie ist.

Der schmale, mit einigen Felsen durchsetzte **Hat Mae Ramphueng** gehört zum **Nationalpark Laem Yah – Ko Samet** (131 km²). Am Ende des Strandes liegt das winzige Fischerdorf **Ban Gon Ao.** Kurz hinter dem Dorf erhebt sich direkt am Meer ein bewaldeter Hügel (Khao Laem Yah). Das **Laem-Yah-Kap** ist eine Landzunge, die von einem langen Strandstreifen gesäumt ist. Auf dem Kap befindet sich das Hauptquartier des Nationalparks.

Das Kap liegt 4 km westlich von **Ban Phe,** dem Hafen nach Ko Samet. Der geschäftige Ort Ban Phe ist für seine Meeresfrüchte bekannt, insbesondere für die berühmte und in der thailändischen Küche unvermeidliche Fischsauce *(Nam Pla).*

Der **Suan-Son-Park** bei Ban Phe und der angrenzende Strand sind mit einem dichten Kasuarinenwald bedeckt. Am Ortsausgang von Ban Phe liegt direkt am Strand ein kleines, ursprünglich anmutendes Fischerdorf. Die Holzhütten sind mit Palmblättern gedeckt, und das

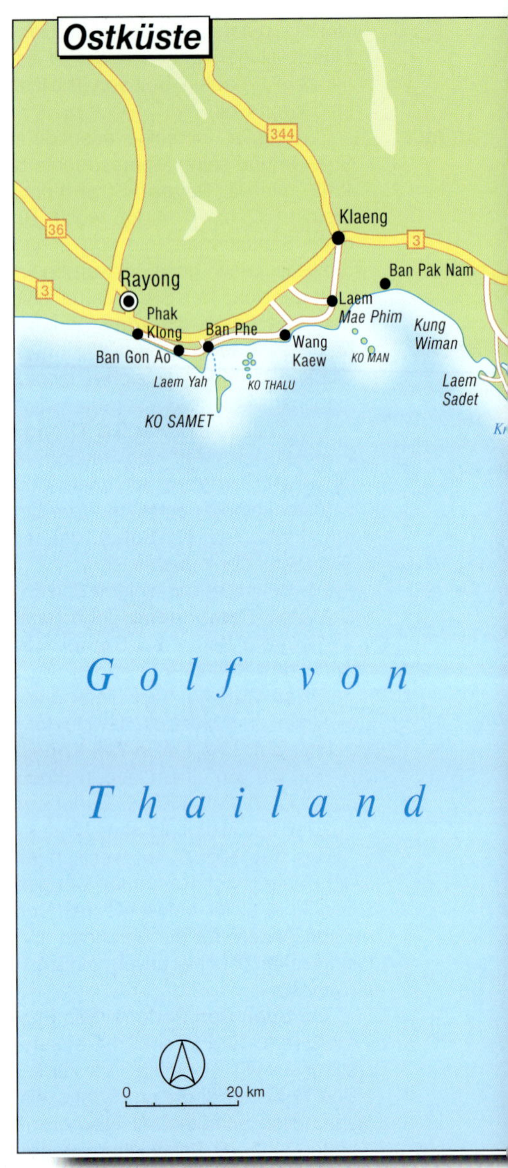
Ostküste
344
Klaeng
36
3
Ban Pak Nam
Rayong
Laem
Mae Phim
Phak
Klong
Ban Phe
Kung
Wiman
Wang
Kaew
Ban Gon Ao
KO MAN
Laem Yah
KO THALU
Laem
Sadet
KO SAMET
Golf von
Thailand
0
20 km

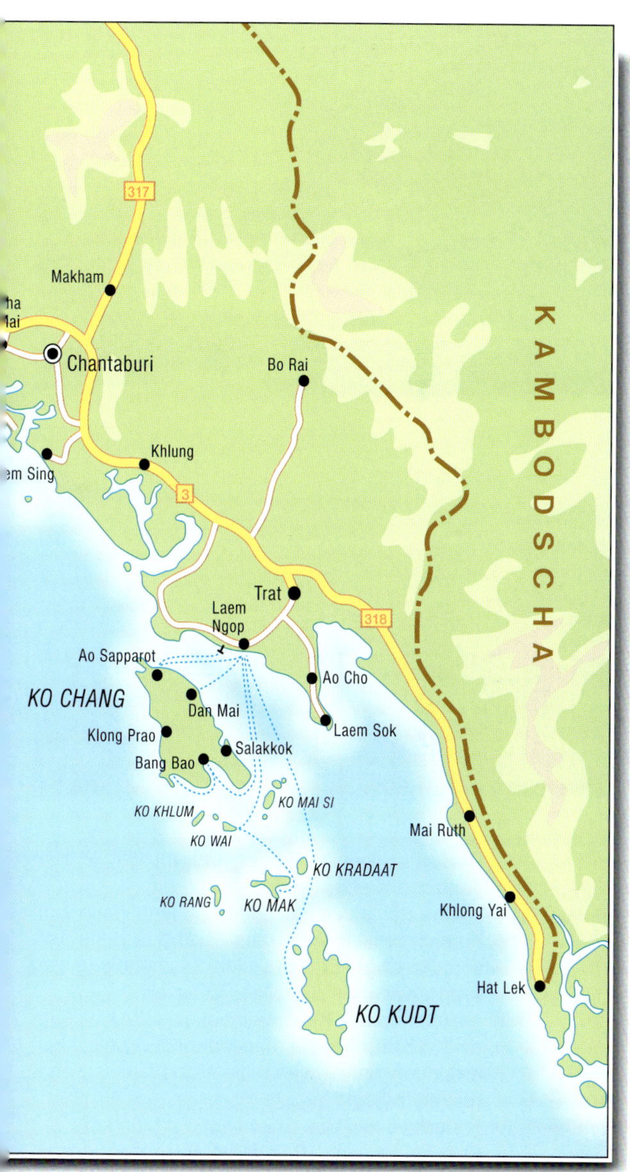
317
Makham
Chantaburi
Bo Rai
Khlung
em Sing
3
Trat
318
Laem
Ngop
Ao Sapparot
KO CHANG
Dan Mai
Klong Prao
Salakkok
Bang Bao
Ao Cho
Laem Sok
KO KHLUM
KO MAI SI
KO WAI
KO KRADAAT
KO RANG
KO MAK
KO KUDT
Mai Ruth
Khlong Yai
Hat Lek
KAMBODSCHA

Hat Suan Son: kleines Fischerdorf direkt am Strand ↑↑

Hat Mae Phim: kilometerlanger Sandstrand ↑

Dorf ist mit kleinen Booten und Netzkäfigen zum Fang von Krebsen vollgepackt.

Der Küstenstraße folgend gelangt man zum herrlich breiten **Mae-Phim-Strand** (22 km östl. von Rayong). Er zieht sich kilometerlang von **Wang Kaeo** bis zum Mae-Phim-Kap.

Nördlich des Kaps befindet sich die kleine Insel **Ko Khie Pla,** die man jeden 21. April zu Fuß erreichen kann, wenn die Ebbe einen Sandrücken freilegt.

Östlich von Mae Phim liegt die Mündung des Phrasae-Flusses **(Pak Nam Phrasae),** an die sich eine weite Bucht mit einem weiteren Sandstrand anschließt **(Kung Wiman).** Von dort besteht die Möglichkeit, mit einem Boot auf die Ko-Man-Inseln zu fahren, eine Gruppe von drei kleinen Inseln. Auf **Ko Man Nai** gibt es einen schönen Strand und eine Aufzuchtstation für Meeresschildkröten. Das Wasser ist sehr flach und der Korallenwuchs eher spärlich, aber viele *Mördermuscheln* sitzen in kleinen Spalten.

Nationalpark

Der **Nationalpark Khao Chamao – Khao Wong** (84 km²) ist eines der letzten, mit immergrünen Wäldern bedeckten Refugien für *Elefanten, Schwarzbären* und *Gaur,* ein Wildrind. Park-Highlights sind die **Khao-Wong-Höhlen,** Wasserfälle mit Felsenpools und eine Gipfeltour (1.028 m, Übernachtung erforderlich). Es heißt, der Verzehr von Karpfen aus den Pools löst Rauschzustände aus, wenn diese bestimmte, ins Wasser gefallene Früchte fressen.

- **Infostelle:** Royal Forestry Departement, Bangkok, Tel. (02) 5790529, 5794842
- **Unterkunft:** Bungalows (ab **), Schlafsaal; zum Gipfel Zelte mitnehmen.
- **Eintritt:** 200 Baht.

Extrem selten: ***der Gaur*** *(Bos gauros)*

Unterkunft

- In **Rayong** gibt es einige Hotels (**-****), wobei die günstigsten entlang der Sukhumvit Rd. liegen.
- An den **Stränden** stehen viele Resorts, überwiegend ***-ꓡꓡꓡ, einige günstigere Übernachtungen (**) bieten fast nur **Ban Phe** und **Mae Phim.**

Anreise

- Ab **Bangkok** (179 km): Vom *Ekkamai-Busterminal* starten bis 18.30 Uhr Normal- und bis 22.00 Uhr A.C.-Busse (Fahrzeit: ca. 3,5 Std.) nach **Rayong** und **Ban Phe** (Hafen nach **Ko Samet**); wenige Direktbusse gehen nach **Mae Phim;** auch vom *Mor Chit Terminal* gehen Normal- und A.C.-Busse nach Rayong.
- Nach **Ban Phe** gelangt man auch per Minibus/A.C.-Bus-Service ab der Khao San Rd. (Bangkok) sowie per Songthaew/Minibus vom Uhrturm ab Rayong, wo auch Minibusse nach Mae Phim starten.
- **Nach Chanthaburi:** Normalbusse und ein A.C.-Bus um 10.30 Uhr.
- Wegweiser an der Sukhumvit Rd. (H-way 3, westl. von Rayong-Stadt) zeigen die Abzweigung zum **Pala-** und zum **Payoon-Strand** und nach **Mab Tha Pudt** an, von wo es zum **Hat Sai Thong** (6 km) weitergeht.
- **Hat Pala und Hat Payoon:** Bus von Rayong nach Ban Chang, weiter mit Songthaews zum Payoon oder Pala Beach.
- **Mae-Ramphueng-Strand:** vom H-way 3 bei km 229 rechts abbiegen, der Strandstraße 10 km folgen.
- **Suan-Son-Park und Mae-Phim-Strand**: am H-way 3145; östl. von Ban Phe in Klaeng (H-way 3) Abzweigung zum **Pak Nam Phrasae**.
- **Kung Wiman:** bei km 302 des H-way 3 rechts ab (18 km).

KO SAMET เกาะเสม็ด

- Ko Samet ist prinzipiell ein **Malariagebiet**, obwohl das Risiko gering ist. Trotzdem Vorsicht walten lassen! Zudem gibt es z.T. **Sandflöhe!**

Die Insel Ko Samet ist 6,5 km lang und maximal 1 km breit. Sie ist für ihre **blütenweißen Strände** berühmt. Eine Reihe langer Sandstrände, durch flache Granitblöcke und bewaldete Kaps getrennt, formen die Ostküste. Bei starken Fluten verschwindet der Sand oft bis auf einen winzigen Streifen im Meer. Die Südspitze bildet ein felsiges Kap. Die Westküste bietet nur im Norden einige Strände.

Im **Innern der Insel** erheben sich felsige Hügel, die mit Laubabwerfendem Mischwald, Immergrünem Monsunwald und Buschland bedeckt sind.

Der weiß blühende **Samet-Baum,** nach dem die Insel benannt ist, wächst noch immer reichlich auf Ko Samet. Das Holz des Baumes diente früher wegen seiner Haltbarkeit zum Bootsbau.

Die weiße Pracht hat „Flecken" bekommen. Ko Samet ist ein Beispiel für **zügellose Tourismusentwicklung** und eine Bereicherung zum

Ko Samet
Ban Phe
Laem Noina
Laem Phra
Samet Village
Kham-Bucht
Po Noina
Ban Na Dang
Pacha-Bucht
KO SAMET
Phrao-Bucht
Luk-Yon-Bucht
Hat Sai Kaeo
Hin-Khok-Bucht
Laem Yai
Phai-Bucht
Taptim-Bucht
Laem Rua Tack
Pudsa-Bucht
Korallen
Nuan-Bucht
Cho-Bucht
Khok-Bucht
Wongdoean-Bucht
Thian-Bucht
Golf von Thailand
Wai-Bucht
Kiu-Na-Nai-Bucht
Korallen
Kiu-Na-Nok-Bucht
Laem Kud
Karang-Bucht
KO CHAN
0
1 km

Thema: „Nationalparks in Thailand". Auf dem Papier ist Thailand in Bezug auf Nationalparks eines der fortschrittlichsten Länder der Erde, wäre da oft nur nicht die lästige Realität! Lange als „Geheimtipp" gehandelt, versinkt Ko Samet vor allem an Wochenenden seit Jahren in Besuchermassen. Die Überlastung führt zu erheblichen Problemen, angefangen von der Müllbeseitigung bis zur Wasserversorgung. Der Grundwasserspiegel fiel so stark, dass Meerwasser in die Süßwasserlinsen unter der Insel einsickerte. Mittlerweile kommt Wasser in Tanks vom Festland. Es gibt Berichte, dass dessen Qualität alles andere als gut ist. Der Abfall gammelt teilweise an irgendwelchen Lagerplätzen vor sich hin, eine freundliche Einladung für allerlei Keime, sich kräftig zu vermehren. Zu allem Überfluss befahren mindestens 70 Minibusse das begrenzte Straßennetz der Insel. 1990 und 1992 wurden viele Bungalowanlagen vorübergehend stillgelegt. Da aber der Baht regiert, passierte anschließend nicht viel, außer nunmehr häufiger stattfindenden Müllsammelaktionen.

Nach der Regenzeit schwärmen die ***Schmetterlinge.*** *Hier eine Gruppe „Yellow Emmigrants" (Catopsilia pomona)* →

Der Ort **Ban Na Dang** am Anlegepier von Ko Samet verrät nicht gerade, dass es tatsächlich schöne, saubere Strände gibt. Zu Fuß gelangt man in ungefähr 10 Minuten zum Hat Sai Kaeo, allerdings nicht bevor an der Nationalpark-

Hat Sai Kaeo: *der weißeste Strand an der Ostküste* ↓

schranke in der Ortsmitte Eintritt bezahlt wurde (Ausländer: 200 Baht). Viele Stände bieten Schalen seltener Muscheln und Schnecken feil – wobei das Sammeln solcher Schätze in Nationalparks doch generell verboten ist! Vom Kauf solcher Souvenirs ist dringend abzuraten, um den Handel nicht zu fördern.

Strände

Der **Hat Sai Kaeo** verfügt über brillant weißen Sand. Unglücklicherweise sorgen Wasserskooter für einigen Lärm in dem Idyll. Der fällt an Feiertagen aber auch nicht weiter auf, weil der Strand dann ohnehin brechend voll ist.

Am Nordostzipfel der Insel liegt die Felsenbucht **Ao Luek Yon,** die über Fußwege durch eine Kokosplantage erreichbar ist.

In entgegengesetzter Richtung folgt hinter einer Felsbarriere ein hübscher Strand in der **Bucht Ao Hin Khok.**

Den feinsten Puderzuckersand Samets bietet die **Ao Phai** (Bambus-Bucht).

Ruhiger wird es dann nur 100 m über die Klippen hinweg in der **Rubin-** (**Ao Taptim**) und **Pudsa-Bucht,** beide mit weißen, palmenbestandenen Stränden gesegnet.

Steile Klippen umrahmen die winzige **Nuan-Bucht.** Sie ist von der Rubinbucht nur über einen schmalen Pfad zu erreichen. Es folgt die **Ao-Cho-Bucht** mit einem teilweise steinigen, sonst aber annehmbaren Strand.

Die **Wongdoean-Bucht** (Mondbucht) bekam ihren Namen wegen ihrer halbmondförmigen Gestalt. Liegestühle am Strand, Surfbrettverleih, Souvenir- und Imbissstände runden neben Bungalows und Restaurants das Bild eines etablierten Strandes ab.

Ein Fußweg von 300 m führt über felsige Klippen zur weiten **Thien-Bucht** (Kerzenbucht). Die karge Bucht ist nichts Besonderes, aber von hier gelangt man über einen kleinen Bergrücken

Flughunde *bewohnen Ko Thalu*→

→ *Überfahrt nach Ko Samet*

• Tauchen: PADI-Tauchschule „Ao Phrao Diving Center“ im Ao Prao Resort (Zentrale: 60 M. 4, Ko Samet, Ban Phe Rayong 21160), Tel. (038) 644100-5, Fax: 644099, E-Mail: adm@aopraoresort.com. Ein Tauchgang kostet 1.000 Baht, ein zweiter 750 Baht (inkl. Ausrüstung); Open-Water-Kurs (4 Tage) 12.000 Baht.

Inseln

zur Westseite, wo man am **Sunset-Point** stimmungsvolle Sonnenuntergänge erlebt.

Südlich der Kerzenbucht folgen **Ao Wai** und **Ao Kiu Na Nok.** Im Meer zwischen beiden Buchten liegen einige Korallenbänke.

Schließlich folgt die felsige **Ao Karang,** die letzte Bucht an der Ostseite. Starke Strömungen spülten den Sand bis auf wenige Reste ins Meer. Von hier gibt es eine beschauliche Aussicht auf Ko Chan, eine von drei vorgelagerten, rauen Felseninseln.

Die Kokosnussbucht **(Ao Phrao)** verfügt über den einzigen nennenswerten Sandstrand der Westküste. Der Sand ist grobkörnig und mit Steinen sowie Korallentrümmern durchsetzt. Die ruhige Bucht ist per Boot oder zu Fuß (30 Min.) von Ao Phai erreichbar.

Östlich von Ko Samet liegen einige Inseln: **Ko Platin, Ko Kudie, Ko Kruay, Ko Kahm, Ko Kangkhao, Ko Tham Ruesie** und **Ko Thalu.** Um die Inseln sind einige Korallenbänke verstreut, die schönsten bei Ko Thalu. Auf dieser Insel gibt es große *Flughunde (Flying foxes),* in Baumwipfeln lebende, fruchtfressende Fledermäuse. Ko Kudie besitzt einen schönen Strand.

Ausflüge zu diesen Inseln werden vom Na-Dang-Pier und verschiedenen Bungalowsiedlungen angeboten, ebenso Schnorcheltouren und Ausflüge zum Fischen.

Wasser-sport

- **Tauchen** siehe Glossar vorherige Seite
- **Surfbretter**, Bananenboote, Wasserscooter, Segelboote sowie diverse Insel- und Schnorcheltouren werden zumindest an den Hauptstränden angeboten (Hat Sai Kaeo, Ao Phai, Ao Wongdoean).

Unterkunft

- Die meisten Strände sind auf dem Fahrweg durch das Zentrum der Insel erreichbar. Fast überall stehen **Unterkünfte** im **-****-Bereich, daneben gibt es einige Luxusunterkünfte, vornehmlich in der Ao Wongdoean und am Hat Sai Kaeo. Die günstigsten Quartiere findet man eher abseits der Hauptstrände, z.B. in der Ao Pudsa, Ao Nuan und Ao Thien. In der Regenzeit gibt es bis zu 50% Diskount. An Wochenenden und Thai-Feiertagen ist es z.T. sehr voll und teurer. Dennoch braucht man nicht auf die **Schlepper** in **Ban Phe** zu hören, die behaupten, man müsse bereits am Pier eine Unterkunft buchen, weil alles belegt sei.

Anreise

- Von **Bangkok nach Ban Phe** (197 km): Vom *Ekkamai-Busterminal* fahren bis ca. 18.30 Uhr regelmäßig Normal- und A.C.-Busse; ab der Khao San Rd. (Bangkok) gibt Zubringer-Services zum Ekkamai und direkte Minibusse.
- Von **Pattaya** fahren täglich mehrere Busse und von Rayong Mini-Busse/Songthaews nach Ban Phe.
- Ab **Ban Phe** gehen tagsüber normal alle 1-2 Std. Boote nach **Ban Na Dang** und zur **Ao Wongdoean** in 30 bzw. 50 Minuten; einzelne Boote steuern direkt bestimmte Strände an: Ao Phrao, Ao Cho, Ao Thien, Ao Wai, Ao Khiu Na Nok.

In der Regenzeit ist der Fährbetrieb etwas reduziert (Informationen am Pier). Pickups übernehmen den Inseltransport.

CHANTHABURI

Die Provinz Chanthaburi ist mehr wegen des **Rubin-** und **Saphirhandels** und ihrer spektakulären **Wasserfälle** (Soi-Dao-, Pliu-, Krating-Wasserfall) als für ihre Strände bekannt. **Edelsteinminen** kann man am Khao Ploy Waen besichtigen, der wenige Kilometer nördlich der Stadt Chanthaburi liegt.

Der **Nationalpark Nam Dok Pliu** (135 km²) ist ein mit Regenwald bedecktes Granitmassiv. Am Fuß des berühmten Pliu-Wasserfall steht ein Chedi, den *König Rama V.* 1876 zum Gedenken an die ertrunkene Prinzessin *Sunantha Kumarie Rattana* in Auftrag gab. Naturfreunde begeistern sich zudem am Soi-Dao- und Khitchakut-Nationalpark mit wundervollen Wasserfällen (Soi Dao, Krating).

Strände

Es finden sich auch lohnenswerte Ziele am Meer. Die Bucht zwischen Laem Sadet und Laem Chao Lao im Westen der Provinz besitzt einen friedvollen, mit Kokospalmen und Kasuarinen bestandenen Strand. Der Sand am **Chao-Lao-Strand** ist leider schlickig. Im Hinterland durchquert man Salzgewinnungsanlagen und Krabben-Farmen.

Ein **Chedi** ist ein glockenförmiger Turm, der meistens auf dem Gelände eines Tempels steht, in dem oft Reliquien des Buddha oder einer anderen verehrten Person aufbewahrt werden.

Südlich der Stadt Chanthaburi liegt das **Kap Laem Singh,** dessen Felsnase an einen ruhenden Löwen erinnert. Dort stehen Fort-Ruinen aus der Zeit *Rama III.* Sehr schön ist der von Kasuarinen gesäumte **Laem-Singh-Strand.** Auf dem Weg zum Laem Singh-Pier passiert man **Oasis Sea World,** einen Vergnügungspark mit Delphinvorführungen.

Kleine, zum Camping ideale Strände bietet die **Krating-Bucht** am Kap. An der vorgelagerten **Ko Nom Sao** wachsen einige Korallen. Westlich der Krating-Bucht gibt es weitere kleine Strände, z.B. **Hat Ao Yang,** die aber nichts Besonderes sind.

→ *Der Strand von* ***Laem Singh***

Unterkunft

- In der **Stadt Chanthaburi** gibt es etliche Hotels (**-ш). Günstige Angebote gibt es Sri Chan, Sukha Phiban, Sri Rongmuang und Benchama-Rachutith Rd.; edleres Ambiente findet man u.a. etwas außerhalb in der Tha Chalab und Chawana-Utith Road.
- Am **Hat Laem Sadet, Hat Chao Lao, Laem Singh** und am **Krating-Wasserfall** Bungalows ab ****, am **Pliu-Wasserfall** ab ***.

Anreise

- **Ab Bangkok** (245 km): **Normalbusse** bis 16.00 Uhr und **A.C-Busse** bis 24 Uhr vom *Ekkamai-Busterminal;* Fahrtzeit 4-5 Stunden (A.C.-Busse auch ab *Mor Chit).*
- **Weitere Verbindungen** mit Bussen bestehen nach **Rayong** und **Trat; Sammeltaxis** fahren vom Brunnen nach Trat, sobald 5-6 Personen zusammen sind.
- **Laem Sadet** und **Hat Chao Lao:** von Chanthaburi H-way 3153 nach 7 km rechts ab in den H-way 3147 bis Tha Mai (4 km), dort rechts (9 km), dann links (2 km), erneut links (4 km) und wieder rechts (2 km, Laem Sadet) oder links (5 km, Hat Chao Lao).
- Von Chanthaburi nach Tha Mai links ab kommt man auch zur **Krating Bucht.**
- **Laem-Singh-Strand:** H-way 3 bei km 347 (16 km hinter Chanthaburi) rechts ab (16 km), dann gelangt man zum Bootspier gegenüber vom Kap.
- **Pliu-Wasserfall:** H-way 3, bei km 347 links ab (2 km), Eintritt.
- **Soi Dao:** H-way 3, bei km 333 in H-way 317, nach 62 km links ab.
- **Krating-Wasserfall:** H-way 3, bei km 324 in H-way 3249, nach 22 km rechts ab (Kitchankut-Nationalpark, Eintritt).

TRAT ตราด

Trat ist Thailands östlichste Provinz. Die **Banthat-Berge** bilden eine natürliche Grenze zu Kambodscha. Im Ostzipfel der Provinz schieben sie sich immer näher an die Küste heran, bis das thailändische Staatsgebiet auf einen schmalen Streifen zusammengedrückt wird. Die Berge

→ ***Edelsteinmine*** *bei Bo Rai*

sind mit **fast unberührten Regenwäldern** und Immergrünen Monsunwäldern bewachsen. Der Artenbestand wird stark von den Wäldern Indochinas beeinflusst. Fruchtbarer Boden und feuchtes Klima ermöglichen **Kautschuk- und Obstanbau** in den Niederungen.

Bis vor einigen Jahren gab es an der kambodschanischen Grenze ertragreiche **Rubinfelder,** die aber heute weitgehend unrentabel sind. Stillgelegte Rubinminen können bei Bo Rai (53 km von Trat-Stadt) besucht werden. Wenige Minen sind noch in Betrieb. Für eine Besichtigung muss eine Erlaubnis vorliegen. Heute stammen die meisten Rubine aus Pailin (Kambodscha) und werden vor allem in Chanthaburi verarbeitet und gehandelt. Der morgendliche Rubinmarkt von Bo Rai büßte viel von seiner Bedeutung ein.

Strände

Entlang der Küste Trats, die größtenteils von Mangroven gesäumt ist, liegen mehrere kleine Strände. Im Westen befindet sich die schöne **Bucht Ao Tahn Kuh,** ein beliebtes Ziel für Wochenendausflügler. Auf der Fahrt in den Ostzipfel Thailands erhält man wunderschöne Ausblicke auf eine abwechslungsreiche Küstenlandschaft.

Von den **Stränden vor Klong Yai** ist der **Hat Ban Chuen** am attraktivsten. Die anderen Strän-

→ *Picknick am* ***Hat Ban Chuen***

de (Hat Sai Ngoen, Hat Sai Kaeo, Hat Sai Ngam, Hat Taptim, Hat Mai Rut, Hat Suk Sam Rahn) sind ruhiger, kleiner und weniger schön als der Ban-Chuen-Strand. 10 km hinter Hat Ban Chuen kommt ein feiner View-Point.

Unterkunft

- Im **Stadtzentrum** von Trat findet man Hotels an der Sukhumvit Rd. (**-***) sowie einige kleine Guest Houses, z.B. Thon Charoen Rd.(*-**).
- **Klong Yai** verfügt über Hotels der **-*** -Kategorie; am **Hat Ban Chuen** stehen ein paar verlorene Bungalows (**).
- **Laem Ngop** verfügt über einfache Guest Houses sowie einige komfortablere Unterkünfte (*-***); auch in der **Ao Tahn Kuh** gibt es Bungalows (ab ***).

Anreise

- **Ab Bangkok** (315 km): **Normal-** und **A.C.-Busse** fahren ab dem *Ekkamai-Busterminal* sowie vom *Mor Chit;* Fahrtzeit ca. 6 Std.;
- **Von Chanthaburi** fahren ebenfalls Busse, wobei die A.C.-Busse aus Bangkok kommen und oft voll sind.
- **Nach Hat Ban Chuen:** H-way 318 (Trat nach Klong Yai) bei km 60 rechts ab (3 km); vom H-way 318 biegen ausgeschilderte Wege zu den Stränden vor Hat Ban Chuen ab. Taxis, Minibusse und Pickups fahren von Trat zum Hat Ban Chuen und nach Klong Yai.
- **Nach Laem Ngop** (Pier nach Ko Chang): Taxis oder Songthaews fahren ab Trat von der Sukhumvit Rd. (im Stadtzentrum, gegenüber dem Wat Khang) über H-way 3148 nach **Laem Ngop** (17 km). Ab der **Khao San Rd.** (Bangkok) starten direkte **Minibusse** nach Laem Ngop.
- Nach **Ao Tahn Kuh** biegt 2 km vor Laem Ngop eine Straße rechts ab (15 km).

KO CHANG

เกาะช้าง

Vor der Küste Trats liegt der **Nationalpark Ko Chang** (650 km²), der insgesamt 52 Inseln umfasst, einige davon unberührt. Weitere 12 Inseln der Inselgruppe sind als Wirtschaftsinseln deklariert und liegen außerhalb der Parkgrenzen (u.a. Ko Mak, Ko Kradat, Ko Pui, Ko Kudt).

Ko Chang ist mit 30 km Länge und 8 km Breite die **zweitgrößte Insel** Thailands. Über 3.000 mm Jahresniederschlag ließen eine **üppige Vegetation** entstehen. Das gebirgige Zentrum von Ko Chang ist vorwiegend mit immergrünen Regen- und Monsunwäldern überzogen. Der höchste Gipfel ragt 750 m über dem Meeresspiegel auf. Ko Chang ist ein Naturparadies, in dem *Languren, Zibet-Katzen, Hirsche, Warane, Netzpythons, Horn-* und *Pitta-Vögel* leben.

Auf Ko Chang kann man hervorragend **wandern** und die ganze Insel umrunden, z.B. von Klong Son zum Nan-Yom-Wasserfall, vom Hat

Silhouette von ***Ko Chang*** ↓

1 Golden Beach
2 White Sand Beach
3 Klong-Phrao-Strand
4 Klong-Plu-Wasserfall
5 Kai-Bae-Strand
6 Long Beach
7 Phrao-Strand
8 Ban-Chuen-Strand
9 Taptim-Strand

Kai Bae nach Bang Bao (3-4 Std.), von Salakkok nach Salakpet (3 Std.), von Bang Bao nach Salakpet (6 Std., schwer zu finden). Derzeit herrscht rege Bauaktivität an den Hauptstränden, da Ko Chang in ein High-Class-Tourismusresort verwandelt werden soll.

Gesundheit

Trat und die Inseln des Ko-Chang-Nationalparks sind **Malaria-Gebiet.** Trat ist neben Tak (Westthailand) eine der beiden Provinzen, in denen 70 % aller Malariafälle registriert werden. Deshalb unbedingt Vorsichtsmaßnahmen treffen (Mückenschutz, lange Hosen und Hemden, ggf. Prophylaxe-Medikamente).

Außerdem leben an einigen Stränden **Sandflöhe.** Ihre Stiche entzünden sich schnell zu roten, stark juckenden Pusteln. An betroffenen Stränden die Beine mit Insektenrepellants oder besser noch frisch gepresstem Kokosöl einreiben und sich nie direkt in den Sand legen.

Strände

Etwa 1 km vom Bootspier **Than Mayom** an der Ostseite Ko Changs entfernt stürzt der sehenswerte Wasserfall **Nam Dok Tahn Mayom** über mehrere Kaskaden in kleine Felspools.

Sandflies werden im Deutschen oft fälschlich als Sand- oder Strandflöhe bezeichnet. Es handelt sich nicht um Flöhe, sondern um ca. 3 mm kleine, sandfarbene Mücken *(Sandmücken,* wiss. PHLEBOTOMINAE). Ihr Flugvermögen ist gering. Sie fliegen meist nur ruckartig seitlich ab und erreichen dabei die Beine von Strandwanderern.

In einer weiter südlich gelegenen Bucht steht das urige Dorf **Salakkok** inmitten herrlicher Mangrovenwälder.

An der Südküste liegen der flache, aber nette **Long-Beach (Hat Sai Yao),** der sich bei Flut gut zum Baden eignet, und nur wenige Minuten entfernt der **Tan-Tawan-Strand,** vor dem es gute Schnorchelreviere gibt.

Der **Hat Wai Chek** ist wunderschön und ziemlich einsam, weil es weder Restaurants noch Bungalows gibt. Er ist über einen Dschungelpfad von Rueang Tan aus zu erreichen.

Der **Bang-Bao-Strand** befindet sich in einer geschützten Bucht mit einem auf Pfählen errichteten Fischerdorf.

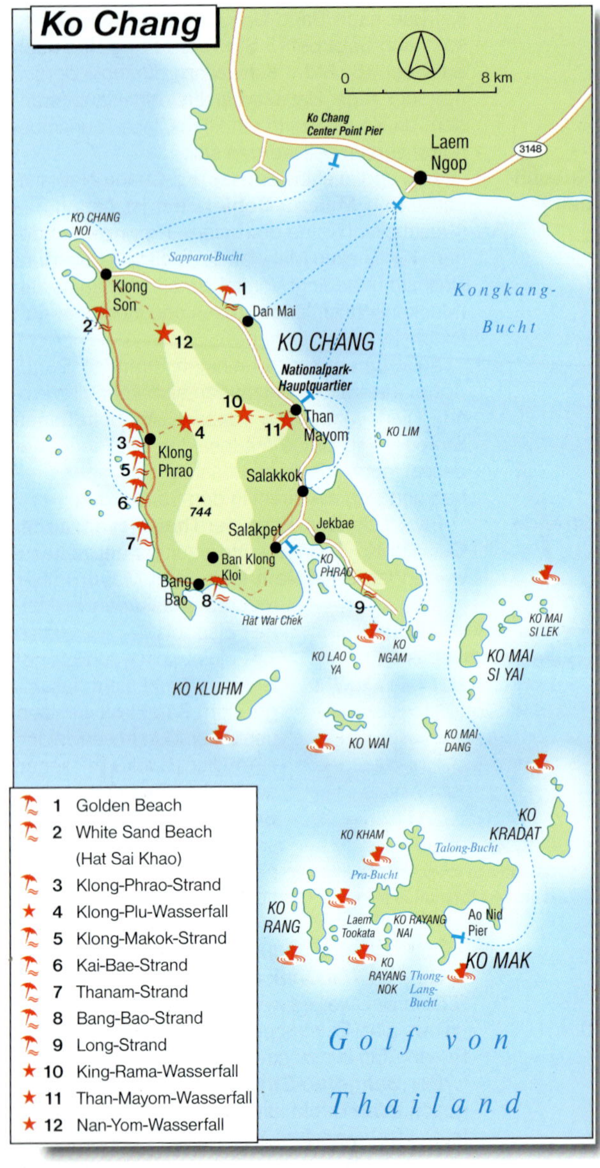
Ko Chang
0
8 km
Ko Chang Center Point Pier
Laem Ngop
3148
KO CHANG NOI
Sapparot-Bucht
Klong Son
Dan Mai
KO CHANG
Kongkang-Bucht
Nationalpark-Hauptquartier
Than Mayom
KO LIM
Klong Phrao
Salakkok
744
Salakpet
Jekbae
Ban Klong Kloi
KO PHRAO
Bang Bao
Hat Wai Chek
KO MAI SI LEK
KO LAO YA
KO NGAM
KO MAI SI YAI
KO KLUHM
KO WAI
KO MAI DANG
KO KRADAT
KO KHAM
Talong-Bucht
Pra-Bucht
KO RANG
Laem Tookata
KO RAYANG NAI
Ao Nid Pier
KO MAK
KO RAYANG NOK
Thong-Lang-Bucht
Golf von Thailand
1 Golden Beach
2 White Sand Beach (Hat Sai Khao)
3 Klong-Phrao-Strand
4 Klong-Plu-Wasserfall
5 Klong-Makok-Strand
6 Kai-Bae-Strand
7 Thanam-Strand
8 Bang-Bao-Strand
9 Long-Strand
10 King-Rama-Wasserfall
11 Than-Mayom-Wasserfall
12 Nan-Yom-Wasserfall

Die schönsten Strände liegen aber an der Westküste der Insel. Von Norden nach Süden erreicht man den **Hat Klong Son, Hat Sai Khao, Hat Klong Phrao, Hat Klong Makok, Hat Kai Bae und Hat Thanam.**

Hinter dem schönen, aber stark bebauten 2 km langen **Sai-Khao-Strand** ragen steile Berge auf. Vom Hat Klong Phrao führt ein Weg durch urwüchsige Vegetation zum Klong-Plu-Wasserfall (Klong-Phrao-Wasserfall). Empfehlenswert ist auch der 5 km lange **Kai-Bae-Strand,** der sich im Süden ideal zum Schwimmen und im Norden zum Schnorcheln eignet.

Von dort erreicht man in 30 Minuten den abgeschiedenen **Thanam-Strand.** Ein anstrengender Fußmarsch durch Tropenwald führt an herrlichen Strandflecken vorbei weiter nach **Bang Bao** (3 Std.).

Weitere Inseln

Der Nationalpark bietet neben der Hauptinsel weitere besuchenswerte Inseln. **Ko Kham** an der Nordspitze der Hauptinsel ist eine Privatinsel mit echtem Südseeflair.

Ko Ngam ist eine kleine Insel mit einer malerischen Bucht an der Südostspitze Ko Changs.

Das Wasser um die kleine **Lao-Ya-Insel** ist sehr klar und birgt schöne Korallenformationen.

Ko Wai ist sicher eine der schönsten Inseln im Ko-Chang-Nationalpark. Sie bietet wundervolle, von tropischer Vegetation umschlossene Sandstrände mit vorgelagerten Korallenriffen.

Ko Kradat, die „Papierinsel", erhielt ihren Namen, weil sie völlig eben ist. Sie ist dicht mit Kokospalmenhainen bestanden.

Auf den Inseln um **Ko Rang** werden „Schwalbennester" von lizenzierten Sammlern gesammelt. Ko Rang selbst ist eine steile, unbewohnte Insel ohne Süßwasser, die ebenso wie **Ko Khlum** sehr gute Schnorchelreviere bietet.

Der kleine, saubere Strand der Ao-Khao-Bucht auf **Ko Mak** eignet sich vorzüglich zur Erholung.

Ko Kudt ist eine gebirgige Insel mit fantastischen Buchten an der Ost- und Westseite. Im Inselinneren steht dichter Urwald. Die östlichste

Ein Traumstrand: Die Ao-Khao-Bucht auf ***Ko Mak*** ↑

Insel Thailands ist ein altes Schmugglerparadies. Auf Ko Kudt empfiehlt sich ein Besuch des Klong-Chao-Wasserfalls (Tarn Sanuk).

TAUCHEN UM KO CHANG

Die **Tauchsaison** bei Ko Chang dauert von November bis Mai. In der übrigen Zeit können Stürme Tauchausflüge behindern und für trübes Wasser sorgen. Allerdings ist Tauchen auch während der Regenzeit ohne weiteres möglich, sobald sich ruhiges Wetter einstellt.

Die Tauchgründe sind sicherlich die besten an der Ostküste Thailands. Die **Sichtweiten** an den Tauchstellen betragen meistens 10-20 m und die Tauchtiefen 15 m. Gerade deshalb bie-

Unterkunft

- Auf **Ko Chang** steigen die Preise und die Anzahl gehobener und edler Resorts (****-ᐃᐃᐃ). An den Hauptstränden Sai Khao, Klong Phrao und Kai Bae findet man wie in Klong Son, Salakpet, Jekbae und am Long Beach aber auch reichlich Bungalows der **-*** -Kategorie (in der Nebensaison handeln). In der Hochsaison sowie Sonn- und Feiertags ist es besonders an den Hauptstränden sehr voll, Lärm und Verschmutzungen inklusive. Sehr günstige Quartiere (*) gibt es noch am ehesten am Klong Son, Klong Makok, Thanam und Bang Bao Beach.
- Die **umliegenden Inseln** bieten Luxusanlagen auf Ko Phrao, Ko Lao Ya, Ko Wai, Ko Ngam, Ko Kradat, Ko Rayang Nok und Ko Kudt. Günstigere Übernachtungen gibt es vor allem auf Ko Mak (*-****), ferner auf Ko Wai (*-****), Ko Si Mai Yai (**), Ko Kham (**-***) und der extrem Malaria gefährdeten Ko Kudt (**-****).

Anreise

- Anreisemodalitäten lassen sich an den Info-Ständen in Laem Ngop klären. Von **Laem Ngop nach Ko Chang:** Touristenboote zur Westküste starten von 9.00-16.00 Uhr zur Ao Sapparot (45 Minuten), von wo es mit Songthaews zu den Stränden geht (in der Trockenzeit fahren die Boote z.T. weiter zur Westküste). Fährboote für Einheimische fahren etwa um 13.00 bzw. 15.00 Uhr zur Ost- und Südküste (Dan Mai, Than Mayom, Salakkok, Hat Yao, Salakpet, Jek Bae, Bang Bao). Vom Pier Ko Chang Center Point (4 km westl. von Laem Ngop) fahren Auto-/Passagierfähren von 7.00-17.30 Uhr sowie kleinere Passagierboote zur Ao Sapparot; zudem Boote ab der Ao Thammachat.
- Zu den **südlichen Inseln** Ko Wai, Ko Si Mai Yai, Ko Kham, Ko Mak und Ko Kudt starten Boote um 15.00 Uhr (Hochsaison z.T. auch um 12.00 Uhr; 3-4 Stunden Fahrtzeit vom Laem-Ngop-Pier und z.T. vom Center Point). Zu den **anderen Inseln** (Ko Lao Ya, Ko Kradat u.a.) muss man Boote chartern; die Resorts betreiben eigene Transfer-Services. Ein Island-Hopper verbindet Ko Chang, Ko Mak und Ko Wai.

Inselverkehr

- Ko Chang kann man mit Jeeps und Motorrädern erkunden.
- Von Tan Tawan gibt es Taxi-Boote nach **Ko Ngam.**
- Zwischen Ko Mak und **Ko Kham** gibt es einen Boots-Service.

Wassersport und Ausflüge

- **Boots- und Schnorcheltouren** zu den umliegenden Inseln (Ko Yuak, Ko Man etc.) werden von allen Stränden aus angeboten. Boote, Surfbretter und z.T. Wasserskier werden in erster Linie am Sai Khao, Klong Prao und Kai Bae Beach vermietet.
- Die besten **Schnorchelreviere** sind Ko Rayang Nok (bei Ko Mak), Ko Wai, Ko Kham und Ko Kradat.

ten die Inseln auch für Neulinge im Tauchsport sehr schöne Tauchreviere. Ko Chang hat allerdings keine guten Tauchplätze.

Das 60 m lange Wrack eines thailändischen Kriegsschiffes, das **Ko-Chang-Wrack** in 15 m Tiefe an der Südostspitze, ist ein Relikt der einzigen Seeschlacht, die Thailand jemals mit einer Kolonialmacht ausfocht. Im Jahre 1841 kam es nahe der Insel zu einem Gefecht mit Frankreich, das damals Kambodscha beherrschte.

Das Wrack liegt im Schlickboden, der Schiffsrumpf ist mit großen Löchern durchsetzt und die Aufbauten weitgehend zerstört. *Horn-*

Korallenlandschaft bei ***Ko Rang*** *(Feuerkorallen und Scleractinia)* ↑

Grüne Riffseescheide (Didemnum molle) vor ***Ko Mak:*** *Die kleinen grünen Seescheidenkolonien gehören zu den Manteltieren* → ↑

korallen wachsen in beträchtlichen Dichten auf der Schiffshülle. Die geringen Sichtweiten (1-3 m) am Wrack machen einem mitteleuropäischen Baggersee alle Ehre. Das Wrack ist auch mit Schlamm angefüllt, weshalb Tauchen im Wrack nicht ganz ungefährlich ist. Der ***Hin Luk Bat*** (18 m) am Südwestzipfel Ko Changs bietet Weich- und Hornkorallen bei schlechter Sicht.

Empfehlenswerte Tauchstellen liegen südlich der Hauptinsel. **Hin Rap** ist ein Felsen, der nur bei Ebbe ein wenig aus dem Wasser ragt. Der Fels ist insbesondere mit *Schwämmen, Leder-* und *Hornkorallen* bewachsen. Etwa 200 m südlich von Hin Rap können die Folgen der Dynamitfischerei studiert werden.

Die Unterwasserlandschaft von **Hin Phrai Nam** ähnelt der um Hin Rap. Dort sieht man auch viele Großfische.

Um **Ko Mak** findet man schöne Korallengründe (Ko Pi bzw. Lom, Laem Thong lu) und in der Ao Suan Yai Felswände mit Cavernen. Auf Ko Pi

wurden einst die Toten verbrannt. Die Stimmen der Verschiedenen sollen angeblich unter Wasser zu hören sein.

Ko Wai und **Ko Kradat** bieten die besten Korallengründe mit dem vielfältigsten Hartkorallenbestand.

Hin Rang Yai ist eine gefürchtete Untiefe, wie Überreste von gesunkenen Fischerbooten am Meeresgrund belegen. Ein Fluch, der auf diesem Felsen liegt, hält die Fischer fern, wohl ein Grund dafür, dass sich viele *Kaiserfische, Schnapper, Thunfische* und *Barrakudas* einfinden. Die flachen Bereiche des Felsens sind dicht mit *Seeanemonen* bewachsen. Darunter schließt eine *Hornkorallen*-Zone an, die bis in 15 m Wassertiefe reicht.

Um **Ko Rang** liegen einige kleine Inselchen mit herrlichen Steinkorallenformationen (Ko Kra, Ko Yak, Ko Thonglang, Ko Mapring, Ko Tun). Große *Poren-, Hirn-* und *Geweihkorallen* gedeihen im Flachwasser.

Tauchrevier	Tauchstellen	Tiefe	Qualität
Ko Chang Wrack	*Umrundung des Wracks* (Metallreste eines thailändischen Kriegschiffes)	15 m	+
Ko Chang Südwestkap	*Hin Luk Bat* (Weich- und Hornkorallen)	18 m	+
Ko Mai Si Lek	*Gesamte Insel* (Leder- und Weichkorallen)	10 m	+
Hin Rap	*Gesamter Felsen* (Leder- und Hornkorallen, Großfische)	16 m	+/++
Hin Nam Phrai	*Gesamter Felsen* (Geröllandschaft, Leder- und Weichkorallen, Großfische)	13 m	++
Ko Bai Dang	*Südwestspitze* (Porenkorallenblöcke, Ammenhaie)	12 m	+/++
Ko Wai	*Westseite* (Stein- und Hornkorallen)	16 m	+++
Ko Kradat	*Nordostspitze der Insel* (flaches Saumriff, dichter Steinkorallenbestand)	6 m	+/++
Ko Kham	*Westseite* (Porenkorallenblöcke)	12 m	++
Ko Mak	*Laem Thong Lu* (Steinkorallen)	10 m	+/++
Ko Mak	*Ao Suan Yai* (Felswände mit Cavernen, Weichkorallen)	16 m	++
Ko Pi (Lom)	*Ko Pi (Westseite)* (Felsenlandschaft, Hornkorallen, Rotfeuerfische)	18 m	+/++
Ko Rayang Nok	*Nordwestseite* (Steinkorallen)	10 m	++
Ko Kra	*Nord- und Südseite* (Steinkorallengarten)	8 m	++
Ko Thonglang	*Gesamte Insel* (Steinkorallen)	10 m	++
Ko Yak	*Gesamte Insel* (Steinkorallengarten, Blaupunktrochen und vorgelagertes Riff)	12 m	++

Tauchrevier	Tauchstellen	Tiefe	Qualität
Ko Mapring	***Gesamte Insel*** (Steinkorallen, mächtige Geweihkorallen)	12 m	++
Ko Tun	***Gesamte Insel*** (Felswände mit Cavernen)	10 m	+/++
Hin Rang Yai	***Umrundung des Felsens*** (Seeanemonen, Hornkorallen, viele Fische)	22 m	++
Ko Mai Si Ko Kudt	***Westseite*** (Steinkorallen)	12 m	++
Ko Kudt	***Hin Bang Bao*** (Steinkorallen)	10 m	++
Hin Alhambra	***gesamter Fels*** (Weichkorallen, Fische)	30 m	+++

Tauch-unter-nehmen

Der **Hin Alhambra** vor Chantaburis Küste ist ein von Weichkorallen bedeckter Unterwasserfels, an dem sich viele Schnapper und Zackenbarsche einfinden. Er wird gelegentlich von Pattaya aus angesteuert.

- **Live-aboard-Touren ab Pattaya** veranstaltet das Mermaids Sea Sport Center: 75/112 M. 12 Nongprue, Jomtien Beach Rd. (Soi White House), Pattaya 20260, Tel. (038) 232219, 232220, Fax 232221

Die Tauchshops auf Ko Chang und Ko Mak schließen normalerweise in der Nebensaison (aktuelle Infos am Laem-Ngop-Pier). Die Hauptsaison geht von Dezember bis April; eine Tauchausfahrt kostet dann 1.500-2.500 Baht (40-60 US$), ein Open-Water-Kurs ab 8.500 Baht (210 US$), ein Anfängerkurs des Tauchverbandes CMAS ca. 10.000 Baht. Ko Mak liegt den guten Tauchplätzen am nächsten.

- **Ko Chang Divers,** Hat Sai Khao, Bamboo Bungalows, Ko Chang, Tel. (01) 8111689, E-Mail: kcd_werner@hotmail.com.
- **Paradise Divers,** White Sand Beach (Nähe Paloma Resort), Ko Chang, Tel. (01) 2914732, Fax 710567, E-Mail: LS@tauchenthailand.de.
- **Seahorse Divecenter,** M. 4, Hat Kai Bae 10/8 Ko Chang, Tel. (01) 9967147, E-Mail: adidive@hotmail.com. Liegt auf Ko Chang den Tauchplätzen am nächsten.
- **Laguna Divers,** Ko Mak, Ko Mak Resort, Tel. (039) 3196714-5, E-Mail: info@laguna-divers.com.

DIE SÜDOS

ÜSTE

Südthailand zählt zu den schönsten und **atemberaubendsten Naturlandschaften** der Erde. Unzählige phantastische Berge, Inseln und Sandstrände lassen alle Besucherherzen höher schlagen. Regelmäßige und starke Regenfälle ließen üppige Wälder entstehen. Unter der Erde und im Meer schlummern große **Erzlager,** die der Region einen beachtlichen Wohlstand einbrachten.

Der Süden war lange von der Zentralregierung in Bangkok weitgehend abgeschieden, so dass die Menschen dort eine **große Eigenständigkeit** entwickelten. Die **Bevölkerung** besteht aus einem Gemisch von Thais, Chinesen und Malayen. Im Süden stellen Muslime die Bevölkerungsmehrheit. Das führt noch immer zu politischen Reibereien, obwohl eine liberalere Gesetzgebung (Kleiderordnung an Schulen, Einsetzen muslimischer Verwaltungsbeamter) in den letzten Jahren den militanten Widerstand im äußersten Süden abflauen ließ.

Südthailand: *Blick auf Khao Lak, Phang-Nga* ↓

Südostküste
Nakhon Pathom
BANGKOK
Ratchaburi
Chachoengsao
Samut Sakhon
Samut Prakan
Chonburi
Samut Songkhram
Si Racha
Phetchaburi
Phet Buri Reservoir
Pattaya
Cha-Am
Rayong
Hua Hin
KO SAMET
Pran Buri Reservoir
Pranburi
Nationalpark Khao Sam Roi Yot
MYANMAR (BURMA)
Prachuap Khiri Khan
Thap Sakae
Bang Saphan
Golf von Thailand
Pathiu
Chumphon
KO TAO
Lang Suan
KO PHANGAN
Tha Chana
KO PHALUAI
KO SAMUI
Chaiya
Don Sak
Khanom
Khao-Sok-Nationalpark
Surat Thani
Sichon
0
100 km

PETCHABURI UND UMGEBUNG

เพรชบุรี

Palmyrapalmen und kleine, steile Kalkberge, die sich aus der Tiefebene erheben, markieren den Übergang von Samut Songkram zur Provinz Petchaburi. An der Westgrenze der Provinz verlaufen Gebirgsketten, die im Süden immer dichter an die Küste heranrücken. Einen wundervollen Überblick bekommt man vom **Berg Khao Wang** bei Petchaburi-Stadt, auf dem König *Mongkut* den Sommerpalast **Phra Nakhorn Khiri** erbauen ließ. Er ist Mi-So 9.00-12.00 und 13.00-16.00 Uhr geöffnet.

Wasserbüffel haben keine Schweißdrüsen, wenn's zu heiß wird, kühlt auch das kleinste Schlammloch →↑

***Grüne** → **Reisfelder und Palmyrapalmen** (Borassus flabellifer) sind die Markenzeichen von Petchaburi*

In Petchaburi selbst gibt es einige interessante Tempelanlagen, so der tausendjährige **Wat Mahathat,** der **Wat Yai Suwannaram** aus der Ayuthaya-, der **Wat Kamphaeng Laeng** aus der Khmer-Zeit sowie Tropfsteinhöhlen außerhalb der Stadt, die als buddhistische Meditationszentren dienen **(Wat Khao Banda, Khao Luang).**

Strände

Die Strände werden nach Süden hin immer schöner und breiter. Der **Petch-Strand** südlich der Provinzhauptstadt Petchaburi ist der erste nennenswerte Sandstrand.

Der annehmbare **Hat Chao Samran** liegt weitere 16 km südlich. Bereits die Könige der Ayuthaya-Periode zogen sich an den „Strand des glücklichen Königs" zurück. Heute befindet sich hier ein Naherholungsgebiet.

CHA AM

Cha Am (40 km südl. von Petchaburi) ist das erste namhafte Resort an der Südostküste. In den 60er Jahren wurde der Ort als Touristenziel entdeckt, aber erst ab Ende der 80er Jahre begann dort der Aufschwung. Um den kleinen Fischerort entstand eine Reihe Luxushotels und ein Golfplatz.

Ausflug

Von Cha Am empfiehlt sich ein Ausflug nach Norden, durch ein Fischerdorf hindurch, über eine kleine Brücke und an kleinen Lagunen vorbei zum **Wat Nerancharamama.** Der Steintempel im Khmer-Stil ist ein Zeugnis vergangener Jahrhunderte, als die Hochkultur der Khmer bis ins heutige Thailand reichte. Ein 4 m hoher, sechsarmiger, weißer Buddha dient als Leuchtfeuer, der Schiffe in die schützende Lagune leitet.

HUA HIN

Die Küste von Cha Am bis Prachuab Khiri Khan war lange eine **Lieblingsregion der Könige** Thailands. 1910 entdeckte *Prinz Chakrabangse* auf der Jagd einen prächtigen Strand, der ihn so beeindruckte, dass er dort eine Sommervilla erbauen ließ. Heute steht die Villa in Hua Hin, und der Strand ist nicht mehr so einsam.

In den 1920er Jahren wurde Hua Hin als Sommerresort bekannt. 1921 wurde dort das Railway-Hotel erbaut, nachdem die Eisenbahnstrecke von Bangkok fertiggestellt war. Der **Bahnhof** von Hua Hin strahlt noch das Flair dieser Zeit aus. 1923 ließ *König Vajiravudth* einen

Hua Hins Bahnhof im „Tempeldachstil" ←

Buddhastatue am Khao Krilat, Hua Hin ↑

Strände

großen **Teakholzpalast** erbauen. Angehörige des Königshauses, Banker und reiche Kaufleute errichteten ihre Sommerresidenzen an den Stränden Hua Hins. 1928 entstand unter König *Phrajadipok* ein neuer **Sommerpalast,** dem er den Namen „Fern von allen Sorgen" **(Klai Kang Won)** gab. Die Fertigstellung des ersten internationalen Golfkurses festigten die Stellung Hua Hins als Urlaubsort. Lange blieb Hua Hin jedoch **überwiegend Ziel thailändischer Touristen.** Mittlerweile finden sich auch viele „Westler" ein.

In der Umgebung des Fischereihafens bestimmt noch der Fischfang den Tagesgang. Südlich des Hafens liegt hinter einer Landzunge der Strand von Hua Hin. Hier stehen viele Hochhausbunker, Hotels und Condominiums.

Eine schöne Übersicht auf die Küstenlandschaft hat man vom **Khao Takiab** (Ess-Stäbchenberg) und **Khao Krilat** (Geisterberg), beide 6 km südlich von Hua Hin. Khao Takiab ragt am Südende eines weiten Strandes empor. Unterhalb des Gipfels steht der **Wat Khao Lad** mit einer 20 m hohen Buddhastatue aus Alabaster. Khao Krilat ist ein spiritueller Berg und mit über 200 Geisterhäuschen, Stupas, Buddha-Reliquien und Miniaturtempeln überzogen. Der umwerfende **Suan-Son-Strand** (2 km südl.) ist zwischen zwei Granithügeln eingebettet.

Der größte Nationalpark Thailands, der **Kaeng Krachan** westlich von Hua Hin, ist ein einzigartiges Naturreservat. In den dichten Wäldern leben u.a. Tiger, Leoparden und Nashorn-Vögel.

Unterkunft

- In **Petchaburi** gibt es günstige Hotels (*-***) im Bereich der Pongsuriya und Petchkasem Rd., wo auch ein edleres Hotel liegt.
- Am **Hat Samran** stehen Bungalows (ab **) zur Verfügung.
- In **Cha Am** findet man zahlreiche Unterkunftsmöglichkeiten in allen Preislagen. Relativ preiswerte Unterkünfte liegen in der Umgebung des Plaza (**, ***).
- Auch **Hua Hin** bietet Unterkünfte für jedes Budget. Empfehlenswerte, günstige Unterkünfte befinden sich zwischen der Naretdamri und Poonsuk Rd. sowie in der Naretdamri und Petchkasem Rd. (**, ***). Achtung: In Hua Hin kassieren Samlor-Fahrer oft Kommissionen, wenn sie Gäste zu den Unterkünften fahren. Die Summe wird vom Hotel gleich auf den Zimmerpreis geschlagen. Deshalb besser zu Fuß gehen. An Wochenenden ist es generell voll und teuer.

Anreise

- **Von Bangkok nach Petchaburi, Cha Am und Hua Hin** (100-188 km): **Normal-** und **A.C.-Busse** fahren regelmäßig bis abends vom Southern Busterminal; Fahrtzeit ca. 2,5-3,5 Std.; **Züge** starten mehrmals täglich vom Hua Lamphong Bahnhof sowie dreimal von der Thonburi-Station.
- **Nach Hua Hin** kommt man auch mit **Minibussen** ab der Khao San Rd. und mit dem **Flugzeug**.
- **Hat Chao Samran:** 16 km südl. von Petchaburi vom H-way 4 in H-way 3177 abbiegen.
- **Busverbindungen** bestehen zwischen Petchaburi, Cha Am und Hua Hin; zum **Khao Krilat** und **Suan-Son-Strand** fahren Songthaews.
- **Kaeng Krachan:** Pickups von Petchaburi (Abfahrt Nähe Nachtmarkt) nach Ban Kaeng Krachan (3 km vom Park); Bus nach Tha Yang (18 km südl. von Petchaburi), weiter mit Pickups (49 km); ferner H-way 4, bei km 186 abbiegen; Übernachtung: Parkbungalows (ab ***) und Zelte; Eintritt 200 Baht.

PRACHUAB KHIRI KHAN UND UMGEBUNG ประจวบคีรีขันธ์

Die Provinzhauptstadt Prachuab Khiri Khan liegt 91 km südlich von Hua Hin. Der ehemalige Banditen- und Piratenstützpunkt ist heute der Heimathafen einer umfangreichen **Fischereiflotte.** Einige zugängliche Inseln liegen vor der halbmondförmigen Bucht Prachuabs. Der Spiegelberg **(Khao Chong Krachok)** ist das Wahrzeichen der Stadt. Auf dem von diebischen Affenhorden bevölkerten Berg steht ein kleiner Tempel, zu dem eine Treppe mit 415 Stufen führt. Die Mühen werden mit einer herrlichen Aussicht belohnt.

1868 baute König *Mongkut* in der Nähe Prachuab Khiri Khans die **„Stadt der Sonnenfinsternis“.** Der König hatte für den 18.8.1868 eine Sonnenfinsternis vorausberechnet, deren Eintreten in der Fachwelt auf große Zweifel stieß. Innerhalb von zwei Wochen wurde ein ganzes Dorf für die geladenen Gäste, Astronomen, Botschafter, Banker und Kaufleute aus Europa und Amerika gebaut. Das Festival dauerte eine Woche, bis tatsächlich am 18. August die Sonnenfinsternis eintrat. Am 20. wurde das Dorf wieder abgebaut und verschwand wie eine Sandburg in den Fluten des Meeres. Die nächsten Jahrzehnte gehörte das Gebiet wieder einzig den Fischern.

Strände

Der **Ao-Noi-Strand** liegt 6 km nördlich der Stadt. Auf dem Khao Khan Bandai hinter der Bucht steht ein mit Muschelschalen geschmücktes Kloster **(Wat Phra That Kao).** Ein Aufstieg von fast 300 Stufen führt zur **Höhle Tham Khan Kradai**, in der viele Buddhafiguren stehen.

Südostküste

NATIONALPARK SAM ROI YOT

Der Tempel auf dem ***Spiegelberg,*** *dem Wahrzeichen Prachuab Khiri Khans* ←

Im Norden der Provinz liegt der Nationalpark Sam Roi Yot (100 km²), der Park der 300 Gipfel. Er umfasst neben vielen Inseln und Bergen mit phantastischen Höhlen eines der bedeutendsten Feuchtgebiete Thailands. **Über 275 Vogelarten** wurden hier registriert, davon 60 reine Watten- und Marschvögel. Ganzjährige

Der Nationalpark Sam Roi Yot ist ein Musterbeispiel dafür, wie ein Park trotz seines Schutzstatus **hemmungslos zerstört** wurde. Dieser Park zeigt, dass in Thailand das Wort „Nationalpark“ leider manchmal nicht das Papier wert ist, auf dem es geschrieben steht. Nahezu jeder Winkel des Tieflandes ist mit inzwischen zumeist aufgegebenen Garnelenfarmen überzogen. Einst grünten hier undurchdringliche Mangrovenwälder. Zum Glück konnten an den Berghängen keine Becken angelegt werden, sonst wären auch diese kahlgeschlagen.

Bewohner sind *Buntstörche, Eisvögel, Zwergseeschwalben, Purpur-, Silberreiher, Kaiser-* und *Weißbauch-Seeadler.* Von November bis Februar finden sich zahlreiche Zugvögel ein, die vor den frostigen Wintern Chinas und Sibiriens fliehen. Schwärme von *Knäckenten* und *Sandpipern* rasten auf den Wattflächen.

Im Park leben *Leoparden, Languren* und *Serows,* Huftiere, die wie eine Kreuzung aus Bergziege und Antilope aussehen. An der Küste tummelten sich einst die seltenen *Irrawaddy-Delphine.*

Höhlen

Buntstörche (Mycteria leucocephala) leben noch im Nationalpark Sam Roi Yot ←

Phantastische ***Tropfsteine*** *sind in den Höhlen zu bewundern ↓*

Im Park befinden sich herausragende Höhlen, gewaltige Kalksteindome mit zu Fels erstarrten Wasserfällen und von der Decke ragenden Steinsäulen, die Abenteuerphantasien wecken. In der **Phraya-Nakhorn-Höhle** wurde 1896 ein Pavillon zu Ehren Königs *Rama V.* gebaut. Er steht in einem offenen Canyon. Die Höhlendecken sind tagsüber dicht mit schlafenden Fledermäusen bevölkert, die in den Abendstunden ausschwärmen. Unterhalb der Höhle erstreckt sich der nette **Laem-Sala-Strand.**

Die **Sai-Höhle** findet man bei Ban Khun Thanot, einem traditionellen Fischerdorf. Ban Khun Thanot war Schauplatz der Dreharbeiten für den Film „Killing Fields". Die **Kaeo-Höhle** sollte im Gegensatz zur Sai-Höhle nur mit Führer (!) bestiegen werden. Von einer Stichstraße zum Dorf Bang Pu biegt ein 1,5 km langer Pfad zur Höhle ab.

Berge

Vom **Khao Daeng** genießt man eine wundervolle Aussicht über die 300 Gipfel. Er ist in 30 Minuten vom Parkhauptquartier in **Ban Khao Daeng** zu besteigen. Unten schmiegt sich der prächtige **Wat Khao Daeng** dekorativ an die Felsen. Ein weiterer lohnenswerter Gipfel ist der **Khao Krachom,** dessen Bezwingung aber mehr Zeit und Kraft beansprucht.

Ausflüge

Sehr empfehlenswert sind Ausflüge zum **Sam Phraya Beach,** auf dem auf dem **Khao-Daeng-Kanal** oder zu den vorgelagerten **Inseln.**

Der 25 km südlich von Prachuab Khiri Khan gelegene **Nationalpark Hat Wannakorn** (38 km^2) umfasst den breiten, über 3 km langen **Wannakorn-Strand** und zwei Inseln: **Ko Cham** und **Ko Thaisiri.** Hier brüten *Salanganen,* deren Nester für die berühmte „Schwalbennestersuppe" gesammelt werden.

Tauchen bei Ban Krud

Sehr schöne Tauchplätze bieten Ko Lamla mit einem vorzüglichen Riff sowie Ko Thalu vor der Küste!

- **Absolut Wreck Dive Shop,** Ban Klang Ao Resort, 300 M. 3, Tongchai - Bang Saphan, Tel./Fax (032) 695323, E-Mail: wrecks@loxinfo.co.th; Tauchtrips 950-1.600 Baht, Open-Water-Kurs 7.800 Baht, Ausfahrten zum Sail Rock und Kong Tunggu 2.100 Baht (siehe hierzu unter Ko Tao).

THAP SAKAE

Im Süden der Provinz befinden sich zwischen **Thap Sakae** und **Bang Saphan** weitere prachtvolle, einsame Strände: Hat Sai Kaeo, Hat Kie Rie Wong und Hat Ban Krud. Ein toller Ausblick bietet sich von dem Berg **Khao Thong Chai,** auf dem ein herrlicher Tempel thront.

Eine sehr nette Bucht ist **Bo Thong Lang** südlich von Ban Krud. Industrieanlagen und ein Hafen schmälern den Reiz der Umgebung.

Vor Bang Saphan Yai, einem Fischerort, liegen Ko Thalu, Ko Sang und Ko Sing. Ko Thalu besitzt einen tollen Strand und einen spannenden Felsdurchbruch. Südlich folgen exzellente Strände in malerischen Buchten (Hat Bo Kaeo, Hat Bang Boed, Hat Tham Thong und Ao Sai).

Hat Wannakorn →

Unterkunft

- In **Prachuab Khiri Khan** liegen kleine Hotels (**) in der Pitakchat Road. An der Uferstraße, in der Susuk Rd., Ao Manao und Ao Noi liegen gehobenere Hotels und Bungalows (***-****). Am Suan Son Beach gibt es Bungalows und ein Hotel (**-****).
- Im **Nationalpark Sam Roi Yot** stehen am Laem-Sala-Strand und Headquarter Parkbungalows (8-25 Personen), am Laem-Sala-Strand auch Privatbungalows (**), bei Bang Pu steht ein Resort (ab ***). Einfache Restaurants sind an den Stränden und im Headquarter vorhanden.
- **Hat Sai Kaeo, Hat Kie Rie Wong, Hat Ban Krud:** Bungalows, weitgehend ab *** (z.T. Luxusresorts); Bang Saphan und Umgebung bieten reichlich Unterkünfte (**- ш, sehr günstige Anlagen südlich vom Ort).
- **Hat Bo Kaeo** (***), **Hat Bang Boed** (ab **).

Anreise

- **Von Bangkok** nach Prachuab Khiri Khan (281 km) und Bang Saphan (387 km) fahren mehrere Züge täglich vom Hua-Lampong-Bahnhof sowie Busse in 6-7 Std. vom Southern Busterminal Bangkok; Bang-Saphan-Busse und einige Züge stoppen in Ban Krud (nachfragen); gegebenenfalls bei km 382 des H-way 4 aussteigen und per Motorradtaxi weiter. **Von Thonburi** (Bangkok Noi Station) gehen Dritter-Klasse-Züge nach Thap Sakae, Ban Krud und Bang Saphan (Verbindungen bestehen auch von Chumphon).
- Zum **Sam Roi Yot:** Bus von Bangkok oder Hua Hin nach **Pranburi** (20 km südl. von Hua Hin); dort mit Pickups/Taxis nach **Bang Pu** (23 km), von Bang Pu zu Fuß über einen Küstenpfad oder mit einem Boot zum **Laem-Sala-Strand.** Das **Parkhauptquartier** (Khao Daeng) erreicht man vom H-way 4: bei km 254 rechts ab, nach 3,7 km rechts und wieder links halten. Man kann auch bei km 286 abbiegen (13 km).
- **Hat Wannakorn:** H-way 4, bei km 345 links ab (3 km).
- Die Strände **Hat Sai Kaeo** (8 km von km 373 des H-way 4), **Hat Kie Rie Wong** (2 km südlich), **Hat Ban Krud** sowie **Hat Bo Kaeo** (8 km südlich von Bang Saphan) erreicht man mit Motorrad-Taxis von Thap Sakae, Ban Krud bzw. Bang Saphan; **Hat Bang Boed** (Hat Tham Thong, Ao Sai) ab km 426 (H-way 4) 17 km über Huai Sak (Bahnhof).

CHUMPHON UND UMGEBUNG

ชุมพร

Hinter Prachuab Khiri Khan lässt man die engste Stelle Thailands, den Isthmus von Kra, hinter sich und taucht endgültig nach Südthailand ein. Bei Chumphon gibt es hübsche **Strände, Koralleninseln, urwüchsige Waldgebiete,** zahlreiche **Höhlen** (Tham Nam Lod Khao Plu, Tham Khao Kriab, Tham Pisadarn, Tham Rab Ro) und Wasserfälle (Nam Dok Thung Yoh, Nam Dok Kapo). Nicht weniger als **50 Inseln** mit einsamen Stränden, Fischerdörfern und Korallenriffen liegen vor der Küste.

Chumphon ist die Provinz Thailands, die am stärksten unter **Taifunausläufern** leidet, die zwischen Oktober und November von Vietnam und den Philippinen über den Golf von Thailand ziehen. Chumphon erfährt oft Überschwemmungen und Sturmschäden, obwohl sich die Kraft des Windes beim Erreichen der Küste Thailands bereits beträchtlich abgeschwächt hat.

Das Gebiet um Chumphon ist **eines der fischreichsten Gewässer** Thailands. Das liegt an besonderen hydrographischen Bedingungen, die zu Auftrieb von nährstoffreichem Tiefenwasser an die Oberfläche führen. Dadurch vermehrt sich das Plankton schnell, und Fische finden viel Nahrung.

Strände und Inseln

Der **Strand Thung Wua Laen,** im Nordabschnitt auch **Hat Chuanphun** genannt (16 km nördl. von Chumphon) gilt als einer der heraus-

*Um Chumphon befinden sich **die fischreichsten Gewässer** Thailands→*

ragenden in der Gegend. Klares Wasser und weißer Sand an dem schmalen, dicht mit Strandwinden bewachsenen Strand laden zum Baden ein. Im Süden wird er bei Niedrigwasser von einer schmalen Lagune geteilt. Die vorgelagerten Inseln **Ko Charakeh** und **Ko Ngam** sind beliebte Ausflugsziele.

Nördlich vom angenehmen **Pathiu-Strand** liegen schöne Strandlandschaften und Shrimpfarmen. Die hübsche **Ao Thung Sarng** bei Chum Ko 18 km nordöstlich von Pahtiu bietet einen friedlichen, von Muscheln durchsetzten Strand. Bei Pathiu auf der Strecke zum Thung-Yoh-Wasserfall liegt eine schöne Tropfsteinhöhle, **Tham Nam Lod Khao Plu.** Im Kliff der Ao Yai Eai liegt eine Tropfsteinhöhle mit Meerblick.

Die weiträumige **Bo-Mao-Bucht** birgt einen großen, von Kasuarinen gesäumten Sandstrand **(Hat Bo Mao)**. Von hier kann man mit dem Boot nach **Ko Kai** übersetzen, auf der es einen Strand und gute Angelreviere gibt.

In der Nähe von Bo Mao liegt das **Laem-Than-Kap** (10 km von Pathiu) mit einigen schönen Aussichtspunkten über die Gegend und einem lokal viel gerühmten Strand.

An der geschützten Mündung des Chumphon-Flusses liegt **Pak Nam Chumphon,** eine geschäftige Fischergemeinde

Das geschäftige Fischerdorf ***Pak Nam Chumphon*** *liegt an der Mündung des Flusses→*

Am **Paradonpap-Strand** (17 km südl. von Chumphon) sind kulinarische Köstlichkeiten attraktiver als der Strand selbst. Hier gibt es eine Reihe vorzüglicher Fischlokale.

Vor Pak Nam Chumphon ist **Ko Samet** die größte Insel in der Umgebung. **Ko Mattra** gilt als gutes Angelrevier. Auf **Ko Thong Lang** befinden sind ein paar nette Strände. In den Höhlen und Klippen von **Ko Lang Ka Chiu** werden Schwalbennester gesammelt. Wer **die Insel** besichtigen will, muss sich vorher in Chumphon bei der Firma Rang Nok Laem Thong anmelden. Die Gestalt des Naturparadieses **Ko Raeds** erinnert an ein Nashorn. Vor der Küste liegen weitere Inseln mit schönen Tauchgründen (s. Tauchen).

Wenige Kilometer südlich von Pak Nam Chumphon liegt der **Red Cliff Beach,** hinter dem sich etwa 10 m hohe rote Erdcliffs erheben. Der Strand selbst ist nur schwer zugänglich.

Der **Sai-Ri-Strand** (22 km südl. von Chumphon) ist ein beliebter Ausflugsstrand unter Thais. Militärische Ehren werden hier dem Begründer der Royal Thai Navy, *Prince of Chumphon,* zuteil, dessen Schrein am Strand steht. Überdies liegt ein 68 m langes Torpedoboot am Strand. Die Küste ist im nördlichen Teil der Bucht vollständig verbaut, und nur am Südende gibt es eine größere, freie Sandfläche. Hier befindet sich ein Heilkräutergarten **(Mo Phorn Herbal Garden).**

In der Bucht **Ao Makham** (Ao Sawie) liegt der wundervolle Strand **Thung Makham Noi** (26 km südl. von Chumphon). Gute Schnorchelgründe gibt es vor der Bucht um **Ko Klaep.**

Der **Aruno-Thai-Strand** (44 km südl. von Chumphon) ist ein einsamer, naturbelassenener Strand mit einigen vorgelagerten Inseln. Fischer von **Pak Nam Tako** (2 km vom Strand) bieten Ausflüge zu den Inseln in der Umgebung an.

Im Süden der Provinz Chumphon erreicht man den Ort **Lang Suan**. Am 8 km entfernten Strand finden sich viele einheimische Ausflügler ein.

In der Umgebung von Lang Suan liegt der urwüchsige **Klong-Phrao-Nationalpark,** dessen

Attraktionen der fünfstufige Klong-Phrao-, der Thai-Muang- und der Haew-Lom-Wasserfall sind.

Zwischen Lang Suan und der Mündung des Lang-Suan-Flusses stößt man auf die **Khao-Ngoen-Höhle** mit einem kleinen Tempel.

Berühmt ist die **Kriab-Höhle** mit ihrem gewaltigen, durchbrochenen Deckengewölbe und imposanten Tropfsteinen. Ein guter Strand liegt weiter südlich bei Lamae **(Hat Tawan Chai).**

Unterkunft

- **Chumphon** beherbergt ein reichliches Angebot an Guest Houses und Hotels in allen Preisklassen, vor allem in der Saladaeng und Tawie Singka Rd. (ab **). Ferner findet man in der Krom Luang Chumphon und Sooksamer Rd. günstige Bleiben (ab **).
- Es gibt Zimmer im Umfeld der Piers bei **Pak Nam Chumphon** (*-**); **Lang Suan** bietet Zimmer der ** und ***-Klasse.
- An den **Stränden** befinden sich etliche Resorts und Bungalows: Pathiu/Bo Mao (ab ***), Wua Laen/Chuanphun (**-ш), Paradonpap (****-ш), Sai Rie (**-ш), Ao Sawie (**-****), Thung Makham Noi (ab ***), Aruno-Thai (****), Lang Suan (ab **).

Anreise

- **Von Bangkok nach Chumphon** (463 km): Vom *Southern Busterminal* fahren täglich etliche **Normal-** und **A.C.-Busse;** zudem **Minibusse** ab Khao San Rd.; Fahrtzeit ca. 8 Std.
- **Züge** fahren mehrmals täglich ab Bangkok (*Hua Lamphong Station).*
- Bei Pathiu liegt der Airport von Chumphon.
- **Pak Nam Chumphon** (H-way 400: 13 km südl. von Chumphon); **Tha Yang-Pier** (7 km von Chumphon): Songthaews/Minibusse u.a. ab Provincial Hall (Nähe Markt).
- **Pathiu-Strand:** H-way 4, 57 km nördlich von Chumphon; Songthaews/Züge/Busse von Chumphon nach Pathiu (ggf. weiter mit Motorrad-Taxis).
- **Thung-Wua-Laen-Strand:** H-way 4, bei km 477 in H-way 3180 abbiegen (18 km); Songthaews ab Pracha-U-Thit Rd. hinter dem Markt, Motorradtaxen oder Bus (4mal täglich) vom Markt.
- **Paradonpap-Strand**: H-way 4119, 1 km nach Pak Nam Chumphon abbiegen (3 km); von dort sind es 2 km zum **Red Cliff Beach**.
- **Sai-Ri-Strand:** 22 km südl. von Chumphon. Vom Markt fahren Songthaews (H-way 4119) direkt zum Sai-Ri-Strand.
- Der **Hat Thung Makham Noi** liegt weiterc 4 km südlich; Songthaews ab Pak Nam Chumphon.
- **Aruno-Thai-Strand**: H-way 41, bei km 45 links ab nach Ban Pak Nam Tako (12 km).
- **Lang-Suan-Strand:** H-way 41, bei km 58 in H-way 4097 abbiegen (11 km); vom H-way 41 zweigt bei km 66 ein Weg in den Ort Lang Suan ab (8 km vom Strand). Zum Strand fahren Pickups.
- **Kriab-Höhle:** vom H-way 41 bei km 78 nach Westen; **Hat Tawan Chai:** H-way 41, bei Tung Sawan abbiegen (5 km).

Touren

- Viele **Guest Houses** arrangieren tolle Urwald- und Höhlentouren, z.B. das New Chumphon Guest House, Krom Luang Rd., in der Nähe der Polizei Station, Tel. (077) 502900.

TAUCHEN BEI CHUMPHON

Chumphon liegt weit genug von den Mündungen der großen Flüsse des oberen Golfes von Thailand entfernt, um gute Wachstumsbedingungen für *Steinkorallen* zu bieten. An einigen vorgelagerten Inseln findet man **verschiedene Saumriffstadien.** Der Taifun „Gay" verursachte erhebliche Verwüstungen an den Korallen, die schnell wachsenden *Geweihkorallen* haben sich mittlerweile aber wieder erholt. Viele Riffabschnitte leiden aber unter Korallensammlern, Dynamitfischern und Ankerschäden.

Tauchen empfiehlt sich nur **während des Südwestmonsuns** (März bis Oktober). Abendliche Gewitterstürme, die von der Andaman-See herüberziehen, können aber jederzeit am späten Nachmittag ausbrechen. Um die Inseln herum hat man gute Chancen, *Stachelrochen, Barrakudas, Meeresschildkröten* und *Seeschlangen* anzutreffen, selbst *Walhaie* wurden gesichtet.

Ko Larn (Ran) Phet und **Ko Larn (Ran) Gai** liegen 22 Seemeilen nördlich von Pak Nam Chumphon. Der Felsgrund von Ko Larn Phet fällt steil ins Meer ab, während der Grund bei Ko Larn Gai eine sanfte Hangneigung aufweist. Beide Inseln weisen vergleichbaren Bewuchs mit vielen *Scheibenanemonen, Horn-* und *Steinkorallen* auf.

In tiefen Zonen wachsenauffällig viele *Dörnchenkorallen.*

Östlich von Chumphon gelegene Tauchplätze sind **Hin Pae (Hin Lak Ngam), Ko Ngam Yai, Ko Ngam Noi** und **Ko Lak Ngam.** Die Sichtweiten können erheblich schwanken (3-18 m). **Ko Kalok** und **Ko Thalu** lohnen sich nicht!

Am **Hin Pae** bieten sich schöne Überhänge und Spalten, in denen *Zackenbarsche* lauern. Auf dem Fels wachsen viele *Krustenalgen* und *Peitschenkorallen.* Mit Glück sieht man *Walhaie.*

Die Klippen von **Ko Ngam Yai** und **Ko Ngam Noi** fallen steil ins Meer ab. An Vorsprüngen schmiegen sich kleine Hütten der Schwalbennestersammler an den Fels. Seile und Bambusstangen dienen als Kletterhilfen bei dem waghalsigen Unternehmen. Verstreute Felsbrocken bieten vor allem um **Hin Lak Ngam** und **Ko Lak Ngam** abenteuerliche Tauchpassagen. *Steinkorallen* findet man an lichtexponierten Standorten. *Zäpfchenkorallen, Schwämme* und *Felsaustern* bedecken beschattete Flächen an Überhängen. Vom Hin Lak Ngam ragen nur einige Felsspitzen aus dem Wasser. *Seeanemonen, Stein-, Pracht-* und *Lederkorallen* wachsen in den oberen Bereichen. An tieferen Standorten (15 m) stehen Gruppen von *Schwarzen Korallen (Dörnchenkorallen)* und *Peitschenkorallen.*

Leopardenhai *(Stegosoma fasciatum)* ←

Antennenrotfeuerfisch *(Pterois antennata)* ↓

Tauchgründe um Chumphon

MYANMAR (BURMA)
KO THALU
Ban Bang Saphan Noi
4
Ban Tham Thong
KO LANG
KO RAN KAI
KO RAN PET
Pathiu
KO KAI
Laem Than
Golf von Thailand
Pak Khlong Saphli
Hat Thung Wua Laen
KO CHORAKE
Chumphon
4
HIN PAE
KO KALOK
KO NGAM YAI
KO SAMET
KO NGAM NOI
Pak Nam Chumphon
KO THALU
KO LAK NGAM
Hat Sai Ri
KO MATTRA
Hua Krut
KO LAWA
Laem Thian
KO KA
41
KO TONG LANG
KO RANG KACHIU
KO KULA
0
30 km

Tauchrevier	Tauchstellen	Tiefe	Qualität
Ko Larn Phet	***Inselumrundung*** (Steilwände mit Weich- und Hornkorallen, Barrakudas, Thunfische)	22 m	++
Ko Larn Gai	***Inselumrundung*** (Prachtanemonen, Stein-, Weich-, Horn- und Dörnchenkorallen)	22 m	++
Hin Pae	***Gesamter Felsen*** (Felspassagen, Überhänge, Seeanemonenrasen, Dörnchenkorallen, viele Fische: Zackenbarsche, Stachelrochen	27 m	+++
Ko Ngam Yai	***Ostseite der Insel*** (Felspassagen, Cavernen, Stein-, Leder- und Weichkorallen)	18 m	++
Ko Ngam Noi	***Ost- und Südseite*** (Felsblöcke, Cavernen, Zackenbarsche, Seeschlangen und -schildkröten)	20 m	+++
Ko Lak Ngam	***Gesamter Felsen*** (Felsblöcke, Cavernen, Stein- und Lederkorallen, Zackenbarsche, Barrakudas)	19 m	++

Tauchunternehmen

- **Chumphon Cabana Dive Centre** im Cabana Beach Resort, Thung Wua Laen Beach, 69 M. 8 Pathiu - Chumphon 86230, Tel. (077) 560245, Fax 560247, E-Mail: info@chumphondiving.com.
- Die Preise für einen Tauchtag mit 2 Tauchgängen betragen zurzeit 1.600 Baht (mit eigener Ausrüstung 1.200 Baht). Kurse kosten zum Beispiel z.B. 9.000-13.500 Baht (Open Water Diver) oder 6.000 Baht (Advanced). Schnorcheltouren werden ab 650 Baht angeboten.

Strahlenkoralle ←

SURAT THANI UND UMGEBUNG

สุราษฎร์ธานี

Surat Thani ist die größte Provinz Südthailands und ein **Zentrum der Kokosnussproduktion.** Jeden Monat werden sechs Mio. Nüsse nach Bangkok geliefert. Die Kokosnüsse werden entweder mit an langen Stangen befestigten Messern von den Bäumen geschnitten oder von dressierten Affen gepflückt. Bei der Stadt Surat Thani gibt es sogar Ausbildungszentren für die vierbeinigen Erntehelfer. 7 km östl. von Surat (H-way 40) kann das **Monkey Training College** besichtigt werden (Ban Tha Thong).

Die **Stadt Surat Thani** ist nicht sehr aufregend. Ausflüge zum Markt und auf dem Tapi-Fluss, an schwimmenden Dörfern und Kokosinselchen vorbei, lohnen sich aber in jedem Fall.

Strände

Surats Festlandsküste ist recht felsig. Es gibt wenige empfehlenswerte Strände. Im Norden bei **Chaiya,** einer alten Stadt aus der Sri-Vijaya-Ära, liegt in der Umgebung des Seidenweberdorfes **Phum Riang** das sandige **Laem-Pho-Kap** an der Mündung des Chaiya-Flusses. Kleine Fischerboote treiben auf dem Wasser. Am Meeresstrand gibt es kaum Schatten. Rastplätze und Imbiss-Stände befinden sich am Flussufer bei der Mündung.

Felsenküste bei Ban Don, Surat Thani ↓

Zwischen **Khanom** und **Si Chon** (75 bzw. 100 km südöstl. von Surat Thani, s. Nakhon Si Thammarat) liegen die schönsten Strände der Provinz. Bei **Khanom** befindet sich ein großes Elektrizitätswerk, und außerdem soll dort ein neuer Überseehafen mit Industriezentrum entstehen. Ein langer Strand säumt die Küste südlich der Stadt. Sichelförmig geschwungene Buchten werden von kleinen, felsigen Kaps eingerahmt (Hat Pak Nam, Hat Na Dan, Hat Nai Praet, Hat Nai Plao). Am schönsten ist die abgeschirmte **Nai-Plao-Bucht** mit ihrem feinen Sand (7 km südl. von Khanom).

Anreise

- **Ab Bangkok** (644 km): Vom *Southern Busterminal* fahren abends **Normal-** und **A.C.-Busse;** Fahrtzeit ca. 11 Std.; **Züge** starten mehrmals täglich vom *Hua-Lampong-Bahnhof.*
- Der **Bahnhof Phunpin** liegt 15 km außerhalb der Stadt (Anfahrt mit dem Taxi oder Bus ab der *Kasert 1 Busstation*). Wer von Bangkok kombinierte Bus/Zug-Tickets nach **Samui, Krabi** und **Phuket** gebucht hat, wird hier von den Bussen erwartet. Vorsicht vor den Schleppern hier, die versuchen, Reisende durch Panikmache abzuzocken. Im Normalfall klappt der Fährtransfer sehr gut.
- Der **Flugplatz** liegt 29 km von Surat entfernt.
- **Surat** ist ein zentraler Durchgangsort für Südthailand (Busse, Minibusse, Sammeltaxen). Es gibt neben Stationen von Privatlinien drei Busterminals, das *New Bus Terminal* (Bangkok-Busse), das *Kasert 1* (Ranong, Nakorn Si Thammarat) und *Kasert 2 Terminal* (Khao Sok, Phuket, Krabi, Hat Yai, Chumphon).
- **Chaiya** und **Laem Pho:** Außer mit dem Zug ab Bangkok bzw. Surat gehen Sammeltaxen von Surat nach Chaiya; von dort mit einem Pickup-Taxi über H-way 4011 zum Laem Pho (12 km).
- **Khanom:** Busse ab Bangkok oder Busse bzw. Sammeltaxen von Surat (1 Std.); weiter zu den Stränden mit Songthaews oder Motorrad-Taxis.
- **Nai-Plao-Strand:** H-way 401, bei km 85 in H-way 4014 abbiegen (17 km).

Unterkunft

- Im Stadtzentrum von **Surat Thani** gibt es etliche Hotels und Guest Houses. Viele befinden sich im Bereich der Na Muang und Chonkasem Road. (überwiegend **, ***; teilweise auch ш.)
- An den Stränden um Khanom stehen vornehmlich teure Anlagen (***-ш), teilweise gibt es am Hat Na Dan, Hat Khanom und Hat Nai Plao auch günstige Bungalows (**).
- **Chaiya:** Einfache Hotelzimmer (ab **).

KHAO-SOK-NATIONALPARK

Im äußersten Westen der Provinz liegt der Khao-Sok-Nationalpark (674 km²), der bis in Küstennähe der angrenzenden Provinz Phang-Nga reicht. Der Park bietet sich für ausgiebige

- Der Park liegt am H-way 401 (Surat Thani – Takua Pa), das **Hauptquartier** bei km 109 (2 km). Eintritt 200 Baht.
- Zum **Raja-phraba-Damm** zweigen Wege bei km 58 (Ban Tha Khun) und km 68 (Phanom) ab. Am Damm und beim Haupt-quartier stehen Parkbungalows (500-1.000 Baht).
- In der Nähe des Hauptquartiers befinden sich etliche **Privat-unterkünfte** (**-****); auch Zelte werden vermietet.

Dschungelwanderungen, Floßtouren Wasserfall- und Höhlenausflüge an (Infos für Touristen im Hauptquartier und in den Unterkünften). Die Landschaft wird von spektakulären, bis 1000 m hohen, bewaldeten **Kalksteinbergen** dominiert. Weite Gebiete sind mit Regenwald bedeckt, weshalb er als der **Regenwaldnationalpark** in Thailand gilt. In der Umgebung des Parkhauptquartiers läuft man durch Immergrünen Monsunwald. Zusammen mit den Wildschutzgebieten Klong Seng und Klong Nakha bildet er ein großes und deshalb enorm wichtiges Rückzugsgebiet für viele **bedrohte Tierarten.** *Lar-Gibbons, Languren, Loris, Wildrinder (Banteng, Gaur), Elefanten, Kragenbären, Leopar-*

Grüne Grubenottern *(Crotalidae) lauern im Geäst von Bäumen* →

Rafflesia kerrii *produziert Blüten mit 1 m Durchmesser* →→

Achtung: Im Khao-Sok-Nationalpark hausen jede Menge hungriger **Blutegel,** insbesondere in der Regenzeit. Die kleinen Würmer zwängen sich leicht durch Schuhe und Strümpfe. Als wirksamster Schutz empfiehlt sich, die Socken und Füße mit Tabaktinktur einzureiben (Zigaretten- oder Pfeifentabak mit Wasser vermischen) und beim Wandern alle paar Minuten die Schuhe und Beine auf Blutegel zu untersuchen. Zügig marschieren und nur an trockenen Stellen anhalten. Trotzdem anhaftende Egel mit den Fingern wegschnippen. Die hiesigen Arten übertragen keine Infektionen.

den und selbst *Tiger* leben hier. Die großen Säuger wird ein Besucher kaum zu sehen bekommen, weil sie sich in unzugängliche Regionen zurückziehen. Vogelfreunde können sich an über 180 Arten erfreuen.

In dem Park wächst auch **Rafflesia kerrii.** Diese Pflanze parasitiert an den Wurzeln von Lianen (TETRASTIGMA SP.) und bringt überiridische Blüten hervor, die bis zu 1 m Durchmesser erreichen. Die faulig riechenden Blüten entfalten ihre Pracht nur für wenige Tage. Die Blütesaison dauert von September bis Dezember.

Ursprünglich war die Fläche des Parks viel größer. Im Jahr 1986 wurde der **Rajaphraba-Damm** fertiggestellt und überflutete eine große Fläche. Engagierte Naturschützer unter der Leitung von *Seub Nakhasathien*, der aus Enttäuschung über die Naturschutzpolitik Selbstmord beging, retteten viele Tierarten, indem sie sie einfingen und an anderen Orten wieder aussetzten.

KO SAMUI

เกาะสมุย

Ko Samui ist die drittgrößte Insel Thailands (280 km²). Im Landesinnern ist Ko Samui gebirgig. Der **höchste Gipfel** ragt 636 m empor. Die ersten Bewohner Ko Samuis waren Fischer, die sich bei Sturm in die windgeschützten Buchten Bophut und Mae Nam an der Nordküste zurückzogen. Neben der Fischerei betrieben sie auf den fruchtbaren Böden der Insel Landwirtschaft. Heute überziehen **Kokospalmenplantagen** weite Gebiete Samuis. Als Attraktion gelten Kokospalmen mit zwei, vier oder sogar acht Wipfeln (Mae Nam, Nathon).

Ko Samui: *Insel der Kokosnüsse und herrlicher Strände→*

Beschreibung der Tauchgründe s. S. 234ff

Das zweite Markenzeichen Ko Samuis sind die **weiten Traumstrände.** Insgesamt 26 km Sandstrand umgeben die Insel. Die besten Strände liegen im Osten der Insel, wobei der Lamai-Strand und der Chaweng-Strand touristisch am weitesten erschlossen sind.

Auf Samui sind außerdem Wasserfälle eine Stippvisite wert. Der **Na-Muang-Wasserfall** (km 11 bei Ban Suan Durian) gehört zu den größten auf Samui und ist nach der Regenzeit recht eindrucksvoll. In der Trockenzeit fließt aber nur wenig Wasser in den kleinen sandigen Pool am Fuße der Kaskade. Es folgt dahinter der mehrstufige Na-Muang-II-Wasserfall. Südlich von Na-

Der ***Na-Muang-Wasserfall*** auf Ko Samui während der Trockenzeit →

thon (3 km) befinden sich drei hintereinanderliegende Wasserfälle: **Hin Lat, Hew Kwai Dok** und **Hu Nam.** Unterhalb des letzten gibt es ebenfalls einen natürlichen Badepool. Eine hübsche Gartenanlage hat die **Samui Butterfly Farm** (8.30-18.00 Uhr geöffnet). Allerdings schwirren nicht übermäßig viele Schmetterlinge herum (auf H-way 4170 bei km 15 von Hua Thanon zweigt der Weg zur Farm ab.)

Strände und Inseln

Von dem Hauptort Nathon führt eine 80 km lange Rundstraße um die Insel. In nördlicher Richtung passiert man zunächst die **Bucht Bang Ma Kham** und erreicht **Bang Po.** Der Strand eignet sich aber ebensowenig wie der anschließende **Ban-Tai-Strand** zum Baden. In **Ban Mae Nam** (11 km von Nathon) geht es noch recht gelassen zu. Der grobsandige Strand bei Ban Mae Nam fällt steil ins Meer ab. Er bietet das ganze Jahr über gute Schwimmöglichkeiten.

Ban Bo Put (15 km) ist ein Fischerdorf mit thailändisch ländlicher Atmosphäre. Der **Bo-Put-Strand** liegt in einer weit geschwungenen Bucht. Er gleicht dem Mae-Nam-Strand und bietet sich zum Baden und Surfen an. Der nordöstlichste Teil des Strandes ist am schönsten.

Den **Phra-Yai-Strand** (Big Buddha Beach, 19 km) ziert eine kleine Bucht. Auf der vorgelagerten Insel **Ko Fan** steht ein Tempel mit einer 12 m hohen Buddhastatue (Big Buddha). Sie ist von Land über einen kleinen Damm erreichbar. Der Sand am Phra-Yai-Strand ist feiner und weißer als bei Mae Nam und Bo Put. Allerdings fallen bei starken Ebben Teile der tiefliegenden, wenig einladenden Schlickflächen trocken.

Im Nordosten und nur über kleine Wege zugänglich liegt in einer der schönsten Buchten Ko Samuis der **Thong-Son-Strand** (24 km). Die Bucht ist von malerischen Felsen umgeben. Baden sollte man hier wegen vieler Korallenblöcke nur bei Flut, doch Schnorchler haben ausgezeichnete Möglichkeiten, die Unterwasserwelt zu studieren. Südlich schließt sich die Thong-Sai Bucht an.

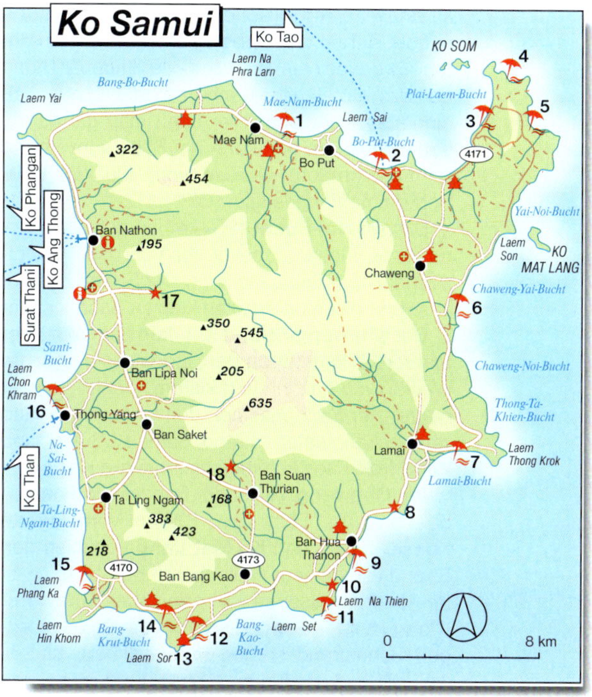

Ko Samui

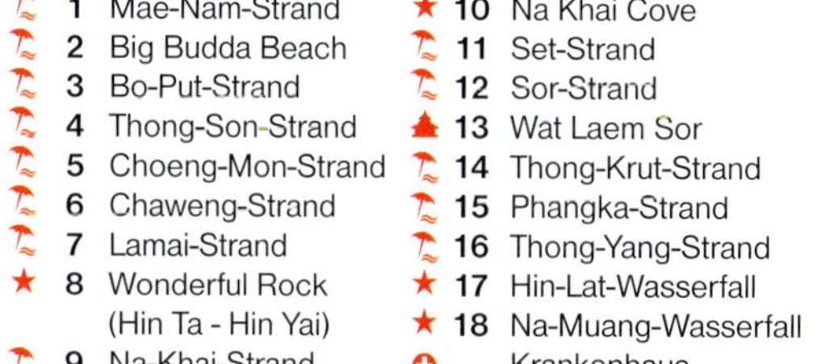
1 Mae-Nam-Strand
2 Big Budda Beach
3 Bo-Put-Strand
4 Thong-Son-Strand
5 Choeng-Mon-Strand
6 Chaweng-Strand
7 Lamai-Strand
8 Wonderful Rock (Hin Ta - Hin Yai)
9 Na-Khai-Strand
10 Na Khai Cove
11 Set-Strand
12 Sor-Strand
13 Wat Laem Sor
14 Thong-Krut-Strand
15 Phangka-Strand
16 Thong-Yang-Strand
17 Hin-Lat-Wasserfall
18 Na-Muang-Wasserfall
Krankenhaus

Ein weiterer idyllischer weißer Sandstrand erstreckt sich in der **Choeng-Mon-Bucht.** An deren Nordende steht das luxuriöse „Imperial Thong Sai Bay Hotel", eine schön in die Landschaft eingepasste Anlage. Hier kann man ganzjährig baden. **Ko Fan Noi** kann bei Ebbe vom Strand zu Fuß erreicht werden, bei Flut ist aber Schwimmen angesagt.

Die **Yai-Noi-Bucht** (25 km) ist der letzte geruhsame Flecken, bevor man zu den Hauptstränden von Samui gelangt. Der Strand besteht aus von Felsen unterteilten kleinen Sandflecken.

Der **Chaweng-Strand** (23 km) zieht sich über mehrere Kilometer an der Südostküste entlang. Weißer, von Palmen und klarem, blauen Wasser begrenzter Sand machten den Chaweng-Strand zum bekanntesten Strand Samuis. Surfer und Wasserski-Fans kommen hier auf ihre Kosten.

Am **Chaweng Yai** ist der Sandstreifen besonders breit, bei Ebbe über 100 m. Vorgelagerte Korallenbänke und **Ko Mat Lang** schützen den Strand vor starkem Wellengang. Ko Mat Lang ist bei Niedrigwasser zu Fuß erreichbar. **Chaweng Klang** ist der Hauptstrand. An dem 2,5 km langen Sandstrand sorgen Kokospalmen, blütenweißer Sand und blaues Wasser für das perfekte

*Ansicht von **Ko Samui:** rechts eine Hotelanlage mit Solardächern →*

Urlaubsambiente. Hier stehen viele Hotels, Bungalowanlagen, Restaurants, Discos und Pubs, die aber glücklicherweise weitgehend gut in die Palmenhaine eingefügt sind.

Der Sand des **Chaweng-Noi-Strandes** wird nach Süden zunehmend von Felsen durchsetzt. Südlich vom Chaweng Noi liegen einige reizvolle Buchten **(Coral Cove, Thong Ta Khien Bay).** Bei Hochwasser verschwinden die schmalen Sandstreifen fast vollständig in den Fluten. Hier liegen gute Schnorchelreviere.

In der sichelförmigen, etwa 5 km langen **Lamai-Bucht** (17-22 km) befindet sich ein weiteres Zentrum des Pauschaltourismus. Hier gibt es Dutzende Hotels, über 1.500 Bungalows, Bars und Discos. Täglich werden Snake Shows und Thai Boxing dargeboten. Der grobkörnige Sandstrand fällt relativ steil ins Wasser ab. Deshalb eignet er sich auch bei Ebbe gut zum Schwimmen. Auch bei hoher Brandung gibt es geschützte Schwimmplätze. Der Lamai-Strand ist von Felsblöcken durchsetzt. Die bekanntesten sind die Großvater- und Großmutterfelsen im südlichen Teil. Die Form der Granitblöcke erinnert an männliche und weibliche Geschlechtsorgane.

Beim **Wat Lamai** befindet sich ein kleines Museum **(Cultural Hall).** Von Interesse dort ist ein 490 Jahre alter Keramikkrug, der aus einem vor Samui gesunkenen Wrack geborgen wurde. Am südlichen Strandabschnitt zweigt ein steiler Weg zu einem tollen Aussichtspunkt über die Südküste ab (bei km 17 der Ringstraße, 1,3 km).

Hua Thanon ist eine kleine chinesische Gemeinde. Von hier stammen Korallenkalkblöcke, aus denen die Buddhabilder des **Wat Samret** gemeißelt sind. Außerdem steht hier die Silangu-Pagode, die ein Knochenfragment Buddhas enthalten soll.

An der Südküste hinter Hua Thanon liegen einige nette, flache, von Kokospalmenhainen gesäumte Buchten: **Na Khai Cove, Bang-Kao-Bucht, Thong-Krut-Bucht** mit dem **Sor-Strand, Phangka-Bucht** und **Ban Ta Ling Ngam.** Vor der Bang-Kao-Bucht liegt ein breites Riff mit vielen Korallen, das im Osten durch eine Lagune vom Strand getrennt ist. Zwischen Ao Bang Khao und **Ao Thong Krut** liegt das **Kap Laem Sor** mit einer Pagode (Chedi Laem Sor), die am Abend eine wundervolle Silhouette vor dem Meer abgibt.

Ban Ta Ling Ngam beherbergt einen mit vielen großen Granitblöcken gespickten Strand. Die schönste Felsformation heißt **Ko Si Ko Ha.**

Die flachen Strände der Westküste empfehlen sich vor allem im Winter, wenn es an den anderen Stränden sehr stürmisch werden kann. Bei **Thong Yang** befindet sich der Fährhafen nach Don Sak auf dem Festland. Der Strand ist nichts Besonderes, bietet aber wunderbare Abendstimmungen mit Blick auf's Ang-Thong-Archipel.

Unmittelbar südlich von Samui liegt der 7 Inseln umfassende **Katen-Archipel.** Die größte Insel, **Ko Than,** hat einen schönen Strand an der Ostküste. Vor **Ko Mat Sam** liegen einige Korallenbänke, die sich trotz meistens schlechter Sichtverhältnisse zum Schnorcheln eignen. Blütenweiße Sandstrände zieren die Küsten von **Ko Mod Daeng, Ko Rab** und **Ko Mat Kong.**

Unterkunft

● Auf Ko Samui gibt es in Nathon und an den Stränden zahlreiche Unterkünfte in unterschiedlichen Preisklassen (**-ɯ); an vielen Stränden gibt es noch günstige Quartiere im **-Bereich. Die günstigsten Angebote liegen bei 200-300 Baht, die mittlere Preisklasse reicht etwa von 300-800 Baht. Sehr günstige Quartiere findet man am ehesten am Hat Mae Nam sowie z.T. an der Südküste. Der Hat Chaweng besitzt sicherlich insgesamt das höchste Preisniveau. In der Saison können die Preise explodieren, z.B. am Chaweng mindestens bis auf ****.

● Auch **Ko Tan** und **Ko Rab** auf dem Katen Archipel bieten Übernachtungsmöglichkeiten (*-***).

Anreise

● Ab **Bangkok:** Vom Southern Busterminal fahren Normal- und A.C.-Busse (19.30, 20.00 Uhr) direkt nach Samui; wer es riskieren will (Ganoven!), kann auch Busse ab der Khao San Rd. nehmen.

● Vom Hua-Lamphong-Bahnhof kann man abends mit **Zug/Bus/Boots-Kombitickets** bequem auf die Insel fahren.

● Ab **Bangkok** gibt es 12-17 **Flüge** am Tag nach Ko Samui.

● **Fähren** nach Samui starten von diversen Piers in und um Surat Thani (die angegebenen Zeiten ändern sich saisonal um +/- 30 Minuten; ebenso die Zahl der Abfahrten). Tha-Thong-Pier: Expressboot um ca. 8.00 Uhr (Fahrtzeit 2,5 Std.); Ban-Don-Pier in Surat-City: Nachtboote um 23.00-24.00 Uhr für Wagemutige (Fahrtzeit 6 Std.); Don-Sak-Pier (60 km von Surat): 5-9 Autofähren von 8.00-18.00 Uhr (1,5 Std.); Khanom-Pier (75 km von Surat): 4-5 Boote täglich von 8.00-18.00 (1,5 Std.); zu den entfernten Piers gibt es Zubringer-Busse von Surat.

● Bis 19.00 Uhr fahren **Songthaews;** Inselrundfahrt möglich (Umsteigen in Chaweng Noi). Ferner gibt es Motorrad- und Autotaxis.

● **Katen-Archipel:** Boote von Ban Thong Krut, Ban Thong Tanot und Ban Bang Kao nach **Ko Tan** (30 Min.) sowie in der Hauptsaison Rundfahrten ab Nathon und Lamai.

● Von Samui geht es ohne Probleme zu den großen Städten auf dem Festland sowie nach Ko Phangan und Ko Tao, zu denen Boote von Nathon sowie in der Hauptsaison vom Mae Nam, Bo Put und (nur Phangan) Big Buddha Beach fahren.

Aktivitäten

● Auf Ko Samui werden an allen Stränden und in Nathon **Fahrräder, Motorräder** vermietet, z.T. **Jeeps** vermietet. Leider kommt es oft zu schweren Motorradunfällen, weil „Touris" und „Locals" gnadenlos über die Straßen kacheln (teilweise alkoholisiert oder sonstwie gedopt).

● **Wassersport:** Größtes Angebot am Chaweng-, Lamai- und Mae Nam-Strand; Verleih von Booten, Wasserski, Surfbrettern, zudem Paragliding und Angelausrüstung; Schnorcheltrips an entfernte Inseln ab 1.000 Baht; weitere Angebote auch an anderen Stränden.

● **Kanutouren** in den Ang-Thong-Nationalpark: Blue Stars Sea Kayaking, 169/1 M.2, Hat Chaweng (Gallery Lafayette), Tel./Fax (077) 230497, E-Mail: lafayett@cscoms.com; Tagestouren 2.000 Baht.

NATIONALPARK MU ANG THONG

Der Nationalpark (102 km²) ist der zweitälteste Meeresnationalpark Thailands. Die 20 Inseln westlich von Ko Samui waren unbewohnt, bis die thailändische Marine dort vor etwa 15 Jahren ein Trainingszentrum einrichtete. Ang Thong bedeutet „Goldenes Bassin". Der Name kommt daher, weil dieses Gebiet der wichtigste

•Unterkunft: **Nationalpark-Bungalows** (***, ****) auf Ko Wua Ta Lap sowie Zelte für 500 Baht. Sie sollten vorher beim *Royal Forestry Department* in Bangkok reserviert werden, Tel. (02) 5970529, 5794842.

•Anreise: Von **Nathon** (Ko Samui) mit Tagesfahrten.

Laichgrund für die Makrelenart RASTELLIGER NEGLECTUS *(Pla Thu)* ist, einer von Thailands beliebtesten Speisefischen. Schätzungsweise 80% des Makrelenbestandes des Golfes von Thailand sammelt sich hier von Februar bis April.

In der größten Bucht der **Insel Wua Ta Lap** (Schlafender Büffel) liegt das Hauptquartier des Nationalparks. Ein nur 400 m langer, dafür aber sehr steiler Fußweg führt auf den Gipfel der Insel. Von dem Aussichtspunkt bietet sich ein unvergleichliches Panorama über einen Teil des Archipels mit sagenhaft schönen Inseln.

Die zweite Attraktion ist der **Salzwassersee Thale Nai** im Innern von **Ko Mae.** Das smaragdgrüne Wasser des Sees ist vollständig von senkrechten Klippen umschlossen. An seichten Stellen schmiegen sich Mangrovebäume an die Felswände. Der Thale Nai steht nur durch Höhlen mit dem Meer in Verbindung. Ein Aussichtspunkt und der See selbst sind von der Anlegestelle aus in 10 Min. über Treppen erreichbar.

*Blick von **Ko Wua Ta Lap** auf den Ang-Thong-Archipel* ↑

*Der Salzwassersee **Thale Nai*** →

KO PHANGAN เกาะพงัน

Das idyllische Eiland liegt nur 14 km nördlich von Samui, wird aber weniger stark besucht. Im Zentrum der Insel befindet sich am Mountain View Point der sehenswerte **Phaeng-Wasserfall.** Der höchste Berg **(Khao Ra)** ist 627 m hoch. Die **Bevölkerung** von 7.000 Einwohnern lebt(e) überwiegend vom Fischfang. Der größte Ort ist **Thong Sala,** wo sich auch der Hauptpier befindet.

Strände

Ko Phangan hat keine kilometerlangen Strände, dafür aber viele kleine Buchten. Die **Strände der Westküste** bieten bei Hochwasser ein herrliches Bild, doch bei Niedrigwasser fallen mit scharfkantigen Korallenblöcken und Muschelschalen durchsetzte Schlickwatten frei. Im **Nordwesten** eignen sich die Buchten besser zum Schwimmen und Schnorcheln (Hat Yao, Hat Salad). Die **Bilderbuchstrände der Ostküste** sind leider schwer zugänglich. Im Nordwesten Ko Phangans liegen die schönsten Schnorchelreviere.

Der erste Strandabschnitt bei **Thong Sala** ist unattraktiv. Nördlich des Piers befindet sich der **Nai-Wok-Strand.** Das Meer ist hier extrem flach. Eine Korallenbank liegt weit vor der Küste.

Der **Wok-Tam-Strand** ist durch Felsformationen in kleine Sandparzellen unterteilt. Der lange Sandstreifen des **Chao-Phao-Strandes (Si-Thanu-Strand)** säumt eine weit geschwungene, mit Palmen und Mangroven bestandene Bucht. Er ist durch einen kleinen Hügel in zwei Abschnitte geteilt. Im Meer wachsen einige Korallen in sehr seichtem Wasser.

Am **Hat Yao** kann man besser schnorcheln. Vor dem Strand befindet sich ein durch eine Lagune getrenntes Riff. Dekorativ aufgetürmte Felsblöcke des „Rock Garden" prägen das kleine Kap südlich des Hat Yao. Weiter nördlich trifft man in einer kleinen Bucht auf den **Hat Salad.**

Beschreibung der Tauchgründe s. S. 234ff

Der breite Strand der **Mae-Hat-Bucht** ist flach und grobsandig. Von hier kann man zum **Wang-Sai-Wasserfall** wandern, der in der Trockenzeit

⛱	1	Hat Salad
★	2	Wang-Sai-Wasserfall
⛱	3	Hat Thong Lang
⛱	4	Khom-Strand
⛱	5	Hat Chuat
⛱	6	Hat Thong Ta Pan Yai
★	7	Than-Prawet-Wasserfall
★	8	Wang-Thong-Wasserfall
⛱	9	Hat Than Sadet
★	10	Than-Sadet-Wasserfall
★	11	Than-Praphat-Wasserfall
⛱	12	Hat Sadet
⛱	13	Hat Yang
⛱	14	Hat Yao
⛱	15	Hat Wai Nam
⛱	16	Hat Yuan
⛱	17	Hat Rin Nok
⛱	18	Hat Rin Nai
⛱	19	Hat Ban Khai
▲	20	Wat Nai
▲	21	Wat Khao Tham
⛱	22	Hat Ban Tai
▲	23	Wat Khao Noi
⛱	24	Wok Tam
⛱	25	Hat Son
⛱	26	Hat Yao
★	27	Phaeng-Wasserfall
★	28	Mountain View Point

Abendstimmung über dem Golf von Thailand

eher ein Rinnsal ist. Bei der kleinen Insel **Ko Ma** im Westen der Bucht liegen schöne Schnorchelgründe. Im Norden schließt sich der Hat Thong Lang an.

Der Hat Chalok Lam ist vermüllt und mit Tintenfisch-Trockendarren belegt. Über einen Fußweg (40 Min.) gelangt man vom Dorf an den schönen, nordöstlich gelegenen **Hat Khom** mit vorgelagerten Korallen.

Weit im Norden liegt der **Hat Khuat** (Bottle Beach), ein bestechender Badestrand, leider mit Sandflöhen und ohne schattige Ruheplätze. Die Ostseite eignet sich gut zum Schnorcheln.

Im Südosten beginnt der flache **Ban-Tai-Strand** gleich bei Thong Sala. Beim Dorf Ban Tai (4 km) liegt der Meditationstempel **Wat Khao Tham,** in dem ein Fußabdruck Buddhas verehrt wird. Der **Chedi Wat Nai** ist über 200 Jahre alt.

Ungefähr 1 km hinter Ban Tai befindet sich der **Ban-Khai-Strand.** Er besteht aus einer Reihe kurzer Sandstrände, die von flachen Felsbänken geteilt werden. Von hier starten Boote zum **Hat Rin** (30 Min.) am Südostzipfel der Insel. Die Ostseite des langgezogenen **Laem Rin Nok (Rin-Kaps)** gilt als der beliebteste Strand Phangans. Er ist touristisch voll erschlossen. Die Bucht mit feinem weißen Sand ist von Felsen umgeben. Im Wasser wachsen Korallen, aber die begrenzten Sichtweiten verhindern das wahre „Südseefeeling". Sandflöhe dopen sich hier (besonders zur Full Moon Party) am Blut der Gäste!

An der Westseite **(Hat Rin Nai)** ist der Strand weniger schön. Er ist teilweise verschmutzt. Vor dem Strand liegen einige Korallenbänke.

An der Ostküste befinden sich wunderbare Buchten. Schöne Strände sind der **Hat Yuan,** der **Hat Thien** (nur per Boot erreichbar), der **Hat Wai Nam** nördlich des Klang-Kaps und der von Korallen gesäumte **Hat Yao,** ein idealer Badestrand.

In der Mitte der Küste liegt ein einsamer, von Mangroven und Palmen eingerahmter Strand, der **Hat Yang.** Von dem idyllisch in Felsen eingebetteten Strand in der **Sadet-Bucht** führt ein Pfad zum **Than-Sadet-Wasserfall** (3 km). Der Than-Sadet-Fluss rauscht hier über drei Wasserfälle von den Bergen herab ins Meer.

Von Ban Khai führt eine abenteuerliche Straße nach Norden durch das Inselzentrum zur tief eingeschnittenen **Bucht Thong Ta Pan.** Beide Ufer der Bucht sind von phantastischen Stränden gesäumt, dem **Thong Ta Pan Yai** und **Thong Ta Pan Noi.** Dies waren früher die Lieblingsstrände von König *Rama V.,* der dort seine Ferien verbrachte.

Unterkunft Auf Ko Phangan gibt es in **Thong Sala** und an den **Stränden** reichlich Unterkunftsmöglichkeiten, so dass niemand ohne Dach über dem Kopf die Nacht verbringen muss. Das Preisniveau liegt unter dem von Samui. Es gibt in **Thong Sala und den Stränden** sehr günstige Bungalows (*, **) sowie vielfach auch erlesenere Quartiere (ab ***).

Anreise

- Siehe auch Surat/Ko Samui.
- **Ab Bangkok:** Vom *Hua-Lamphong-Bahnhof* kommt man mit Zug/Bus/Boot-Kombitickets nach Phangan. Die Khao-San-Busse sind nicht wirklich zu empfehlen.
- Ab **Surat Thani** legen Boote um 8.00 Uhr und ggf. nochmals Mittags vom Tha-Thong-Pier ab (Fahrtzeit ca. 3 Std., Kurzstopp in Ko Samui), sowie gegen 23.00 Uhr das Nachtboot vom Ban-Don-Pier für Leute, die den „Thrill" lieben (Fahrtzeit 6,5 Std.). Ferner gehen von Khanom und Don Sak von 10.00-18.00 Uhr zwei- bis dreimal Autofähren nach Ko Phangan (Fahrtzeit ca. 3 Std.).
- Von **Ko Samui** gehen je drei Expressboote (Nathon-Pier, Abfahrten: 9.00, 11.00, 17.30 Uhr) und Autofähren (Thong-Yang-Pier, Abfahrten: 12.00-19.30 Uhr). Ferner Speedboote ab Nathon. In der Hauptsaison fahren auch Boote vom Mae Nam, Bo Put und Big Buddha Beach (von Mae Nam über den Hat Rin bis zum Hat Thong Nai Pan; vom Big Buddha Beach zum Hat Rin).
- Von **Ko Tao** (Mae Hat) gehen von 09.30-15.30 Uhr mehrere Speed- und Express-Boote (1 bzw. 2,5 Std. Fahrtzeit).
- **Island-Hopping** (Ko Tao, Ko Phangan, Ko Samui) ist von Chumphon sowie Surat täglich möglich. Achtung, die Abfahrtzeiten und auch die Zahl der Boote ändern sich immer wieder.
- Für den **Inseltransport** stehen Longtail-Boote, Motorradtaxis und Pickups zur Verfügung, die Gäste vom Pier zu den Stränden und zurück bringen. In der Regenzeit sind einige Straßen, vor allem nach Nordosten, nicht oder kaum passierbar. Boote starten von Thong Sala zum Hat Yao (Westküste) und Hat Rin; vom Hat Rin zur Ostküste bis Thong Nai Pan sowie von Chalok Lam zum Hat Khuat.
- **Motorrad- und Fahrradverleihs** gibt es an den Hauptstränden und in Thong Sala.

KO TAO

เกาะเต่า

Die kleine, imposante Felseninsel war nur dünn besiedelt bis die Touristen kamen. Heute ist „Ko Bau" mit (zu) vielen Bungalows verziert. Vor vielen Stränden wachsen dichte Korallengärten, wobei einige durch Stürme und Fischerei regelrecht „rasiert" wurden (z.B. Chalok Ban Kao, Ao Thien Ok). Schnorcheln lohnt sich vor allem an felsigen Kaps oder großen Felsblöcken (z.B. Laem Sai Daeng, Ao Tanote, Laem Thien, Hin Wong).

Strände

Die längsten Strände sind der **Mae Hat** und der **Sai Ri,** die in der weit ausladenden Hauptbucht an der Westküste liegen. Kleine Buchten mit Sandstränden sind um die Insel verstreut.

Südlich von Mae Hat befindet sich die leicht erreichbare **Ao Phak Bung (Palm Bay).** Es ist eine wunderschöne kleine Badebucht mit Kokospalmen und großen Felsblöcken. Etwas schwieriger ist schon der Pfad zum weiter südlichen **Sai-Nuan-Strand und Laem Che Ta Kung.**

An der Südspitze von Ko Tao befindet sich die geschützte, sehr flache **Bucht Chalok Ban Kao.** Die beiden feinen Sandstrände in der Bucht sind schmal. Am östlichen Kap ragen die bizarren **Hin Ta To** und **Hin Yai Mae (Spirit Rocks)** aus dem Wasser. Ein Ausflug zum **Mountain View Point Chon Suwan** ist sehr reizvoll.

Die **Ao Thien Ok** birgt einen schönen Sandstrand, pittoreske Gerölle an den Flanken und einige Mangroven.

Das Kap an der **Sai-Daeng-Bucht** ist ideal für Schnorchler. Oft patrouillieren dort (harmlose) Haie. Die Bucht mit einem schönen Strand erreicht man zu Fuß von der Ao Thien Ok aus oder über eine holprige Piste.

Im Südosten Ko Taos liegt **Ao Luek,** eine Bucht mit schmalem Sandstrand, die sich vorzüglich zum Schwimmen und Schnorcheln eignet.

Der Nordosten und Osten Ko Taos zeigen sich ausgesprochen rau und felsig. Ein mit Kokospalmen bestandener Strand befindet sich in der **Tanote-Bucht**. Schnorcheln lohnt sich an den Felsen. In der Mitte der Ostküste liegt **Laem Thien.** Der herrliche Strand mit feinem Sand wird von schönen Felsformationen eingerahmt. Die Korallen vor dem Kap bieten ein hervorragendes Schnorchelrevier. Laem Thien ist über einen gut ausgebauten, aber steilen Fußweg (6 km) von Mae Hat aus in ca. 2 Std. zu erreichen. Von der Paradise Junction am Ende des Sai-Ri-Strandes führt ein Weg (40 Min.) zum **Hin Wong.** Dort kann man ebenfalls gut schnorcheln, aber es gibt keinen Sandstrand.

Im Nordosten bzw. Norden Ko Taos liegen die abgeschiedenen Buchten **Ao Kluay** und **Ao Ma Muang,** beide mit wenig Sand, aber guten Schnorchelgründen.

- ★ 1 Leuchtturm
- 2 Sai-Ri-Strand
- 3 Mae-Hat-Strand
- 4 Sai-Nuan-Strand
- 5 Freedom Beach
- ★ 6 Mountain View Point
- 7 Sai-Daeng-Strand
- 8 Nang-Yuan-Strand

Südostküste

Vor der Nordwestküste von Ko Tao liegen die fotogenen **Nang-Yuan-Inseln,** die bei Ebbe durch breite Sandbänke miteinander verbunden sind. Ko Nang Yuan (Ko Hang Tau) ist vor starken Stürmen geschützt. Unter Wasser laden Granitbrocken mit Korallen zum Schnorcheln ein.

Unterkunft

- Das **Bungalow-Angebot** ist sehr groß (*-LLL), aber preiswerte Angebote (*, **) sind mittlerweile rar und selbst in der Nebensaison oft ausgebucht. Die günstigsten Hütten befinden sich an abgelegeneren Orten wie Hat Sai Rie Nord, Sai Nuan oder im Osten, z.B. Laem Thien, Hin Wong und Ao Tanote. Wer Tauchkurse belegt erhält z.T. Discounts im der Tauchbasis zugehörigen Resort! Sonst muss man durchaus 400-500 Baht (***) pro Nacht einkalkulieren.
- Auf **Ko Nang Yuan** stehen Bungalows (****-LLL).

Anreise

- **Ab Chumphon: Nachtboot** täglich um 24 Uhr (6 Std.); Speedboats täglich um 7.30 Uhr, zudem noch um 15.00 Uhr (ca. 2 Std.); Expressboot um 7.30 Uhr (ca. 2,5 Std.); jeweils ab Tha-Yang- oder Pak-Nam-Pier; Anfahrt mit Songthaews/Minibussen, den Transfer regeln Reisebüros/Guest Houses.
- Ab **Surat Thani:** Nachtboot ab Don-Sak- (23.00 Uhr) sowie Expressboot (8.00 Uhr) ab Tha-Thong-Pier (über Samui und Phangan).
- Fähren ab **Ko Samui** (Nathon, 9.00 und 11.00 Uhr) und **Ko Phangan** (Thong Sala, 10.00 und 12.30 Uhr) in 2,5-3,5 Std.; ferner direkte Speedboats ab Thong Sala; bei ruhiger See (Hauptsaison) auch Boote vom Mae Nam sowie Bo Put Beach (Ko Samui) über Thong Sala.
- Ab **Bangkok** (Khao San Rd.): Minibusse um 14.00 Uhr zum Nachtboot nach Chumphon bzw. A.C.-Bus zum Expressboot; ferner Zug/Boot-Kombitickets (die über Surat sind aber zeitaufwändig).
- **Pickups** und **Boote** bewältigen den Inseltransport auf Ko Tao.

TAUCHEN UM KO TAO, KO PHANGAN UND KO SAMUI

Ko Tao

Ko Tao bietet die besten Tauchgründe im Golf von Thailand. Die große Entfernung zum Festland sowie die für den Golf von Thailand großen Wassertiefen (über 40 m) um Ko Tao sorgen für **klares Wasser.** Während der Regenzeit gelangen kaum Trübstoffe über Flüsse ins Meer und nur starke Stürme wirbeln Sedimente vom Grund bis zur Oberfläche hinauf. Die Sichtweiten an den Tauchplätzen betragen über 20 m. Die besten Bedingungen herrschen während des Südwestmonsuns (Mai-Oktober).

Hin Kao Hin Pee Wee an der Nordwest- und **Kong Hinwong an der Ostseite** haben eine

*Korallenpracht um **Ko Tao*** ↑↑

*Ein **Tintenfisch** (Sepia sp.) zeigt sein Farbenspiel* ↑

vergleichbare Unterwasserlandschaft. Große Granitblöcke sind dicht mit Weichkorallen bewachsen. Bei Kong Hinwong liegen viele *Blaupunkt-Stachelrochen* am Grund.

Kong Sai Daeng (Shark Island, Red Rock) ist eine kleine Granitinsel im Südwesten von Ko Tao. Auch hier wachsen neben Hartkorallen reichlich Weich- und Hornkorallen. Im Westen und Nordwesten befindet sich in 6 m Wassertiefe ein dichter Geweihkorallengarten.

Vier Seemeilen nordwestlich von Ko Tao liegt **Kong Chumphon** (Northern Pinnacle). Die obe-

Riffbarsche *verbergen sich in einer Geweihkoralle* ↑

Scheiben-anemonen *(Disco-somatidae)* →

ren Teile des Felsens sind unbewachsen. In größeren Tiefen wachsen *Neptunsbecher, Zäpfchen-* und *Dörnchenkorallen.* Der Tauchplatz ist sehr fischreich. Am **Green Rock und Nang Yuan Pinnacle** gibt es tolle Cavernen und Höhlen.

Die brillanteste Tauchstelle um Ko Tao dürfte der **Kong Tunggu** (Southwest Pinnacle) sein, eine untergetauchte (6-29 m Tiefe), mächtige Felssäule südwestlich Ko Taos. Die obersten Zonen des Felsens sind mit einem *Prachtaktinienteppich* bedeckt. *Neptunskelche* und vielerlei Korallen erscheinen in tiefen Zonen, wo auch große *Zackenbarsche* in Geröllspalten lauern. *Stachelrochen* und *Leopardenhaie* ruhen auf dem Sandgrund. *Schwertfische, Walhaie* und sogar *Brydes-Wale* tauchen hier gelegentlich auf.

Weitere gute Tauchplätze liegen um Ko Tao (u.a. Three Rocks, Ao Luek, Ao Tanote, Laem Thien, Lighthouse, Mango Bay) und Nang Yuan verstreut (Twins, Pyramide, Chinese Garden).

Ang-Thong-Nationalpark

Ko Tunggu (Japanese Rock, Hin Yippon) und **Ko Wao** liegen im Norden des Ang-Thong-Nationalparkes. Die Topografie und Tauchgründe an dieser Kalkinsel gleicht den Inseln um Chumphon. *Pracht-* und *Scheibenanemonen* sind sehr häufig. Felsüberhänge sind mit *Zäpfchenkorallen, Felsaustern* und *Schwämmen* bedeckt.

Ko Phangan

Stachelmakrelen und *Schnapper* finden sich am **Hin Bai (Sails Rock)** der nördlich von Ko Phangan ein. Die Felswände fallen nahezu senkrecht bis auf 30 m ab. Der Bewuchs besteht weitgehend aus *Felsaktinien, Scheibenanemonen, Zäpfchenkorallen* sowie *Felsaustern*. Berühmt ist der Kamin, den man durchtauchen kann. Ein Paradies für Hochseefische ist der **Hin Samran** (8 km westlich), an dem oft starke Strömung herrscht.

Ko Samui

Eine unberührte, wenig erkundete Unterwasserwelt bietet der Hin Rua bei **Ko Kra** (Black Bird Island), eine Inselgruppe vor Nakhorn Si Thammarat (120 km von Samui).

Tauchplätze direkt bei Ko Phangan und Ko Samui (**Ko Ma, Ko Tae, Katen-Archipel** und im Nordosten Samuis: **Coral Cove, Hat Chaweng, Ko Mat Lang**) sind weniger gut. An den großen Inseln wachsen Steinkorallen wegen des etwas trüben Wassers eher kümmerlich.

Tauchen um Ko Tao, Ko Phangan, Ko Samui

Tauchrevier	Tauchstellen	Tiefe	Qualität
Kong Chumphon	***Gesamter Felsen*** (tolle Felspassagen, Horn- und Zäpfchenkorallen, Adlerrochen)	40 m*	+++
Green Rock	***Gesamter Felsen*** (Felspassagen, Cavernen, Suppenschildkröten)	20 m	++
Hin Nang Yuan	Gesamter Felsen (Fische, Korallen)	22 m	++
Ko Nang Yuan	***Twins, Pyramide*** (Horn- und Weichkorallen, Krebstiere, Fische (Nachttauchgang!)	18 m	++
Hin Kao, Hin Pee Vee	***Gesamter Felsen*** (Granitblöcke mit Leder-, Weich- und Hornkorallen, Drücker, Seeschlangen)	22 m	+++
Kong Tunggu	***Gesamter Felsen*** (Horn- und Weichkorallen, Leopardenhaie, Rochen)	25 m	++++
Kong Sai Daeng (Shark Island)	***Westseite der Insel*** (Granitblöcke mit Korallen, Haie)	20 m	++
Ostküste Ko Tao	***Ao Leuk, Laem Thien*** **Lighthouse** (Korallengründe)	20 m	+
Kong Hinwong	***Gesamter Felsen*** (Granitblöcke mit Leder-, Weich- und Hornkorallen, Blaupunktrochen)	30 m	++
Hin Bai	***Nord- und Südseite*** (Steilwand, UW-Schornstein, viele Fischschwärme)	30 m	+++
Hin Samran	***Gesamter Fels*** (Hochseefische)	28 m	+++
Ko Mah	***Westseite*** (Felsblöcke, Höhlen, Weich- und Hornkorallen)	20 m	++
Ko Tae Nok	***Nordseite*** (Steinkorallen)	17 m	+

* Auch wenn es tiefer geht: 40 m sind genug!

Tauchen um Ko Tao, Ko Phangan, Ko Samui

Tauchrevier	Tauchstellen	Tiefe	Qualität
Ko Tae Nai	***Südseite*** (Steinkorallen)	18 m	+
Ko Tunggu	***Ostseite*** (Steilwände, Scheiben-anemonen, Hornkorallen)	18 m	++
Ko Wao	***Ostseite*** (Scheibenanemonen, Stein- und Weichkorallen)	18 m	++
Ko Samui	***Nordostseite*** (Stein- und Weichkorallen, Schwarzspitzen-Riffhaie)	10 m	+
Ko Ko Than	***Südwestseite / Ko Ha*** (Stein- und Weichkorallen)	12 m	+
Ko Mat Sam	***Ostseite*** (Stein- und Weichkorallen)	10 m	+
Ko Kra	**Hin Rua/diverse Plätze** (Großfische, Leopardenhaie)	32 m	+++

Haarsterne *(Crinoidea) auf* ***Feuerkorallen*** *(Millepora sp.)* ↓

Tauchgründe um Ko Samui
NORTHERN PINACLES (KONG CHUMPON)
2
3
4
5
KO NANG YUAN
KO TAO
1
6
Ban Sai Ri
WHITE ROCK (HIN KAO)/ HIN PEE VEE
7
Ban Mae Hat
Ao-Luek
RED ROCK (KONG SAI DAENG)
9
8
Golf von Thailand
KONG TUNGGU
HIN SAMRAN
SAIL ROCK (HIN BAI)
KONG YAI/ KONG NUI
KO MA
HIN NIPPON
KO TUNGGU
KO WAO
Hat Yao
KO PHANGAN
Thong Sala
HAT YUAN
KO TAE NAI
KO TAE NOK
KO KON RIN
KO ANG THONG
Hat Mae Nam
Hat Choeng Mon
Nationalpark Mu Ang Thong
Nathon
Hat Chaweng
KO PHALUAI
KO SAMUI
Hat Lamai
KO NOK TA PHAO
KO HA
KO THAN
KO MATSAM
Ban Na Bo
KO RAP
0
20 km

Tauchen um Ko Tao, Ko Phangan, Ko Samui

- 1 Twins, Piramide
- 2 Green Rock
- 3 Hin Nang Yuan
- 4 Mango Bay
- 5 Lighthouse
- 6 Kong Hinwong
- 7 Ao Tahote, Laem Thien
- 8 Buddah Point
- 9 Three Islands

TAUCHUNTERNEHMEN

Auf Ko Tao

Auf **Ko Tao** gibt es 15-20 Tauchschulen, die meisten in Mae Hat, Sai Rie und Ban Chalok Kao. Die Konkurrenz sorgt für niedrige Preise, dafür muten die Ausrüstung und Boote einiger Basen recht abenteuerlich an. Ein Tauchtag (2 Tauchgänge) vom Boot kostet zurzeit 1.400 Baht, Einzeltauchgänge 800 Baht (Nang Yuan ist teurer). Open-Water-Kurse (OWD) liegen etwa bei 7.800 Baht (ca. 195 US$), Advanced-Kurse bei 6.600 Baht (ca. 165 US$). Zudem gibt es allerlei Tauchpakete, z.T. mit Übernachtung, und „Specialities“.

- **Easy Divers,**
(a) **Mae Hat:** Lom Praya Jetty, Tel.(077) 456010, Fax 413374, Royal Resort (Coral Beach), Tel./Fax (01) 2294732,
(b) **Ko Nang Yuan:** Nang Yuan Island Dive Resort, Tel. (077) 456092, Fax 456088, E-Mail: easydivers@thaidive.com.
- **Big Blue Diving,** 20/1 M. 1, Ban Mae Hat (Nähe Pier), Tel./Fax (077) 377750, E-Mail: info@bigbluediving.com.
- **Ban's Diving Resort,** Sai Rie Beach, Tel. (077) 456061, Fax 456057, E-Mail: bans@amazingkohtao.com.
- **Scuba Junction,** Hat Sai Rie, Tel. (077) 456013, Fax 456165, E-Mail: info@scuba-junction.com.
- **Buddha View Dive Resort,** 45 M.3, Ao Chalok Ban Kao, Tel. (077) 4560745, Fax 456210, E-Mail: buddha@samarts.com.

Auf Ko Samui

Auf **Ko Samui** kostet ein lokaler Tauchgang 950 Baht, Tagestrips zum Sail Rock, Ang-Thong-Park oder Ko Tao 2.900-3.800 Baht (ca. 70-95 US$), Übernachtungstouren liegen bei 5.700-6.600 Baht (ca. 145-165 US$); bei eigener Ausrüstung gibt es Rabatte. Open-Water-Kurse kosten nach Umfang 8.000-13.500 Baht (200-340 US$).

- **Calypso Diving,** 27/5 Chaweng Rd., Ko Samui Surat Thani 84320, Tel./Fax (077) 422437, E-Mail: info@calypso-diving.com.
- **Easy Divers,** P.O. Box 61, Ko Samui, Surat Thani 84140, Chaweng Beach Rd. (Nähe „The Deck"), Tel. (077) 41337-3, Fax -4, E-Mail: easydivers@thaidive.com; weitere Büros : (a) Chaweng Regent Resort, Tel./Fax 422389, (b) Hat Lamai: Nähe „Sand Sea", Ring Rd., Tel. 231190, Fax 230486, Nähe „Lugano Bar", Beach Rd., Tel. 232302, (c) Hat Bo Put, Nähe „La Sirene", Beach Rd., Tel. 245026, Fax 245516, (d) Hat Mae Nam, Nähe „Paradise Beach Resort", Tel./Fax 247408.
- **Samui International Diving School,** P.O. Box 40, Malibu Resort, Hat Chaweng, Ko Samui, Surat Thani 84140, Tel. (077) 422386, 413050 Fax 231242, E-Mail: info@planet-scuba.net.
- **Pro Divers,** 125/5 M. 3 Maret, Hat Lamai, Tel./Fax (077) 233399, E-Mail: info@prodivers.nu.
- **The Dive Shop,** 167/25 M.2 Chaweng Beach Rd., Tel./Fax (077) 230232, E-Mail: tim@thediveshop.net.
- **Big Blue Diving,** 17 M. 3 Chaweng Beach, Tel./Fax (077) 422617, E-Mail: amui@bigbluediving.com.

Auf Ko Phangan

Auf **Ko Phangan** kostet ein Tauchtag derzeit 1.200-2.200 Baht, Schnorcheltrips ab 150 Baht, OWD-Kurse ab 7.500 Baht, Advanced-Kurse ab 6.000 Baht:

- **Phangan Divers,** P.O. Box 4, Thongsala, Surat Thani 84280, Hat Rin (am Big-Buddha-Pier), Tel./Fax (077) 375117, E-Mail: info@phangandivers.com, zudem am Hat Yao (Hat Yao Bungalows), Ko Ma und Tong Nai Pan Noi (Starhut Bungalows).
- **Easy Divers,** Hat Rin Bungalows, Beach Rd., Tel./Fax (0)77 375258.
- **Lotus Diving,** Ao Chalok Lam, Tel. (077) 374142, Fax 374097, E-Mail: lotus_diving@yahoo.com. (auch am Long Beach Resort, Hat Yao).
- **Chalok Lam Diving School,** 52/1 M. 7, Ao Chalok Lam, Tel./Fax 374025, E-Mail: info@chaloklum-diving.com.
- **Haad Yao Divers,** Sandy Bay Bungalows, Hat Yao, Tel. (01) 2294744, E-Mail: contact@haadyaodivers.com.

NAKHON SI THAMMARAT

นคร
ศรี
ธรรมราช

Die Stadt Nakhon Si Thammarat gehört zu den ältesten Städten Thailands. Vom 7. bis 13. Jh. war sie ein politischer **Mittelpunkt des indonesischen Sri-Vijaya-Reiches.** Danach entwickelte sich Nakhon Si Thammarat mit der Ausbreitung des Buddhismus zu einer Stadt der Mönche (Muang Phra). Der **Wat Mahathat** zählt zu den ältesten Tempeln im Land.

Die Stadt ist ferner für Werkstätten bekannt, die **Schattenspielfiguren** aus Büffelleder oder **Niello-Kunsthandwerk** herstellen, Kostbarkeiten aus einer dunklen Legierung mit eingearbeitetem Gold und Silber.

Strände

Die Strände von Nakhon Si Thammarat werden von den Einheimischen hoch gelobt, doch sie ziehen nur wenige westliche Reisende an. Bei **Si Chon** im Norden liegt die nette **Hin-Ngam-Bucht** mit einem breiten Strandabschnitt. Daran grenzt der **Kho Khao Beach.** Der **Si-Chon-Strand** zieht sich über 8 km von **Si Chon** bis zur von bewaldeten Hügeln umsäumten **Bucht Ao Thong Yang** hin. Noch 3 km entfernt liegt die malerische **Ao Thong Yie.**

Nordöstlich (20 km) der Stadt Nakhon Si Thammarat liegt der **Sabua-Strand (Sawannivet-Strand).** Es ist unter den Einheimischen ein beliebter Picknick-Strand, gehört aber bestimmt nicht zu Thailands herausragenden Stränden.

Die Küste südlich von Nakhon Si Thammarat ist mit Shrimp-Farmen gepflastert, denen der schmale Mangrovestreifen an der Küste weichen musste. Seltene Tierarten, u.a. *Tapire, Bantengs, Gaurs, Leoparden* und sogar noch *Tiger,* bewohnen das Naturparadies des **Khao-Luang-Nationalparks.** Der vielstufige Karom-Wasserfall, von Regenwald mit Baumfarnen umgeben, und die Surakan-Höhle sind die Parkattraktionen.

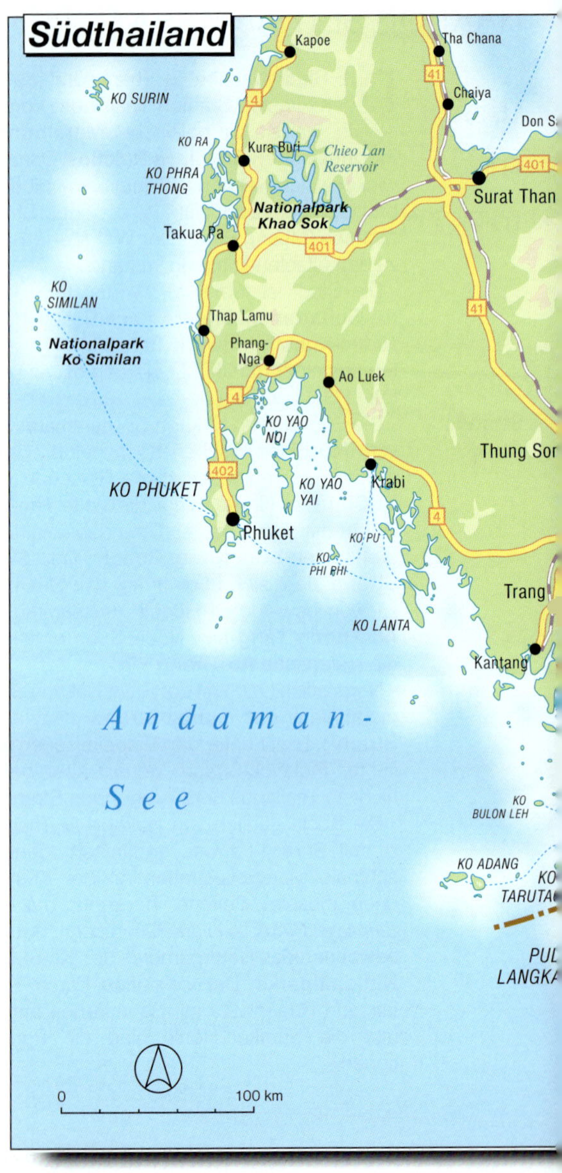
Südthailand
Kapoe
Tha Chana
KO SURIN
Chaiya
Don S
KO RA
Kura Buri
Chieo Lan Reservoir
KO PHRA THONG
Surat Than
Nationalpark Khao Sok
Takua Pa
KO SIMILAN
Thap Lamu
Nationalpark Ko Similan
Phang-Nga
Ao Luek
KO YAO NOI
Thung Son
KO PHUKET
Krabi
KO YAO YAI
Phuket
KO PU
KO PHI PHI
Trang
KO LANTA
Kantang
Andaman-See
KO BULON LEH
KO ADANG
KO TARUTA
PUL LANGKA
0
100 km

KO SAMUI
Khanom
Si Chon
Golf von Thailand
Nakhon Si Thammarat
408
41
Thale Noi
Phattalung
Thale Luang
408
4
Songkhla
4
Hat Yai
a Ngu
406
Chana
Pattani
Laem Ta Chi
42
4
Sai Buri
Satun
Sadao
Yala
42
Narathiwat
Kangar
410
Tale Bai
Alor Setar
Sungai Golok
MALAYSIA
Betong

Unterkunft	•Viele Hotels in **Nakhon Si Thammarat** befinden sich in der Nähe des Bahnhofs (Yommaraj Rd., Rachadamnoen Rd.), sowie in der Pak Nakorn Rd. (**-****), zudem gibt es Luxushotels (Si Phat, Pattanakarn Rd.). •An den Stränden stehen Bungalows: **Sabua** (**), **Si Chon** (**, ***), **Kho Khao** und **Hin Ngam** (**-****), **Khao Luang** (*** und Zelte).
Anreise	•**Ab Bangkok** (644 km): Vom *Southern Busterminal* fahren von 17.30 bis 20.30 Uhr **Normal-** und **A.C.-Busse**; Fahrtzeit ca. 11 Std.; **Züge** fahren vom *Hua-Lamphong-Bahnhof*. Man kann mit der Bahn nach Thung Song fahren (58 km südwestl.); zudem hat Nakhon Si Thammarat einen **Flughafen.** •**Khao Luang: Songthaews/Minibusse** ab Nakhon Si Thammarat (28 km); H-way 4015 nach Chawang, hinter Lansaka bei km 20 zum Nam Tok Karom, Eintritt 200 Baht. •**Ab Surat Thani:** Sammeltaxis. •**Zum Sabua-Strand** (H-way 401, bei km 12 abbiegen): Songthaews ab der Rachadamnoen Rd.; zum **Si-Chon-Strand** (H-way 401, km 70 in Si Chon nach Pak Nam abbiegen): Songthaews (ab Rernwithee Rd.) und Sammeltaxis (ab Yommaraj Rd.). •**Hin Ngam, Ao Thong Yang, Thong Yie:** Pickups, Motorrad-Taxis ab Si Chon.

PHATTALUNG

Phattalung gehört zu den touristisch vernachlässigten Provinzen, bietet jedoch hübsche Wasserfälle und Thermalquellen **(Khao Chaisorn).** Hier begegnen Reisende unverfälschter Freundlichkeit und Gelassenheit der Thais. Die Stadt Phattalung liegt inmitten von Reisfeldern. Zwei Kalkberge ragen aus der Ebene empor. Sie enthalten buddhistische Höhlentempel **(Wat Kuha Sawan, Wat Tham Malai).**

Pattalung grenzt nicht ans Meer, aber an den Thale Sap Songkhla (Songkhla Lake). Wenige Kilometer östlich von Phattalung liegt der beliebte **Hat Saensuk** bei dem Dorf **Lampam**. Das Wasser ist hier nur knietief.

Der **Thale Sap Songkhla** ist die größte Binnenlagune Thailands, die bei der Stadt Songkhla mit dem Meer in Verbindung steht. Der Salzgehalt des Wassers in dem Gewässersystem nimmt von Süden nach Norden ab. Das Gewässer ist etwa 80 km lang und 20 km breit, aber durchschnittlich nur 1,5 m tief. Es besteht aus drei Abschnitten. Den nördlichsten Teil des Gewässersystems bildet der weitgehend abgeschlossene **Thale Noi** (30 km^2). Es ist ein flacher Süßwassersee, der über natürliche Kanäle mit dem **Thale Luang** (780 km²) in Verbindung steht. Dem Thale Luang folgt der südlichste Abschnitt, der **Outer Songkhla Lake** (220 km²). Er öffnet sich zum Meer.

Der Thale Noi bildet ein **riesiges Vogelreservat.** Über 200 Arten wurden hier registriert. Von Januar bis April rasten *Ibisse, Störche* und *Reiher* in dem Feuchtgebiet. Im Mai bietet sich ein phantastisches Bild, wenn zahllose Seerosen erblühen. Der See kann mit Booten erkundet werden.

Purpurhuhn *(porphyrio porphyrio)* ↓

Unterkunft

- **Phattalung:** Wenige Hotels liegen in der Ramet, Dissara Sukharin und Kuha Sawan Rd. (**, ***).
- **Hat Lampam:** Bungalows (**-***)
- Am **Thale Noi** stehen Pfahlbungalows im Hauptquartier des Vogelreservates (***,****).

Anreise

- **Ab Bangkok** (840 km): Vom *Southern Busterminal* fahren abends **Normal-** sowie **A.C.-Busse** (Fahrtzeit ca. 12 Std). Außerdem Züge ab Hua Lamphong.
- **Zum Hat Saensuk Lampam** und **Khao Chaisorn** fahren Songthaews.
- **Zum Thale Noi** (36 km nördl.) gibt es Busse ab der Purisat Rd., oder man steigt auf der Strecke nach Nakhon Si Thammarat, Thung Song oder Surat Thani bei **Khuan Khanun** (20 km nördl.) vom Zug oder Bus in ein Songthaew um (H-way 4048 nach Osten).

SONGKHLA สงขลา

Songkhla war mehrere Jahrhunderte als Hafenstadt berühmt und als Piratennest berüchtigt. Die Stadt liegt an der Mündung des Thale Sap Songkhla zum Meer.

Strände

Der **Samila-Strand** erstreckt sich über mehrere Kilometer an der Landzunge entlang, die den Songkhla-See im Süden zum Meer begrenzt. Die beiden Inseln Ko Maeo (Katz) und Ko Nu (Maus), deren Gestalt den Tieren gleicht, liegen vor der Küste. Am Ende des Hat Samila steht die Statue einer Meerjungfrau, das Wahrzeichen Songkhlas. Der beschauliche **Hat Son Awn** umschließt die Spitze des Kaps. Im Hintergrund erheben sich die Hügel **Khao Noi** und **Khao Thung Khuan.** Von ihnen hat man einen schönen Überblick über die Küstenlandschaft. Am Strand liegen bei dem muslimischen Fischerdorf **Kao Seng** folkloristisch bemalte Khor-Le-Fischerboote.

Im südlichen Teil des Thale Sap Songkhla liegt **Ko Yo,** die durch zwei Brücken nach Norden und Süden hin mit dem Festland verbunden ist. Auf der Insel werden landesweit begehrte Webarbeiten gefertigt und auf dem Markt feilgeboten.

Die schmale Küstenzone östlich des Thale Sap ist eine Fortsetzung des endlosen Sandstreifens, der sich von Nakhon Si Thammarat bis nach Songkhla im Süden erstreckt. Leider ist er nunmehr eine Shrimpfarm-Wüste. Nördlich von Songkhla liegen drei beliebte Strände, der **Hat Kaeo, Hat Muang Ngam** und **Hat Sathing Phra**. Am Hat Kaeo trennt eine breite Lagune einen Sandrücken vom Festland ab.

Bei Sathing Phra befindet sich das **Vogelschutzgebiet Ko Khu Khud** am Westufer des Songkhla-Sees (33 km nördl. von Songkhla). Von November bis Dezember ist die beste Zeit zur Vogelbeobachtung. In der Nähe liegt auch der **Wat Pa Ko (Wat Rachaphraditsathan),** der von einem der verehrtesten Mönche Thailands geleitet wurde. Im Wat gibt es neben ei-

Die „Mermaid of Songkhla" →

nem Fußabdruck des Mönches schöne Wandmalereien und einen Chedi im Sri-Vijaya-Stil.

Bei **Pak Bang** (53 km südl. von Songkhla) liegt an einer Flussmündung der **Hat Pak Bang Sakom** mit einer vorgelagerten Insel **(Ko Kam).** Die Gegend eignet sich vorzüglich zum Rasten und Fischen.

Unterkunft

- In der Innenstadt von **Songkhla** gibt es einige Hotels in der Saiburi, Petchkiri und Rong Muang Rd. (**-***). Auch edlere Hotels sind vorhanden (****-ꟷ). Am **Hat Kaeo** steht ein Nobelresort (****-ꟷ). Weitere Unterkünfte am Sathing Phra (***) und auf Ko Yo (**-***).

Anreise

- **Ab Bangkok** (950 km): Vom Southern Busterminal fahren mehrere **Normal-** und **A.C.-Busse** (Fahrtzeit ca. 13 Stunden).
- **Von/nach Hat Yai:** Busse (Abfahrt: Rong Muang Rd.) und Sammeltaxis (Abfahrt: Ramviti Rd.). Damit können die guten Bus- und Zugverbindungen von Hat Yai genutzt werden.
- **Zur Ko Yo**: Busse (Abfahrt: Busbahnhof Ramvithi Rd.) über die Tinsulanonda-Brücke oder per Boot ab dem Pier westl. der Vichianchom Road. Achtung: Nie alleine in ein Boot einsteigen und die geforderten Preise aus der Welt der Astronomie zahlen, denn die Überfahrt kostet eigentlich maximal 10 Baht.
- Der Weg zum **Hat Kaeo** (2 km) zweigt nach 7 km und zum **Hat Muang Ngam** nach 18 km vom H-way 408 (Richtung **Sathing Phra)** rechts ab. Zum **Sathing-Phra-Strand** gelangt man von der Kreuzung gegenüber der Gemeindeverwaltung (500 m).
- **Vogelreservat Ko Khu Khud:** vom H-way 408 bei km 125 links ab (3 km). Es gibt einen „Bird-Watch-Tower" und es werden Boote vermietet.
- Der **Wat Pa Ko** liegt beim km 110 des H-way 408.
- **Hat Pak Bang Sakom:** von H-way 408 (Songkhla - Na Twie), über H-way 4086, Richtung Chana (13 km).

PATTANI UND UMGEBUNG ปัตตานี

Mit Pattani erreicht man den tiefen Süden Thailands. Hier stellen **Muslime die Bevölkerungsmehrheit.** Sie sprechen eine eigene Sprache aus malayischen und arabischen Elementen. Im 13. Jh. gelangte der Islam in diese Region. Zu dieser Zeit war Pattani ein eigenständiges Königreich, das erst 1832 endgültig von Thailand einverleibt wurde. Früher kam es oft zu bewaffneten Konflikten zwischen der (buddhistischen) Zentralregierung und Muslimgruppen. Zurzeit hat sich die Situation beruhigt.

- ★ 1 Bu-Nae-Bu-Di-Wasserfall
- ★ 2 Prasat Nang Phom Hom Forest Park
- ★ 3 Aranya-Warin-Wasserfall
- ★ 4 Sai-Khao-Wasserfall
- 5 Hat Rachadapisek
- ★ 6 Songkhla-Nakarin-Universität
- 7 Ta-Chi-Strand
- 8 Hat Talo Kapo
- 9 Panare-Strand
- 10 Hat Chalalai
- 11 Hat Ma Ruad
- 12 Hat Racharak
- 13 Hat Khae Khae
- 14 Hat Wah Sukri
- ★ 15 Salingdong Bayu Mountain
- ★ 16 Hadsai Chai Bung Banlaweng
- 17 Hat Bang Sai
- 18 Hat Bamai

In der Stadt Pattani zählen die **Pattani Central Mosque (Masjid Klang)** und die bunt bemalten Fischerboote auf dem Fluss zu den Touristenzielen. Etwa 1 km außerhalb Pattanis liegt **Suan Somdet Srinakarin,** ein schöner Park an einem See beim Pattani-Fluss.

In der Nähe befindet sich eine Außenstelle der **Prince of Songkhla University.** Auf dem Gelände gibt es auch ein Museum für Southern Studies mit Kunst- und Handarbeitsausstellungen.

Strände

Die Küste von Pattani birgt bemerkenswerte Strände, die z.T. nur mit eigenem Fahrzeug erreicht werden können. Im Norden der Provinz ist der **Rachadapisek-Strand** (15 km) am bekanntesten. Schatten spendende Kasuarinen laden zu einer Rast ein, obwohl der Sand nicht besonders schön und das Wasser meistens sehr trübe ist.

Am **Talo-Kapo-Strand** (18 km nordöstlich von Pattani) bei Yaring liegen viele traditionelle, reich verzierte **Khor-Le-Fischerboote.** Der weiße, bis 40 m breite Sandstreifen wird von Kokoshainen und Kasuarinen gesäumt. Der Strand erstreckt sich über 11 km bis zum **Ta-Chi-Kap** mit dem **Ta-Chi-Strand.** In südlicher Richtung gelangt man im Panare-Distrikt zu weiteren Stränden.

Am Strand des Fischerdorfes **Panare** sieht man ebenfalls zahlreiche Khor-Le-Boote. Er eig-

Hat Khae Khae, *der schönste Strand der Gegend* ←

net sich aber kaum zum Baden. Besser ist dagegen der auf einer kleinen Landzunge gelegene **Chalalai-Strand**.

Südlich (2 km) davon schließt sich der **Hat Ma Ruad** an. Von mit Kokospalmen bewachsenen Hügeln hinter dem Strand hat man eine herrliche Aussicht über die Umgebung. Auch am **Racharak-Strand** erheben sich niedrige Hügel und einige schattenspendende Felsen.

Der **Hat Khae Khae** liegt in einer felsigen Bucht (43 km südl. von Pattani, als Hat Ngae Ngae ausgeschildert). Es ist der schönste Strand in der Gegend, umschlossen von Felsen.

Bei **Saiburi** im Süden trifft man auf den **Hat Wah Sukri,** einen langen, von Kasuarinen gesäumten Strand an. Es folgen weitere, einsame Strände in einer schönen Naturlandschaft: Hat Sai, Hat Talo Laweng, Hat Bang Sai, Hat Bamai. Der **Hat Talo Laweng** gilt davon als der sauberste und schönste Flecken am Meer.

Unterkunft

- In **Pattani** findet man die meisten Hotels in der Pattani Pirom, Prida und Phipit Rd. (*-****).

Anreise

- **Ab Bangkok** (1.055 km): Vom *Southern Busterminal* fahren ein **Normal-** und **A.C.-Busse** zwischen 10.00 und 18.30 Uhr ab; Fahrtzeit ca. 14 Stunden.
- **Ab Hat Yai:** Busse, Minibusse und Sammeltaxis.
- **Rachadapisek-Strand (bei Ban Mor):** H-way 42 über Ban Klong nach Kud Nong Chik; hinter dem Distriktamt (2 km) zweigt ein Weg (4 km) zum Strand ab.
- **Talo-Kapo-Strand**: H-way 42 (nach Narathiwat) nach Yaring; über die Brücke des Klong Yamu zum Strand; vom Strand mit Longtail-Booten zum **Ta-Chi-Kap** oder die Strandstraße weiter bis zum Kap. (Boote fahren auch ab Pattani-Stadt von der Mündung des Pattani-Flusses, 1 Std.);
- **Hat Panare** und **Hat Chalalai:** H-way 42 nach 21 km links in H-way 4075, erneut links in H-way 4061, nach 4 km links in H-way 4157 (Panare – Saiburi) zum Panare- und rechts zum Chalalai-Strand (1 km).
- Zu den Stränden **Hat Ma Ruad**, **Hat Racharak, Hat Khae Khae** von H-way 4157 jeweils links ab.
- **Hat Wah Sukri** (auch direkt über H-way 42 erreichbar): von Sai Buri über den Fluss an einem Fischerdorf und Polizeiposten vorbei zum Strand fahren (2 km).
- **Hat Sai:** H-way 42 (60 km fahren), hinter Mai Kaen links ab. 8 km hinter der Brücke liegt der Strand.
- **Hat Talo Laweng, Hat Bang Sai** und **Hat Bamai** liegen entlang H-way 4136 südlich von Mai Kaen im Subdistrikt Sai Thong.

NARATHIWAT นาราธิวาส

Das beschauliche Narathiwat ist Thailands südlichste Provinz am Golf von Thailand. Einige Mittelgebirge und Flussebenen durchziehen die Provinz im Landesinneren. Eine **breite Küstenebene** bildet die Grenze zum Meer.

Die **Bevölkerung** ist überwiegend muslimisch. Die meisten leben von der Landwirtschaft (Kokosnüsse, Obst, Reis) und Fischerei. Sehenswert sind neben dem Sirindhorn- und Chat Warin- vor allem der imposante **Bajo-Wasserfall,** eine aus Holz errichtete **200 Jahre alte Moschee** und der **Wat Phitak Phaendin Thai,** der südlichste buddhistische Tempel Thailands.

Der ***Sumpfwald*** *Phru Toh Daeng beherbergt viele seltene Tierarten* ↓

Bei Sungai Golok findet man das größte noch erhaltene Sumpfwaldgebiet Thailands (327 km²), den **Phru Toh Daeng** oder **Phru Sirindhorn.** Er steht in der Nähe des Nara-Flusses auf ehemaligen Küstensedimenten. Etwa 470 Pflanzenar-

ten sind in dem Gebiet beschrieben worden, darunter endemische Arten (z.B. MARACANGA PRIUNOSA), d.h. Arten, die nur in dieser Region vorkommen. Neben vielen Fischarten bietet der Phru Toh Daeng Lebensraum für 14 Amphibien-, 30 Reptilien-, 195 Vogel- und 50 Säugerarten, wie den *Schwarzen Panther* und *Kragenbär.* Manche Arten wurden in Thailand erstmals in diesem Gebiet nachgewiesen *(Singapur-Schwein, Rotwangen-Flugechse).*

Strände

Vor der Stadt Narathiwat liegt ein 4-5 km langer, von Kasuarinen gesäumter Sandstrand, der **Hat Narathat.** In der kleinen Fischergemeinde am Strand diktiert das Meer seit Generationen den Tagesrhythmus. Die Beschaulichkeit und Trägheit des Tages weicht in der Nacht und am frühen Morgen, wie in allen Fischerdörfern Thailands, der Knochenarbeit des Fischfangs.

- An Wasserfällen gedeiht die *Goldblättrige Bauhinie,* eine Rankenpflanze, deren samtige, gelappte Blätter sich an der Pflanze dekorativ von grün über rotbraun und violett in silbern umfärben.

Bei Tak Bai liegt die **Ao Manao** (Zitronenbucht), ein Strand, der von schönen Felsen durchsetzt ist. Ihm folgen bis zur malayischen Grenze noch „unentdeckte" Strände.

Unterkunft

- In **Narathiwat** gibt es einfache Unterkünfte (**) in der Phupapakdi und Chamrun Rd., ferner gehobene Hotels im Zentrum (***-ꓵꓵ).
- **In Sungai Golok** gibt es viele Hotels (**-ꓵꓵ), die an den Wochenenden vor allem von Malayen belegt werden.

Anreise

- **Von Bangkok nach Narathiwat** (1.149 km): Vom *Southern Busterminal* fährt ein **Normalbus** um 15.30 Uhr und ein **A.C.-Bus** um 18.30 Uhr; Fahrtzeit ca. 15 Std.;
- **Sungai Golok: Normalbus** um 19.30 Uhr, **A.C.-Busse** um 18.30 und 21.50 Uhr; **Züge** vom *Hua-Lamphong-Bahnhof* starten um 12.35 und 14.00 Uhr (nach Narathiwat in Tanyong Mas aussteigen und mit Taxis weiter); ferner gibt es einen Flughafen.
- **Von Hat Yai nach Narathiwat** und **Sungai Golok:** A.C.- oder Minibusse.
- **Von Narathiwat nach Sungai Golok:** Normal- oder Minibusse.
- zur **Zitronenbucht:** H-way 4084 nach Tak Bai (Busse ab Narathiwat) zwischen km 3 und 4 links noch ca. 1 km.
- **Phru Toh Daeng**: Auf der Straße von Sungai Golok nach Narathiwat zwischen km 2 und 3 rechts in einen Nebenweg (3 km), erneut links (2 km) bis zum Hauptquartier. Von Sungai Golok kann man mit Motorradtaxis dorthin fahren.
- **Bajo-Wasserfall:** H-way 42, bei km 73 (26 km nördl. von Narathiwat); der Chat-Warin liegt 6 km von Sungai Padi (H-way 4056), der Sirindhorn 7 km von Waeng (H-way 4057) entfernt.
- **200-Jahre-Moschee:** H-way 42, 25 km nach Norden, links nach Ban Talomanoh (1 km).
- **Wat Phitak Phaendin Thai:** H-way 4084 nach Tak Bai (30 km).

DIE WESTKÜSTE

Westküste
MYANMAR
(BURMA)
Andaman-
See
Pulyaban-Wasserfall
Ranong
Thermal-quellen
KO CHANG
Ngao-Wasserfall
KO PHAYAM
4
Bang-Baen-Strand
Kapoe
Laem-Son-Nationalpark
Burma Banks
Ko-Surin-Nationalpark
KO SURIN NUA
KO SURIN TAI
KO KAM YAI
Prapas-Strand
1250
KO RA
Kura Buri
Chieo Lan Reservoir
KO PHRA THONG
KO TACHAI
Khao-Sok-Nationalpark
KO KOR KHAO
Tamnang-Wasserfall
Takua Pa
401
KO BON
Sri-Phang-Nga-Nationalpark
Surat Thani
Bang-Niang-Strand
Bang Sak
Khao-Lak-Strand
Nationalpark Ko Similan
Khao-Lak-Lamru-Nationalpark
Thap Lamu
Khao Lak 622
Krabi
Lam-Pi-Wasserfall
Thai-Muang-Strand
Thap Put
Thai Muang
Phan-Nga
Khok Kloy
Ao-Phang-Nga-Nationalpark
Ban Tanun
0
50 km
Phuket
Ko Yao Yai
KO YAO NOI

RANONG UND UMGEBUNG ระนอง

Ranong ist eine der regenreichsten und die am dünnsten besiedelte Provinz Thailands. Die Berge sind mit einem **Regenwaldteppich** überzogen. An der Küste gibt es ausgedehnte **Mangrovewälder.** Ranong verdankt seinen beträchtlichen Wohlstand den **Zinnminen,** die aber heutzutage weitgehend ausgebeutet sind. Reiche Fischgründe, Landwirtschaft (Cashewnüsse, Kaffee) und aufblühender Tourismus kompensieren diese Verluste leicht. Vor 250 Jahren gründeten Hokkien-Chinesen, die sich im Zinnbergbau verdingten, die Stadt Ranong. Am gegenüberliegenden Ufer des Chan-Ästuars liegt die Südspitze Myanmars mit dem lebhaften Marktflecken Victoria Point.

Die bekannteste Sehenswürdigkeit in der Stadt sind die **Thermalquellen** (1 km vom Zentrum). Das Wasser hat beim Austritt aus der Erde eine Temperatur von 72° C. Über eine Pipeline gelangt es in das Chansom Thara Hotel, wo man ein angenehmes Bad nehmen kann.

Von den Quellen flussaufwärts (7 km) bei **Som Ben** gehen noch Zinnwäscher ihrer Arbeit nach. Nordwestlich von Ranong (8 km) an der Mündung des Kra-Buri-Flusses liegt der schlammige **Hat Chan Damrin** (Hat Chanson Thara).

Eier kochen in den ***heißen Quellen*** *von Ranong→*

Westküste

Warane *(Varanus salvator) sieht man häufig in den Küstenwäldern* ↑

Der urwüchsige ***Strand Laem Son*** →

Im Distrikt **La-un** bietet der Berg **Khao Fa Chi** einen schönen Panoramablick über die Küstenlandschaft.

Im Flussbett des La-un-Flusses liegt bei der Brücke am H-way 4 ein **japanisches Kriegsschiff** im Schlamm begraben. Bei Niedrigwasser tauchen Reste des Wracks aus den Fluten auf. Die engste Stelle der Halbinsel, die **Landenge von Kra,** liegt in der Nähe von **Kra Buri.** Hier gibt es einen Aussichtspunkt mit schöner Sicht auf den Kra-Buri-Fluss, vor allem in der Abendsonne.

Südlich von Ranong befindet sich bei **Ban Ngao** (12 km südl. von Ranong) ein großes **Mangrovenschutzgebiet** mit Forschungsstation. Über Holzstege kann man durch seit über 100 Jahren nahezu unberührte Mangroven wandern. In manchen Zonen werden die Mangrovenbäume kontrolliert zur Holzkohlegewinnung eingeschlagen. In der Umgebung von Ban Ngao rauscht der **Nam-Ngao-Wasserfall** über viele Kaskaden den Berg hinab. Er gehört zum **Klong-Phlao-Schutzgebiet.**

Vor der Küste liegen **Ko Chang** und **Ko Payam** mit unversehrter Natur und herrlich beschaulichen Stränden an ihren Westküsten.

Ko Changs schönste Strände liegen abseits der Hauptbucht (Ao Yai).

Der **Laem-Son-Nationalpark** (315 km²) umfasst neben einem über 50 km langen Küstenstreifen 20 vorgelagerte Inseln. Das erste Parkhauptquartier liegt bei **Ban Baen** (58 km südl. von Ranong), einer kleinen Fischergemeinde. Der breite, mit *Kasuarinen* und *Strandwinden* bewachsene Strand ist ein vorzüglicher Rastplatz. Wer Wanderungen durch Mangroven und trockenfallende Marschflächen in dem benachbarten Ästuar liebt, kommt auf seine Kosten.

Laem Son vorgelagert sind **Ko Kam Noi, Ko Kam Yai, Ko Kao Khwai** und **Ko Lu Kam Tok.** Sie lohnen sich in jedem Fall für einen Ausflug, die Korallengründe sind aber dürftig. Das südliche Hauptquartier befindet sich am urwüchsigen **Prapas-Strand** (90 km südl. von Ranong), an dem allerlei (natürliches) Treibgut liegt.

Schöne Eindrücke von den mit Dschungel bewachsenen Bergen Ranongs gewinnt man bei einem Abstecher zum **Wildschutzgebiet Klong Na Kha.** Längere Besuche müssen bei der National Parks Division des Royal Forestry Department in Bangkok angemeldet werden (Kontakt siehe unter „Kurzinfo Bangkok“ im Anhang).

Unterkunft

- **Ranong:** Einfache und mittlere Hotels (**, ***) befinden sich an der Ruangrat Rd.; an der Petchkasem Rd. liegen edlere Hotels (****, ш).
- Am **Hat Chan Damri** steht ein Luxusresort.
- **Ko Chang:** Bungalowanlagen (*-**), oft nur November bis April offen.
- **Ko Phayam:** Einfache Bungalows (**, ***) und eine Resortanlage im Osten (ab ***).
- Im **Laem-Son-Nationalpark** gibt es im Hauptquartier bei **Ban Baen** Bungalows (***, ****) und Zelte zu mieten. Außerhalb der Parkgrenze bieten Privatleute Bungalows an (**, ***).

Anreise

- Ab **Bangkok** (568 km): Vom Southern Busterminal fahren täglich etliche **Normal-** und **A.C.-Busse** (9.00-21.00 Uhr, Fahrtzeit ca. 9 Std.); zudem gibt es **Flugverbindungen.**
- Ab **Chumphon** fahren **Normal-** und **Minibusse;** die **Busstation** liegt außerhalb der Stadt am H-way 4; Songthaews und Motorrad-Taxis fahren in die Stadt.
- **Hat Chan Damri** (nördl. von Ranong): H-way 4004 (Pak Nam), bei km 8 rechts ab (1 km).
- **Landenge von Kra, Aussichtspunkt** (nördl. von Ranong): H-way 4 bei km 545.
- **Khao Fa Chi:** H-way 4, bei km 580 abbiegen (5 km).
- **Pulyaban-Wasserfall:** H-way 4, bei km 597.
- **Von Ranong nach Süden:** Busse fahren nach Kapoe, Khao Lak, Phang-Nga, Phuket und Krabi.
- **Zum Nam-Ngao-Wasserfall:** H-way 4, bei km 625 links ab.
- **Zur Mangrove Forest Research Station**: bei km 626 rechts ab.
- **Laem-Son-Nationalpark**: H-way 4 bei km 672 aussteigen und mit dem Motorradtaxi nach **Ban Baen** (10 km).
- **Hat Prapas**:H-way 4 bei km 702 rechts ab (3 km).
- **Schutzgebiet Klong Na Kha:** H-way 4 bei km 685 links.
- **Ko Chang:** Longtail-Boote vom Hafen Tha Rua (Saphan Pla), 1-2 Abfahrten pro Tag; Transfer von der Stadt per Songthaew.
- **Ko Phayam:** Mit einem Longtail- oder Speedboot (3 bzw. 1 Std.) vom Hafen Tha Rua (Saphan Pla); Normale Fährboote starten nicht immer regelmäßig, ggf. muss man ein Boot chartern; vom Hafen fahren auch Boote zum **Victoria Point** (Burma).

PHANG-NGA UND UMGEBUNG

Die Provinz Phang-Nga bietet eine der faszinierendsten Landschaften Südthailands. Dicht bewaldete Berge, steil aufragende Kalkfelsen und die fabelhafte Inselwelt der **Phang-Nga-Bucht** sind eine Augenweide. Ein Irrgarten von mit Mangroven gesäumten, zerklüfteten Inseln lädt zu abenteuerlichen Bootsausflügen vom **Klong-Kho-Thalu-Fluss** in den **Ao-Phang-Nga-Nationalpark** (401 km²) ein.

Inseln und Strände

Zahlreiche Inseln der Phang-Nga-Bucht sind mit Höhlen durchsetzt. Die **Tham-Lod-Höhle** mit ihrem verborgenen Eingang durchstößt eine Insel vollständig.

An der Felswand des **Khao Khien** findet man über 3.000 Jahre alte **Felsmalereien**, die von rastenden Seeleuten angefertigt wurden. **Ko Khai** besteht aus zwei kleinen Inseln, von denen eine, **Ko Khai Nai**, einen kleinen Strand aufweist. Wenig frequentierte Badestrände in der Phang-Nga-Bucht liegen auch auf **Ko Mak, Ko Chong Lat** und **Ko Klui.**

Der Nagelfelsen **(Khao Tapoo)** ist wohl der am häufigsten fotografierte Felsen Thailands. Er erlangte mit dem James-Bond-Film „Man with the Golden Gun" internationale Berühmtheit. Den besten Blick auf Ko Tapoo hat man von der **Pingan-Insel,** die während der 007-Dreharbeiten zur Hälfte weggesprengt wurde. Dort landen auch die zahlreichen Ausflugsboote und entladen ihre Passagiere. Auf der kleinen Sandfläche drängen sich Souvenirshops und Touristen gleichermaßen.

Auf **Ko Pannyi** befindet sich ein **Muslimdorf,** das auf Pfählen über dem Meer steht. Nur die Moschee wurde auf dem Festland errichtet. Das Fischerdorf beherbergt zahlreiche Souvenirshops und Restaurants. Erst in den hinteren Teilen des Dorfes entfaltet sich das traditionelle Leben der Fischer von Ko Pannyi.

Weiter südlich liegen **Ko Yao Yai** und **Ko Yao Noi,** einsame, grüne Inseln mit herrlichen Stränden, die z.T. wunderschöne Ausblicke auf die Silhouette der Karstfelsen der Ao Phang Nga bieten. **Ko Yao Noi** zieren der herrliche **Hat Klong Jaak,** der **Hat Pa Sai** und der von interessanten Felsen durchsetzte **Hat Tha Khao.** Bei Ebbe gelangt man von dort zur **Ko Nok.** Auf **Ko Yao Yai** lohnen sich an der Westseite vor allem der **Hat Ao Muang** und der gute Badestrand **Hat Loh Pa Raed** mit einem Felsenkap am Nordende. Weitere nette Plätze sind die **Ao Tiekut, Ao Klong Son, Ao Sai** sowie die **Ao Larn,** die am

Häufig liegen **Hongs** (Räume) im Inneren einer Insel. Dies sind Höhlen, deren Decken durch Erosion einstürzten, wobei die Eingänge aber erhalten blieben. So entstanden von Felsen umschlossene, mit dem Meer verbundene Canyons. Sumpfige Lagunen und steile Schluchten machen z.B. Ko Hong zu einem spektakulären Ausflugsziel (Kanu-Trips ab Phuket s. dort).

besten per Boot angesteuert wird, und das **Laem Nok Ook** mit von Felsen durchsetzten Sandabschnitten. Die **Ao Hin Gong** ist recht verschmutzt. Bei Ko Yao Yai birgt **Ko Beleh,** eine Perle unter den Inseln, Sandstrände, Korallenbänke, Höhlen und eine überwältigende Lagune.

Auch auf dem Festland bietet Phang-Nga interessante Ziele. Am Rand der Stadt Phang-Nga ragen Karstberge auf, die von Höhlen durchlöchert sind. Besonders geachtet wird die **Tham Russi,** die von der Statue eines verehrten Weisen bewacht wird.

Westlich von Phang-Nga liegt die **Tham Sawan Kuha,** eine große Grotte mit einem liegenden Buddha und zahlreichen kleinen Buddhastatuen im Innern.

Das Wahrzeichen der Provinz ist der **Khao Chang** (Elefantenberg) im Süden bei **Khok Kloy.** Ebenfalls im Süden, vor der Meerenge nach Phuket, legen *Seeschildkröten* an den Stränden von **Ban Tanun** ihre Eier ab. Am benachbarten, von Felsen umrandeten Strand von **Khao Pielai** kann man ungestört baden.

© Foto: Martin Lutterjohann

Ausflüge

Im Westen der Provinz liegt der **Nationalpark Khao Lampi – Hat Thai Muang** (72 km²). Zwischen November und Februar kommen *Seeschildkröten* zur Eiablage an den friedlichen **Hat Chai Thale Thai** bei Thai Muang. Einige Wasserfälle wie **Nam Dok Lampi, Ton Phrai** und **Ton Bang Po** sind sehenswerte Ziele in dem Park. In den Wäldern sind die Rufe der *Lar-Gibbons* zu hören. Die Tiere selbst bekommt der Besucher seltener zu Gesicht. Außerdem leben *Makaken, Languren* und *Tapire* in dem Gebiet.

Weiter nördlich passiert man nach einer Fahrt durch Obstplantagen die Hafenstadt **Tap Lamu,** von wo Boote zu den Similan-Inseln fahren.

Der 125 km² große **Nationalpark Khao Lak-Lamru** birgt vielfältige Landschaftsformen. Große Felsen durchsetzen den schier endlosen Sandstreifen am erholsamen **Khao-Lak-Strand** und verleihen der Küste ein urwüchsiges Ambiente. In dem Gebiet leben *Gibbons, Tapire* und *Asiatische Schwarzbären.* Vogelliebhaber können wunderschöne *Nashornvögel* beobachten. Tauch- und Schnorchelmöglichkeiten bieten ein vorgelagertes Korallenriff und das Wrack eines Zinnbagger-Schiffes. Khao Lak etablierte sich zu einem Sprungbrett für Tauchtrips zu den **Similan-Inseln.**

Sehr seltene ***Lederschildkröte*** *(Dermocheleys coriacea) bei der Eiablage* ↑

Strandidyll am ***Hat Khao Lak*** ←

Westküste

Beliebte Ausflugsziele auf dem Festland sind der fünfstufige **Lamru-Wasserfall** und die Wasserfälle **Laem Phraw, Hin Lad**, **Ton Chong Fa.**

Auf dem Weg nach Norden, Richtung Takua Pa, passiert man weitere nette Strände **(Bang Niang**, **Bang Sak, Taptawan-Strand).** Sehr beeindruckend ist der **Hat Bang Sak** mit mächtigen *Kasuarinen* im Hintergrund. Südlich schließt sich noch eine breite, sandige Bucht an.

• Übernachten im Nationalpark (ab *, Zelte)** am H-way 4, (km 756). Buchung bei der National Parks Division in Bangkok (s. im Anhang „Kurzinfo Bangkok") oder direkt im Park bei Kura Buri.Eintritt: 200 Baht.

Die Ebenen und Hügel des **Nationalparks Si Phang-Nga** (246 km²) bei **Kura Buri** (nördl. von Takua Pa) sind mit dichtem Regen- und Monsunwald bedeckt. In kleinen Kaskaden rauscht der **Tamnang-Wasserfall** in einen See herab.

Nördlich von Kura Buri liegt die **Ao Khoei** (H-way 4, bei km 712) mit einem kleinen, verschwiegenen Strand. Vor Kura Buri liegen **Ko Phra Thong** mit einem adretten 11 km langen Strand und **Ko Kor Khao,** auf der sich zwischen dem Klong Muang Thong und Klong Thung Tuek Überreste einer alten Handelssiedlung **(Muang Boran Thung Tuek)** befinden. Hier war einst ein sehr wichtiger Hafen, wie indische und chinesische Porzellan- und Münzfunde belegen. Er lag sturmgeschützt, besaß über den Takua-Pa-Fluss eine gute Festlandsanbindung und konnte von großen Schiffen angefahren werden.

Das Wasser der ***Turtle Bay*** *(Ko Similan Nr.8) ist glasklar* ↓

Unterkunft

- Entlang der Petchkasem Rd. in **Phang-Nga** liegen Hotels ab **.
- Die **Bungalows des Phang-Nga-Nationalparks** (ab ***) und ein Edelresort befinden sich am Bootspier **Tha Dan.**
- Auf **Yao Noi:** Bungalows und Guest Houses (**-ш); auf **Yao Yai** Bungalows (***).
- **Khao Lak, Bang Niang:** Etliche Resorts (***-ш, die günstigsten liegen östlich des H-way 4); in der Hochsaison sind preiswerte Bungalows rasch ausgebucht.
- **Bang Sak, Taptawan Beach:** ***-ш.
- In **Takua Pa** befinden sich mehrere kleine Hotels (*-***).
- In **Khura Buri** findet man schlichte Hotels (**) bzw. ein Resort (ш).
- Auf **Ko Phra Thong** stehen zwei Resorts ab ***.
- **Thai Muang** (**-ш), **Hat Chai Thale Thai** (**-***).

Anreise

- Von **Bangkok nach Phang Nga** (815 km): Täglich mehrere Normal- und A.C.-Busse; Fahrtzeit ca. 12 Stunden.
- Von **Bangkok nach Khao Lak:** A.C.-Bus vom Southern Busterminal um 18.50 Uhr; Bangkok nach **Takua Pa:** Normal- und A.C.-Busse, entweder direkt oder die Phuket-Busse.
- Gute Busverbindungen bestehen von **Phang Nga, Khao Lak** und **Takua Pa** nach Krabi, Phuket und Surat Thani.

Strände

- **Ko Yao Noi:** Linien- und Charterboote ab Phuket (Bang-Rong-Pier), Ao Luek (Laem-Sak-Pier), Phang Nga (Tha Dan) sowie Ao Nang (nur Charter).
- **Ko Yao Yai:** Boote ab Phuket vom Thien-Sin-Pier (Phuket Town), Laem-Hin-Pier (Ao Sapham) und Bang-Rong-Pier (Ao Por).
- **Ko Yao Noi nach Ko Yao Yai:** Boote vom Manoh-Pier.
- **Ko Beleh:** Bootscharter ab Ko Yao Noi oder Ao Nang.
- **Ko Phra Thong:** Gelegentlich reguläre Boote vom Phae-Chumphon-Pier bei Ban Hin Lad nördlich von Khura Buri; Charter auch vom Nam-Khem-Pier (südl. von Takua Pa) oder Thung-La-Ong-Pier bei Ban Bang Khang (40 km von Khura Buri).
- Abzweige von H-way 4 (Phuket – Ranong): **Khao Lampi – Hat Thai Muang** (km 33), **Khao Lak** (km 57), **Bang Niang**, **Nam Tok Ton Chong Fa** (km 62), **Bang Sak** (km 76), **Taptawan-Strand** (km 77).

Touren

- **Touren in die Phang-Nga-Bucht:** Songthaews/Minibusse von Phang Nga zum Hafen, dort ein Boot chartern (oder im Muang-Thong-Hotel bzw. Busbahnhof fragen); Pauschaltouren starten auch ab Phuket und Krabi; sehr zu empfehlen sind ein oder mehrtägige **Kanu-Touren** (Tagestouren ab 2.700 Baht, 3 Tage ab 16.000 Baht; Anbieter s. Kapitel „Phuket"):
- In **Khao Lak** werden vielerorts **Wander-**, **Boots-** und **Schnorchelausflüge** in die diversen Nationalparks angeboten; auf **Ko Yao Noi** lohnen sich Mountainbike-Touren (diverse Angebote ab Phuket).

SIMILAN-INSELN เกาะสิมิลัน

Die Inseln sind nach der Entfernung von Phuket von Nr. 1 - 9 nummeriert.

Die Similan-Inseln liegen 90 km vor der Küste. Die unbewohnten, von türkisfarbenem Meer umspülten **Granitinseln** sind seit 1982 Nationalpark (128 km²). Sie entstanden vor 230-330 Mio Jahren, als heiße Magma an die Erdoberfläche drang. Mächtige Granitblöcke über und unter Wasser sind Zeugen der Erdge-

●Unterkunft: Bungalows (***-****, Einzelbetten **) und Zelte; Reservierung: National Park Office, M. 1 Laem Kaen Thai Muang, Tel. (076) 411913-4 oder bei der National Parks Division in Bangkok (s. im Anhang „Kurzinfo Bangkok")
●Anreise: Von **Thap Lamu** fahren reguläre Boote nach Ko Mian; tägliche Ausflugs-, Schnorchel-, und Tauchtouren ab Khao Lak sowie Phuket. Eintritt: 200 Baht.

schichte. Die gigantischen Felsen der **Campbell-Bay** gelten als Wahrzeichen der Similans.

Die Inseln sind mit **Inselregenwald** und laubabwerfenden Mischwäldern bedeckt, in die der Monsunwind parallele Furchen in die Vegetation geschnitten hat. *Languren, Lar-Gibbons, Seeschwalben, Nikobaren-Tauben, Graue Riffreiher und Weißbauch-Seeadler bevölkern die Inseln. Meeresschildkröten* besuchen die Strände zur Eiablage.

Auf **Ko Miang** befindet sich das Park-Hauptquartier. Die Buchten dieser Insel bergen prächtige Strände, etwa die **Honeymoon Bay.** Ihrer abgeschiedenen Lage weit vor der Küste verdanken die Similans ihren Weltruf. Das Wasser ist phantastisch klar. Leider setzen Touristenströme, verantwortungslose Schnorchler und Taucher der Lebenswelt zu. Besucher sollten sich deshalb um strikte Müllvermeidung und schonenden Umgang mit der Natur bemühen.

TAUCHEN UM DIE SIMILAN-INSELN

Tauchunternehmen siehe auch Kapitel zu Phuket; die Bezeichnungen der Tauchplätze unterscheidet sich z.T. je nach Tauchschule.

Die Similan-Inseln verfügen über mehr als 20 ausgewiesene Tauchstellen. Die **beste Tauchzeit** ist von Dezember bis April. Die **Sichtweiten** betragen normalerweise mindestens 15-25 m, in der Hochsaison über 30 m. Die Vielfalt an Fischen ist enorm. Liebhaber von *Mantas, Stachelrochen, Grauen Riffhaien* und *Korallenfischen* kommen leicht auf ihre Kosten. Farbenprächtige *Füsiliere, Süßlippen, Fledermaus-* und *Papageifische* umschwärmen die Tauchenden. Sogar die extrem seltenen *Hairochen* werden hier gesichtet. Auch die Fauna wirbelloser Tiere ist sehr reichhaltig. *Korallen, Röhrenwürmer, Muscheln, Schnecken, Tintenfische, Krabben, Langusten* und Stachelhäuter sind in großer Artenfülle vertreten.

Coral Gardens (Insel Nr. 1), **Honeymoon** und **Navy Bay** (Nr. 4), **Eastern Front** (Nr. 5), **Turtle Gully** (Nr. 8) und der **Wrong Place** (Nr. 9) besitzen schöne Hartkorallenformationen.

Unterwasserwelt der Similan-Inseln:

Korallenriff →

© Foto: Mark Strickland

Roter Maschenseestern *(Fromia mollis)* →

Gelbrückenfüsilier *(Caesio teres)* →

Bryozoa *(Gen. sp.)* →

•**Tauchen:** Ab Khao Lak kostet ein lokaler Tauchtag (Riff, Wrack) 1.300-1.800 Baht; Tagestouren nach Ko Similan, Ko Tachai, Ko Bon, Richelieu Rock 3.700-4.300 Baht plus Park-Gebühren; Live-aboards ab 10.800 Baht (2 Tage) oder 17.800 Baht (4 Tage); Open-Water-Kurse ab 7.800 Baht. **Sea Dragon Dive Center,** 9/1 M. 7 T. Khuk Khak, Khao Lak, Phang Nga 82190, Tel. (076) 420420, Fax 420418, E-Mail: info@seadragon-divecenter.com. **Kontiki Khao Lak,** P.O. Box 5, Laem Kaen, Phang Nga 82210, Tel. (076) 420208, Fax 420120, E-Mail: info@kontiki-khaolak.com. Empfehlenswert sind zudem: **Sea Bees,** Nang Thong, Tel. (076) 420581, Fax 420727 sowie **Sub Aqua,** Tel./Fax 420165 und **Manta Point,** Tel./Fax 420570 am Hat Bang Niang.

Bei der **Morning Edge** (Nr. 7) stehen mächtige *Porenkorallenblöcke* im Flachwasser, auf denen *Weich-* und *Hornkorallen* wachsen.

Vielen Tauchstellen fehlt jedoch üppiger Steinkorallenwuchs. Oftmals taucht man über wenig bewachsene Felsblöcke und Canyons, die aber ausgesprochen reizvolle Tauchgründe darstellen. Manche Areale erinnern an eine Mondlandschaft unter Wasser.

Tolle Unterwasserlandschaften bieten der **Elephant Rock, Elephant Pinnacle**, das **Fantasea Reef** (Nr. 8) sowie **Stonehenge** und die **China Wall** (Nr. 4). Die China Wall ist ein riesiger Felsblock mit einer senkrechten Wand, die wie gemeißelt wirkt. An diesen Stellen findet man außer einigen *Geweih-* und *Zäpfchenkorallen* kaum Hartkorallen, dafür aber große *Fächergorgonien, Draht-* und *Weichkorallen.* In größeren Tiefen sind *Dörnchenkorallen* häufig.

Große *Stachelrochen, Riff-* und *Leopardenhaie* sieht man vor allem am **Southeast Point** (Nr. 1), an der **Eastern Front** (Nr. 5), bei **Deep Six** (Nr. 7) und in der **Navy Bay** (Beacon Point, Nr. 8). Am **Fantasea Reef** und dem **Christmas Point** (Nr. 9) bieten sich gute Chancen für Begegnungen mit *Mantas.*

An der **Snapper Alley** (Nr. 9) findet man schöne Cavernen und Felsspalten, in denen sich mächtige *Langusten* und *Kraken* verbergen.

Nördlich der Similans, auf dem Weg zu den Surin-Inseln, liegen **Ko Bon** und **Ko Tachai** mit erstklassigen Riffen, die in 30 m Tiefe hinabreichen. Am **South Ridge** von Ko Tachai ist der Felsen mit farbigen *Pracht-, Horn-* und *Zäpfchenkorallen* gepflastert. Darüber kreisen *Barrakudas.*

Der **West Ridge** und **Coral Garden** bei Ko Bon sind selbst für verwöhnte Rifftaucher ein Erlebnis. *Leoparden-, Riffhaie* und *Seeschlangen* sind hier regelmäßig zu sehen.

Tauchrevier	Tauchstellen	Tiefe	Qualität
Ko Huyong (Nr. 1)	***Southeast Point*** (Granitblöcke, Stein- und Hornkorallen, Stachelrochen)	40 m	++++
Ko Huyong (Nr. 1)	***Coral Gardens*** (Gute Riffstrukturen, Gorgonien)	18 m	+++
Ko Huyong (Nr. 1)	***Shark Fin Reef*** (Mondlandschaft aus Granitblöcken)	40 m	++
Ko Miang (Nr. 4)	***China Wall*** (Senkrechte natürliche Steilwand)	38 m	++++
Ko Miang (Nr. 4)	***Stonehenge*** (Granitblöcke, Canyons, Horn- und Weichkorallen)	35 m	+++
Ko Miang (Nr. 4)	***Honeymoon Bay*** (gute Riffstrukuren, Steinkorallen)	22 m	+++
Insel Nr. 5	***Eastern Front*** (Granitblöcke, Hornkorallen, Stachelrochen)	34 m	++
Insel Nr. 6	***Batfish Bend*** (gute Riffstrukturen bis 15 m)	20 m	++
Ko Payu (Nr. 7)	***Morning Edge*** (Porenkorallenblöcke, Riffkorallen bis 30 m)	25 m	+++
Ko Payu (Nr. 7)	**Deep Six** (Stein- und Weichkorallen, Riffhaie)	40 m	++
Ko Similan (Nr. 8)	***Elephant Rock*** (Granitblöcke, Hornkorallen, Riff-Fische)	25 m	+++
Ko Similan (Nr. 8)	***Elephant Pinnacle*** (Amphitheater, Prachtkorallen, Riff-Fische)	43 m	+++
Ko Similan (Nr. 8)	***Navy Bay*** (Riff- und Leopardenhaie, Stachelrochen)	36 m	+++

Tauchrevier	Tauchstellen	Tiefe	Qualität
Ko Similan (Nr. 8)	***Beacon Beach*** (Steinkorallen, Langusten)	34 m	++
Ko Similan (Nr. 8)	***Turtle Gully*** (Korallenblöcke, Seeschildkröten)	18 m	++
Ko Similan (Nr. 8)	***Turtle Rock*** (Granitblöcke, Gorgonien, Prachtkorallen)	28 m	++
Ko Similan (Nr. 8)	***Campbell's Bay Boulders*** (Canyons, Überhänge, Seeschlangen)	25 m	+++
Ko Similan (Nr. 8)	***Ashley's Choice*** (Gorgonien, Peitschenkorallen, Stachelrochen)	37 m	++
Ko Similan (Nr. 8)	***Fantasea Reef*** (Granitblöcke, evtl. Mantarochen)	40 m	++
Ko Bagnu (Nr. 9)	***Christmas Point*** (Granitblöcke, Fächergorgonien, Prachtkorallen)	25 m	+++
Ko Bagnu (Nr. 9)	***The Mooring*** (Korallenblöcke)	25 m	++
Ko Bagnu (Nr. 9)	***Snapper Alley*** (Cavernen, Zäpfchenkorallen, Langusten, Octopusse)	25 m	+++
Ko Bagnu (Nr. 9)	***The Wrong Place*** (viele Riffblöcke, Gorgonien)	28 m	+++
Ko Tachai	***South Ridge*** (Korallengrund, Horn- und Weichkorallen, Barrakudas)	34 m	++++
Ko Bon	***West Ridge*** (Sehr schönes Riff, Seeschlangen)	40 m	++++
Ko Bon	***Coral Gardens*** (Gutes Riff, Überhänge, Muränen, Seeschlangen)	25 m	++++

NATIONALPARK MU KO SURIN

หมู่เกาะสุรินทร์

Anreise
- Bei Khura Buri (Ngan Yong, 6 km) liegt das **Nationalpark-Büro,** Tel. (076) 491378.
- Boote (4-5 Std.) **ab Khura Buri** (Phae Chumphon-Pier bei Hin-Lad, H-way 4, km 110), Charter auch ab Ranong (Info: Chansom-Thara-Hotel) oder Tap Lamu. Boots- und Tauchtouren **ab Phuket** (s. dort) und **Khao Lak;** Park-Eintritt: 200 Baht.

Unterkunft
- Im Park-Hauptquartier gibt es Bungalows (1.200 Baht), Langhäuser (125 Baht p.P., Restaurant vorhanden) und Zeltverleih; Longtail-Boote und Schnorchelausrüstung werden vermietet.

Der Nationalpark Mu Ko Surin (135 km²) liegt 53 km vor der Küste und grenzt unmittelbar an Burma. Die fünf Inseln gehören wie die Similans zu der Kette von Granitinseln in der Andaman-See. Die Hauptinseln heißen **Surin Nua** und **Surin Tai.** Beide sind nur durch eine schmale Meerenge voneinander getrennt. Bis zum 2. Weltkrieg war Ko Surin weitgehend unbesiedelt. Heute leben Chao Leh und Beamte der Parkverwaltung permanent auf Ko Surin.

Die gebirgigen Inseln sind mit dichtem, **immergrünen Wald** bedeckt. *Wilder Rambutan* und *Maprang* gedeihen hier. An den Stränden wächst die weiß blühende BARRINGTONIA ASIATICA. Kleine Mangroventaschen schmiegen sich in einigen Buchten an die Küste. Vogelkundler kommen hier auf ihre Kosten. *Seeadler, Nikobaren-Tauben, Eis-* und *Nashornvögel* bewohnen die Inseln. Großtiere fehlen, doch gibt es *Warane, Pythons, Lemuren* und *Zwergrehe (Mouse deer).* **Surin Nua** bietet für Landratten nette Wanderwege.

Für **Taucher** gehören die Riffe um Surin zum besten in Thailands Unterwasserwelt, obwohl auch hier der Raubbau durch Fischer und Touristendampfer fortschreitet.

TAUCHEN UM DIE SURIN-INSELN

Vor den Surin-Inseln sieht man weniger Fische als bei den Similans. In der **Headquarter Bay** und am **Southeast Point** (Surin Nua) stehen dichte *Geweih- und Trichterkorallen.* Große *Zackenbarsche* lauern auf Beute, *Kugel-* und *Igelfische* streifen durch die Korallen.

Am **Castle Rock (Hin Rap)** gibt es in 25 m Tiefe einen natürlichen Felsbogen aus Granitblöcken, auf denen große *Fächergorgonien* sitzen. Bei **Stork Island (Ko Chi)** sind *Seeschildkröten* häufig, und der **Hin Kong** vor Surin Tai bietet eine brillante Unterwasserlandschaft aus wunderschön bewachsenem Geröll.

Tauchunternehmen siehe unter Phuket

An der **Turtle Ledge** gedeihen viele Korallen und Anemonen. **Ko Tornila** besitzt einen schönen Riffabfall mit Weichkorallengärten.

Abseits der Hauptinseln liegt der **Richelieu Rock,** ein riesiger Granitturm, der senkrecht auf 30 m abfällt. Hier sammeln sich große *Thunas, Schnapper* und *Doktorfische.* Am Boden tummeln sich *Leopardenhaie, Stachel-* und *Geigenrochen.* Auch *Walhaie* besuchen den Richelieu Rock.

Die **Burma Banks** (mehr als 100 Meilen westl. von Ranong), liegen in internationalen Gewässern (was die Burmesen bestreiten). Es handelt sich um eine Reihe von Untiefen, die

●**Nachttauchgänge** bieten eine besondere Atmosphäre. Während viele Fische schlafen, sind andere Arten aktiv. Korallen entfalten ihre Tentakel, Haarsterne entrollen ihre Arme, Schlangensterne strecken ihre Arme aus Felsritzen; Muränen, Krebse, Lanzett-Seeigel und Nacktschnecken ziehen umher.

Verschiedene ***Hornkorallen*** *(Gorgonacea), Ko Surin*→

Tauchrevier	Tauchstellen	Tiefe	Qualität
Ko Surin Nua	***Headquarter Bay*** (sehr schönes Riff)	25 m	++++
Ko Surin Nua	***Southeast Point*** (Gute Riffstrukturen, Zackenbarsche)	26 m	+++
Castle Rock	***Gesamter Felsen*** (Felspassagen, Gorgonien)	25 m	+++
Ko Chi	***Westseite*** (viele Steinkorallen, Seeschildkröten, Weißspitzenriffhaie)	20 m	+++
Hin Kong	***Südwestseite*** (Granitblöcke, Canyons, Hornkorallen)	23 m	++++
Ko Surin Tai	***Turtle Ledge*** (gute Riffstrukuren, Karettschildkröten)	25 m	+++
Ko Surin Tai	***South Point*** (Granitblöcke, Felsbänke, Muränen,Riffhaie)	25 m	+++
Ko Tornila	***Nordseite*** (Korallen, Riff-Fische)	27 m	+++
Richelieu Rock	***Gesamter Felsen*** (dichter Korallenwuchs, Rochen, Leopardenhaie, Thunas, Walhaie)	30 m	++++
Roe Bank	***Gesamtes Areal*** (Korallenlandschaft, Hochseefische, Haie)	30 m	++++
Rainbow Bank	***Gesamtes Areal*** (Korallenbänke, Leopardenhaie)	30 m	++++
Silvertip Bank	***Gesamtes Areal*** (herrliche Korallenbänke, Silberspitzen-, Leopardenhaie)	40 m	++++

dicht unter die Wasseroberfläche ragen, aber mehrere hundert Meter in die Tiefe abfallen. Weit und breit ist kein Land in Sicht. Viele Hochseefische wie *Thunas, Stachelmakrelen* und insbesondere *Haie (Riff-* und *Silberspitzenhaie)* kommen zu den Banks. Der Felsgrund ist mit *Steinkorallen, Gorgonien, Seeanemonen* und *Weichkorallen* überwuchert. Die Tauchsaison bei den Surin-Inseln und den Burma Banks geht von Dezember bis April. Die Sichtweiten können gelegentlich bis zu 40 m betragen, liegen aber meistens um 20 m.

Achtung: Bei den Burma-Banks können kräftige **Strömungen** auftreten. Da es keine Landmarken zur Orientierung gibt, sollten dann nur erfahrene Taucher ins Wasser gehen.

Einen Katzensprung entfernt liegt das **Mergui-Archipel** (Myanmar) mit unberührten Tauchgebieten, die Live-aboard-Touren von Phuket aus ansteuern.

Gelber Trompetenfisch *(Aulostomus chinensis)*→

PHUKET

ภูเก็ต

Phuket ist Thailands größte Insel. Die 600 m lange Sarasinbrücke verbindet sie mit dem Festland. Mit ihren herrlichen Stränden und einer bezaubernden Küstenlandschaft ist Phuket *die* Ferieninsel überhaupt in Thailand.

Sehenswertes

Der Hauptort ist das Handelszentrum **Phuket Town.** Phuket ist bis auf wenige verbliebene Gebäude im „Kolonialstil" im Süden und einige Villen vom Anfang des 20. Jh. im Nordwesten eine typisch thailändische Kleinstadt.

Im Nordosten der Stadt erhebt sich der bewaldete **Rang Hill,** von dem sich eine schöne Aussicht über die Umgebung bietet. Der **Wat Khao Rang** ist ein Meditationszentrum. In der Stadt befinden sich zwei sehr schöne chinesische Tempel: **Sanjao Kwanim Teng** und **Sanjao Jui Tui** (Ecke Soi Phu Thon/Ranong Rd.).

Der **Haupttempel** auf der Insel Phuket ist der **Wat Chalong** (8 km südlich der Stadt). Er enthält Statuen von Mönchen, die von König *Rama V.* ausgezeichnet wurden.

Die Hälfte des verbliebenen Waldbestandes auf Phuket steht im **Waldschutzgebiet Khao Phra Thaew.** Eine Palme mit dem exotischen Namen KERRIDOXA ELEGANS ist hier endemisch. Das Gebiet ist ein wichtiges Refugium für *Gibbons, Languren, Leoparden* und *Warane.* Schöne Ausflugsziele in diesem Gebiet sind der **Ton-Sai-** und der **Bang-Phae-Wasserfall.** Bei letzterem ist ein Gibbon-Auswilderungsprojekt angesiedelt, das sich zum Ziel setzt, gefangene und zur Schau gestellte Gibbons wieder an ein Leben in der freien Wildbahn zu gewöhnen.

Auf Phuket gibt es eine **Schmetterlingsfarm** mit angeschlossenem **Aquarium** (Yaowarat Rd.), eine **Farm mit Krokodilen und Elefantenshow** (Chana Charoen Rd.), ein Sea Shell Museum (Rawai Beach) sowie eine **Schlangenfarm** (H-way 4028). Erstere ist empfehlenswert, der Rest gehört in die Rubrik „Touristenfalle".

PHUKETS GESCHICHTE

Die Umgebung von Phuket und Phang-Nga ist **seit der Jungsteinzeit besiedelt,** wie Höhlenmalereien in der Region belegen. Zu den ersten Besiedlern gehörten vermutlich „Negritos" aus Malaysia, Indonesien und den Philippinen.

Ursprüngliche Einwohner sind auch die **Chao Leh.** Am Rawai-Strand und auf Ko Siray befinden sich gegenwärtig Chao-Leh-Siedlungen. In der frühen nachchristlichen Zeit folgten Mon, Khmer, Thais, indische und arabische Händler sowie Europäer.

Bereits *Ptolemäus* kannte die Insel, aber Phuket wurde erst im 13. Jh. ernsthaft erwähnt, als die Thais ihren ersten eigenen Staat (Sukhothai) gründeten. Phuket hieß damals **Junkceylon** und war Teil des Königreiches von *Ligor,* welches Siam tributpflichtig war. In Europa wurde Phuket im Jahre 1511 durch portugiesische Seefahrer bekannt. Aus dem Namen Junkceylon wurde zunächst **Thalang** und in diesem Jahrhundert Phuket (vom malayischen *Bukit* = Hügel).

Seit dem 16. Jh. **lockte** Phuket **europäische Handelsmächte an.** Der Portugiese *Mendez Pinto* besuchte Phuket von 1539-1540. *Sir Francis Light* von der East India Company ließ sich 1770 dort nieder. Er war auf der Suche nach geeigneten Handelsplätzen, die von England besetzt werden sollten. Er entschied sich aber für Penang (Malaysia), das von der englischen Kolonialmacht erobert wurde. Gerüchten zufolge fiel die Entscheidung gegen Phuket, weil sich *Light* in eine reizende Inselbewohnerin verliebt hatte (ein „Schicksal", das noch heute viele „Weißbäuche" teilen sollen ...).

Phuket gehört zu den reichsten Provinzen Thailands, vor allem wegen des **Zinnbergbaus.** Zinnerz wurde auf dem Festland und vom Meeresboden geschürft. Auch heutzutage sieht man noch schwimmende Saugbagger an der Küste, die Erz vom Meeresgrund fördern.

Der Reichtum Phukets provozierte **burmesische Eroberungsfeldzüge.** Der bekannteste Angriff erfolgte 1785, doch *Chan,* die Frau des zuvor verstorbenen Gouverneurs von Thalang, und deren Schwester *Muk* organisierten die Verteidigung Phukets und schlugen die Burmesen erfolgreich zurück. Ein Denkmal für *Chan* und *Muk* steht zwischen Thalang, dem zweiten Hauptort auf der Insel, und Phuket-Stadt.

1809 eroberten die Burmesen Phuket, doch sie verloren ihre Flotte und Diebesgut in einem heftigen Monsunsturm in der Nähe der Insel. Nur drei Monate später kehrten sie zurück. Die siamesische Flotte stellte sich ihnen entgegen. Zu deren Unglück vergaß ein sorgloser Seemann, ein Pulverfass zu verschließen, so dass fast die ganze Flotte Siams in die Luft flog (times never change: Vor Jahren explodierte in Phang-Nga ein Dynamitlaster nach einem Unfall, weil ein Schaulustiger eine brennende Zigarette wegwarf!) Schließlich wurden die Burmesen trotzdem vertrieben. Der letzte Invasionsversuch fand 1811-12 statt. Danach schlossen beide Seiten ein Friedensabkommen.

Strände und Inseln

Karte s. S. 282

Die windgeschützte **Ostküste** wird von vielen Mangrovenwäldern gesäumt. Die schönsten Strände Phukets liegen in den zahlreichen Buchten der Westküste. Im Nordwesten befindet sich der **Mai-Khao-Strand.** Er ist der längste auf Phuket, liegt aber teilweise in der Einflugschneise des Flughafens. Von November bis Januar legen dort *Seeschildkröten* ihre Eier ab.

Südlich davon folgt der **Hat Nai Yang,** der ein Teil des gleichnamigen Nationalparks ist. Auch hierhin kommen *Seeschildkröten* zur Eiablage. Bei Niedrigwasser fallen große Teile der Bucht trocken und laden zu ausgedehnten Spaziergängen ein.

Der breite **Hat Nai Thon** erscheint noch wenig bevölkert. Strand und Hinterland sind von bewaldeten Hügeln eingeschlossen. Südlich folgen der schöne, recht zugebaute **Nai Thon Noi** und der kleine, idyllische, von Felsen eingerahmte **Hat Hin Kluay.**

Der langgestreckte **Hat Bang Tao (Laguna Beach)** ist ein idealer Surf-Strand.

Südlich des **Son-Kaps** befinden sich der völlig abgeschlossene **Hat Pan Sea** und der **Hat Surin,** ein beliebter Ausflugsort der Thais.

Der versteckte **Singh-Strand** säumt eine kleine Bucht. Er ist über einen kurzen Fußweg erreichbar. Im Norden des lieblichen, kahlen **Kamala-Strands** kann man sehr gut schwimmen. Dort steht ein riesiger Entertainment-Park.

Felsenkrabbe *(c.f. Leptodius)* ↓

Phukets Traumstrände:

→ *Buchten an der Südwestküste*

→ *Hat Kata Noi*

→ *Hat Nai Harn*

→ *Hat Nai Thon*

Einen steilen Berg vom Kamala-Strand hinunter gelangt man zum **Patong-Strand.** Es ist der populärste Strand auf Phuket. Die Küstenebene der tief eingeschnittenen Bucht ist von einer kleinen Stadt belegt. Sie bietet die komplette touristische Infrastruktur mit Hotels, Restaurants, Diskotheken, Bars, Banken, Geschäften, Auto- und Motorradverleih sowie Bungee-Springen. Zahlreiche Bootscharter, Tauch- und Windsurfschulen haben sich hier niedergelassen.

Unterhalb der Landzunge des **Laem Chiak,** die den Patong-Strand im Süden begrenzt, liegt der **Freedom Beach** und die **Emerald Bay,** eine kleine, idyllische Bucht.

Südlich schließt sich der **Karon-Noi-Strand (Relax Bay)** an, die vom Le Meridien-Phuket belegt ist.

Am folgenden **Karon-Strand** entwickelte sich hinter dem weitläufigen Sandstrand mit flachen Sanddünen eine kleine Touristenstadt mit reichhaltigem Wassersportangebot.

Der „Club Mediterrané“ belegt den **Kata-Yai-Strand**. Er wird durch ein kleines Kap und **Ko Phu** von der Karon-Bucht abgetrennt.

Der **Kata-Noi-Strand** in einer wundervollen kleinen Bucht ist neben dem Karon- und Patong-Strand der am stärksten besuchte Strand. In Kata Town gibt es Tauchschulen, Reisebüros, Restaurants, Kneipen und Unterkünfte. Zwischen Nai Harn und Kata befindet sich in der **Ao Nui** ein Mini-Strand.

Achtung: Während der Regenzeit treten an einigen Stränden der Westküste **gefährliche Strömungen** auf, die Badende aufs offene Meer treiben (vor allem Kamala, Karon, Kata Noi, Nai Harn). Jedes Jahr ertrinken einige Lebensmüde, weil sie die Warnungen nicht beachten.

Viele bezeichnen den **Hat Nai Harn** unterhalb des **Phrom-Thep-Kaps** an der Südspitze Phukets als den schönsten Strand der Insel. Ein weißer Sandstrand ist in felsige Hügel eingebettet. In der Bucht dümpeln zahlreiche Yachten von Besuchern des Phuket Yacht Clubs. Westlich liegt die kleine, hübsche Schnorchelbucht **Ao Sane.** Auf der anderen Seite folgt der Hat Nai

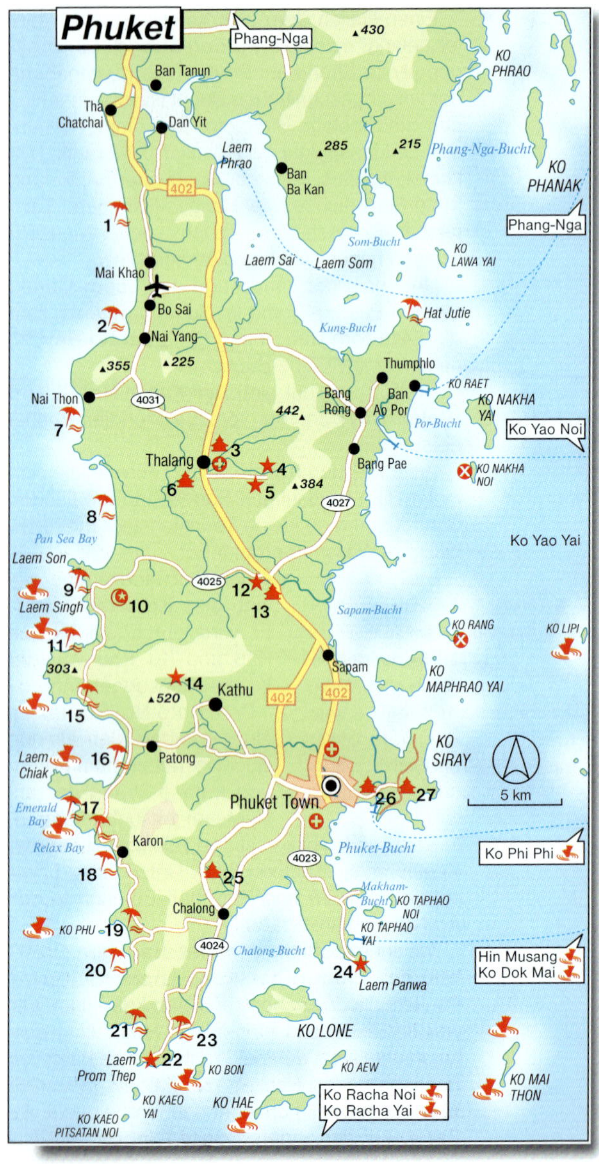
Phuket
Phang-Nga
430
Ban Tanun
KO PHRAO
Tha Chatchai
Dan Yit
Laem Phrao
285
215
Phang-Nga-Bucht
Ban Ba Kan
KO PHANAK
402
Phang-Nga
1
Som-Bucht
Laem Sai
Laem Som
KO LAWA YAI
Mai Khao
Bo Sai
Hat Jutie
2
Nai Yang
Kung-Bucht
355
225
Thumphlo
Nai Thon
4031
Bang Rong
Ban Ao Por
KO RAET
KO NAKHA YAI
442
Por-Bucht
Ko Yao Noi
7
3
Thalang
4
Bang Pae
KO NAKHA NOI
6
5
384
4027
8
Pan Sea Bay
Ko Yao Yai
Laem Son
4025
9
12
10
13
Laem Singh
Sapam-Bucht
KO RANG
KO LIPI
11
Sapam
303
KO MAPHRAO YAI
14
Kathu
520
402
402
15
KO SIRAY
Laem Chiak
16
Patong
26
27
Phuket Town
5 km
Emerald Bay
17
Relax Bay
Karon
Phuket-Bucht
Ko Phi Phi
4023
18
25
Makham-Bucht
KO TAPHAO NOI
Chalong
KO TAPHAO YAI
KO PHU
19
4024
Chalong-Bucht
Hin Musang
Ko Dok Mai
20
24
Laem Panwa
21
23
KO LONE
Laem Prom Thep
22
KO BON
KO AEW
KO MAI THON
KO KAEO YAI
KO HAE
Ko Racha Noi
Ko Racha Yai
KO KAEO PITSATAN NOI

1 Mai-Khao-Strand
2 Nai-Yang-Strand
3 Wat Phra Thong
4 Bang-Phae-Wasserfall, Khao-Phra-Thaew-Nationalpark
5 Ton-Sai-Wasserfall
6 Wat Phra Nang Sang
7 Nai-Thon-Strand
8 Bang-Tao-Strand
9 Surin-Strand
10 Bang-Tao-Moschee
11 Kamala-Strand
12 Heldinnen-Monument
13 Wat Tha Rua
14 Kathu-Wasserfall
15 Nakha-Leh-Strand
16 Patong-Strand
17 Freedom Beach
18 Karon-Strand
19 Kata-Yai-Strand
20 Kata-Noi-Strand
21 Nai-Harn-Strand
22 Sunset Point
23 Rawai-Strand
24 Aquarium
25 Wat Chalong
26 Wat Phitak Tham
27 Wat Siray
Perlenfarm
Krankenhaus

Harn Noi. Eine Felseninsel **(Ko Man)** ist der Nai-Harn-Bucht vorgelagert. Den besten Blick auf die Landschaft erhält man auf dem Weg zum **Prom-Thep-Kap** an der Südspitze Phukets.

Ein sehr beliebter Strand unter Thais war früher der nunmehr wenig besuchte **Rawai-Strand** im Südosten Phukets. Es war der erste „Badestrand" Phukets. Bei Niedrigwasser fällt ein breites Riffdach trocken. Das größte Chao-Leh-Dorf Phukets befindet sich hier. Von der geschützten **Chalong-Bucht** starten die meisten Bootsausflüge und Tauchfahrten, die von Phuket aus organisiert werden. Entsprechend geschäftig geht es dort zu. Zahlreiche Ausflugsboote ankern in der Bucht.

Vor der Südostküste Phukets liegen verstreut zahlreiche kleinere Inseln **(Ko Bon, Ko Kaeo, Ko Hae, Ko Racha, Ko Dok Mai)**, an denen sich teilweise hervorragende Schnorchel- und Tauchreviere oder, wie auf **Ko Bon, Ko Hae, Ko Lone**, **Ko Mai Thon** und **Ko Racha Yai**, wundervolle Strände befinden. Die Korallen um Ko Mai Thon wurden dem Dynamit geopfert.

Einige Fischerfamilien besitzen alte Lizenzrechte zum Sammeln und Verkauf von **Schildkröteneiern.** Die meeresbiologische Station kauft Schildkröteneier auf, die von den professionellen Sammlern am Nai-Yang- und Mai-Khao-Strand gesammelt werden. Damit soll verhindert werden, dass Gelege geplündert werden und die Eier in die Bäuche so genannter Gourmets wandern. Natürlich funktioniert dieser typisch thailändische Kompromiss nicht 100%ig, hilft aber dennoch gegen unkontrolliertes Wegsammeln der Eier.

Das Ausbrüten der Eier und die Aufzucht von jungen Schildkröten kann aber nur dann einen Beitrag zum Artenschutz liefern, wenn auch die Laichstrände und Lebensräume der Schildkröten ausreichend geschützt werden.

Junge Suppenschildkröten *(Chelonia mydas) im PMBC* ↑

Am **Laem Panwa** liegt das „**Phuket Marine Biological Center**" (PMBC) mit einem sehenswerten Aquarium. Hier befindet sich eine Aufzuchtstation für *Seeschildkröten.*

Nördlich des Panwa-Kaps folgt die **Makham-Bucht** mit dem Hafen und schließlich die weite Bucht, in der Phuket-Town liegt.

Nördlich von der Stadt liegt **Ko Siray,** eine große Insel, die unmittelbar ans Festland grenzt. Um Ko Siray sieht man viele Zinnbagger, die teilweise noch in Betrieb sind. Auf der Insel selbst befindet sich eine große Chao-Leh-Gemeinde.

Die nördliche Westküste (Sapam-Bucht, Yabu-Bucht, Po-Bucht) wird von Mangrovenwäldern und vorgelagerten Schlickwatten geprägt. Nur die Insel **Ko Nakha Yai** besitzt einen schönen, mit Palmen bewachsenen Strand an der Ostseite. Auf der Nachbarinsel **Ko Nakha Noi** agiert ein **Perlenzuchtbetrieb** unter japanischer Anleitung. Die Perlauster PINCTADA MAXIMA liefert besonders wertvolle Zuchtperlen. Im äußersten Nordosten ist der friedvolle **Jutie-Strand** ein attraktives Rückzugsgebiet.

Unterkunft

●Phuket bietet jede Menge Zimmer und Bungalows, darunter zahlreiche Luxusresorts. Relativ günstige Angebote (**) findet man am ehesten noch in Phuket Town, Kata, am Nai Harn und angrenzenden Nui Beach sowie z.T. am Karon Plaza, am Rawai und am Patong Beach.

●Auf umliegenden Inseln gibt es folgendes Preisniveau: Ko Nakha Noi (****), Ko Siray (***), Ko Lone (ш), Ko Mai Thon (ш), Ko Bon und Ko Hae (****-ш), Ko Racha Yai (**-ш).

Anreise

●Ab Bangkok (862 km): Vom *Southern Busterminal* fahren täglich mehrere Normal- und A.C.-Busse, Fahrtzeit ca. 14 Std.; ferner gibt es viele Privatlinien. Die Travellerexpresse ab der Khao San Road sind dagegen nicht so empfehlenswert.

●Zudem besitzt Phuket einen **internationalen Flughafen** mit Zubringer-Service in die Stadt und umgekehrt (Tour Royale, 5513 Vichit Songkram Rd, Tel. (076) 235268-71), Nähe Sanam Sulagun.

●Von diversen Piers starten Boote zu den **Nachbarinseln:** Charter- und Ausflugsboote von der Ao Chalong (z.B. nach Ko Racha Yai, Ko Hae, Ko Lone), dem Hat Rawai (nach Ko Bon, Ko Racha Yai, Ko Hae) und z.T. vom Hat Patong; vom Bang-Rong-Pier (Ao Por) nach Ko Nakha Yai, Ko Yao Noi und Yai; vom Laem-Hin-Pier (Ao Sapam) und Thien Sin (Puket Town) nach Ko Yao Yai; von Piers bei Phuket Town und der Ao Makham nach Ko Phi Phi sowie Ko Lanta.

●Den **lokalen Transport** übernehmen Songthaews und Tuk Tuks für 10-30 Baht innerhalb der Stadt und ab 150 Baht an die Strände; Taxis verlangen mehr (handeln!); bis 18.00 Uhr fahren reguläre, günstige Kleinbusse von der Ranong Rd. beim Markt zu einigen Stränden.

Wassersport

●Selbstverständlich ist das Wassersportangebot immens. Die meisten Anbieter findet man am **Kata-, Karon-** und vor allem am **Patong-Strand.**

●An den Hauptstränden bietet sich ein umfangreiches Wassersportangebot: **Windsurfen, Wasserski, Scooter, Paragliding** und **Catamaran-Törns (Hobie-Cats),** Scooter sind offiziell verboten.

●**Segel-** und **Motorschiffcharter** mit Skipper und Crew bieten u.a.: **South-East-Asia Live-aboards,** 225 Rat-U-Thit 200 Year Rd., Patong 83150, Tel. (076) 340406, Fax 340586, E-Mail: info@seal-asia.com, **Thai Marine Leisure,** Phuket Boat Lagoon, 20/7-8 Thepkasatri Rd., Ko Kaew (Ao Sapam), Phuket 83200, Tel. (076) 239111, Fax 238974, E-Mail: thaimarine@thaimarine.com; **Charter Yacht Sailing,** 47/6 M. 5 Viset Rd., Ao Chalong, Phuket 83130, Tel. (076) 280819, Fax 280042, E-Mail: charter@elite-sail-dive.com; in der Ao Nai Harn und den Yacht-Häfen (Ao Sapam, Laem Phrao) bieten Segler Mitfahrgelegenheiten an.

●**Motorrad-** und **Autovermietungen:** in Phuket Town (Rasada Rd.) und an den Hauptstränden.

●**Schnorchelreviere:** Ko Pu, Patong Southern Reef, Kamala Rock Outcrop, Freedom Bay, Ko Man, Ko Hae (Coral Island), Ko Mai Thon, Ko Racha Yai und Noi; Schnorchelausrüstungen ab 120 Baht/Tag.

Touren

Phuket bietet ein immenses Angebot, u.a. **Jeepsafaris, Mountainbike-Touren, Elefantenreiten** (mit aus dem Norden „importierten" Tieren). **Kanu-Touren** in die Ao Phang Nga und **Ausflüge in den Khao Sok** gehören zu den Highlights. Tagestouren ab 2.800 Baht, 2 Tage ab 9.000 Baht, 3 Tage ab 16.000 Baht.

●**John Gray's Sea Canoe,** 124 Soi 1, Yaowarat Rd. Talat Yai, Phuket 83000, Tel. (076) 254505-6, E-Mail: info@johngray-seacanoe.com, auch mehrtägige Kanu-Safaris nach Ko Tarutao.

●**Santana Diving & Canoeing,** 222 Thaweewong Rd, Patong Beach, Tel: (076) 294220, Fax 340360, E-Mail: info@santanaphuket.com.

●**South Nature Travel,** 63/247 Chaofa Road, Vichit, Phuket, P.O. Box 267, Tel. (076) 248219, Fax 248219, E-Mail: southntr@loxinfo.co.th.

●**Siam Safari,** 70/1 Chao Fah Rd., Ao Chalong, Tel. (076) 280116, Fax 280107, E-Mail: info@siamsafari.com.

TAUCHEN UM PHUKET

Phuket ist das Tauchsportzentrum Thailands. Es gibt hier über 40 Tauchshops. Die besten Tauchgründe des Landes sind von hier aus erreichbar (etwa **Burma Banks, Ko Surin, Ko Similan, Hin Daeng, Ko Rok).**

An der Westküste Phukets gibt es einige Tauchplätze, die aber nicht überwältigend sind. An der Ostküste bietet **Ko Lipi** eine nette, mit *Gorgonien* bewachsene Steilwand.

Die kleine, steil aufragende **Ko Dok Mai** besitzt an der Westseite eine eindrucksvolle Wand, die mit *Felsaustern, Weich-* und *Zäpfchenkorallen* überzogen ist. Östlich davon liegen das **Anemone Reef** und der **Shark Point** (Hin Musang). Den Namen erhielt das Anemone Reef wegen des flächendeckenden Bewuchses mit *Weichkorallen* und *Seeanemonen* an seiner Oberseite. Die Spitze des Felsens liegt etwa 4 m unter Wasser. In Spalten lauern viele *Muränen.*

Nur 2 km weiter östlich ragt die Spitze des **Shark-Point** aus dem Meer. Neben reichhaltigem Bewuchs mit *Neptunskelchen* und Korallen liegen regelmäßig *Leopardenhaie* auf dem Sandgrund am Fuß des Felsens. Wracktauchen gibt es seit Mai 1997, als die Fähre „King Cruiser“ das Anemonenriff rammte und sank. In dem Wrack fanden bereits viele Fische Unterschlupf, es ist aber noch wenig bewachsen.

Bei **Ko Hae** reicht ein kleines, vielgestaltiges Korallenriff mit Riffdach bis auf 10 m Tiefe herab. Es dominieren *Geweih-, Blatt-* und *Porenkorallen.*

Mehr als 30 km südöstlich von Phuket trifft man auf die besten Tauchgründe in der Umgebung der Hauptinsel. Bei **Ko Racha Noi** gedeihen viele *Steinkorallen* und *Gorgonien.* Einige Felsblöcke sind dicht mit *Prachtkorallen* bewachsen. Auffällig sind die zahlreichen *Haarsterne* und viele Riff-Fische. **Ko Racha Yai** unterscheidet sich von den anderen Tauchplätzen, weil der Grund sanft abfällt. Hartkorallen wachsen bis in 22 m Tiefe, aber weniger dicht als bei der Schwesterinsel.

Tauchen

Tagestouren (2-4 Tauchgänge) um Phuket kosten 50-85 US$ (ca. 2.200-3.400 Baht), in der Nebensaison und für Tauchpakete gibt es deutliche Rabatte; **Tagesausfahrten** nach Ko Similan oder Hin Daeng 69-89 US$ (ca. 2.900-3.900 Baht), Leihausrüstung kostet 12-15 US$ (ca. 500-650 Baht) extra. Die Preise für **Live-aboards** hängen von der Dauer, den Zielen und dem Boot ab. Es werden 2- bis 10-tägige Trips angeboten. Derzeit liegen die Kosten nach Similan, Surin (Richelieu Rock), Mergui Archipel (Myanmar) oder Hin Daeng (Trang) bei 100-300 US$ (ca. 4.000-12.000 Baht) pro Tag. Hinzu kommen Visa-Gebühren für Myanmar (140-150 US$, ca. 6.000 Baht) bzw. Nationalpark-Eintritte für Similan/Surin (15-20 US$ bzw. 600-800 Baht). **Anfänger-Kurse** (Open Water) kosten je nach Ausgestaltung 195-275 US$ (ca. 7.800-11.000 Baht). Man sollte sorgfältig unter den Anbietern auswählen (Preise, Service, Sicherheit).

Anbieter

- **Calypso Divers,** 109/77 Taina Rd. (P.O. Box 6), Kata Beach, Phuket 83100, Tel./Fax (076) 330869, E-Mail: info@calypsophuket.com.
- **Dive Asia,** 24 Karon Rd., Kata Beach (P.O. Box 70), Phuket 83100, Tel. (076) 330598, 284117, Fax 284033, E-Mail: info@diveasia.com. Patong-Office: 184 Sawadtirak Rd., Tel. (076) 295503; Karon-Office: 623 Karon Rd., Tel. (076) 396199.
- **Fantasea Divers,** 43/20 M. 5, Viset Rd., Ao Chalong, Rawai, Phuket 83130, Tel. (076) 281388, Fax 281389, E-Mail: info@fantasea.net.
- **Kon-Tiki Divers,** 42/14-15 M. 5, Rawai (Ao Chalong), Phuket 83130, Tel. (076) 280366, Fax 280357, E-Mail: kontiki@loxinfo.co.th. Filialen im Karon Villa Phuket Resort und Phuket Orchid Resort, beide am Karon sowie im Tropical Garden Resort am Kata Beach.
- **Marina Divers,** 47 Karon Rd., Karon Beach, Phuket 83100, Tel. (076) 330272, Fax 330998, E-Mail: info@marinadivers.com.
- **Santana Diving,** 222 Thaweewong Rd., Patong Beach, Phuket 83150, Tel. (076) 294220, Fax 340360, E-Mail: info@santanaphuket.com.
- **Sea Bees Diving,** 1/3 M. 9 Viset Rd., Ao Chalong, Phuket 83130, Tel. (076) 381765, Fax 280467, E-Mail: info@sea-bees.com.
- **Siam Dive'n Sail,** 68/14 M. 2, Soi Katekwet, Kata Beach, Phuket 83100, Tel. (076) 330967, Fax 330990, E-Mail: info@siamdivers.com.
- **South East Asia Divers,** 225 Rat-U-Thit 200 Year Rd., Patong, Phuket 83150 Tel. (076) 340406, Fax 340586, E-Mail: info@seal-asia.com.

Tauchrevier	Tauchstellen	Tiefe	Qualität
Phuket (Westküste)	***Ko Phu*** (Geröllgrund, kleine Korallenbänke)	18 m	+
Phuket (Westküste)	***Freedom Beach*** (Korallengrund, Stachelrochen, Schwarzspitzenhaie)	22 m	+
Phuket (Westküste)	***Patong Southern Reef*** (Korallengrund, kleinere Riff-Fische)	18 m	+
Phuket (Westküste)	***Patong Northern Reef*** (Saumriff, selten Seeschildkröten)	20 m	+/++

Tauchrevier	Tauchstellen	Tiefe	Qualität
Phuket (Westküste)	***Kamala Rock*** Fische (Schnapper, Zackenbarsche, Papageifische)	18 m	+
Phuket (Westküste)	***Laem Singh*** (Korallenblöcke, Muränen)	14 m	+
Ko Lipi	***Ostseite*** (Zäpfchenkorallen, Neptunskelche, Gorgonien)	20 m	+
Ko Dokmai	***Westseite*** (Steilwand, dichter Weichkorallenbewuchs)	25 m	++
Anemone Reef	***Gesamter Felsen*** (sehr viele Aktinien und Weichkorallen, Muränen)	23 m	++
Shark Point	***Gesamter Felsen*** (Weichkorallen, Leopardenhaie)	22 m	++
King Cruiser Wrack	***Gesamtes Wrack*** (87m lang, viele Fische)	30m	+++
Ko Hae	***Südostseite*** (kleines Riff mit echtem Riffdach, Steinkorallen)	18 m	++
Ko Racha Yai	***Südost- und Nordostseite*** (Steinkorallen, Prachtkorallen, Haarsterne	28 m	++
Ko Racha Noi	***Nordspitze*** (dichter Bewuchs mit Stein-, Horn- und Weichkorallen, Haarsterne)	27 m	+++
Chajan Rock	***Nordspitze*** (schöne Felsformationen Fächergorgonien	38 m	++

Weißaugenmuräne *(Siderea prosopeion), Shark Point, Phuket* ↑

KRABI UND UMGEBUNG กระบี่

Die Provinz ist für ihre zerklüftete Küste mit paradiesischen Stränden, brillanten Inseln, undurchdringlichen Mangrovensümpfen und von Höhlen durchsetzten Karstbergen weltberühmt. Die Stadt Krabi ist eine gemütliche Kleinstadt am gleichnamigen, träge dahinfließenden Fluss.

Sehenswertes

Der Höhlentempel **Wat Phra Tham Sua** ist die wichtigste Sehenswürdigkeit bei Krabi-Stadt (8 km). In einer Grotte stehen zahlreiche Buddhafiguren. Auf dem Gelände gibt es einen konditionsraubendenden Aufstieg (1.227 Stufen) auf einen 290 m hohen Kalkfelsen, auf dessen Spitze ein kleiner Tempel steht. Die Aussicht entlohnt für jeden vergossenen Schweißtropfen.

Steil aufragende, von großen Höhlen durchsetzte Kalkberge umsäumen **Ao Luek** (40 km nördl. von Krabi). Dort befindet sich der kleine **Than-Bokhorani-Nationalpark** mit zahlreichen Grotten und einem Bach, der eine Reihe natürlicher Wasserbecken bildet. Nördlich des Parks (H-way 4039, bei km 2 rechts) gelangt man zur **Tham Khao Phra,** in der sich eine verehrte schwarze Buddhastatue befindet. Noch 1,2 km weiter nördlich liegt ein faszinierendes Grotten- und Höhlensystem, die **Tham Khao Rang.**

*Der **Muschelfriedhof (Susaan Hoi):** der erste Plattenbau der Welt* ↓

Nur 3 km von Ao Luek entfernt (H-way 4, bei km 146 nach Osten, 100 m nach einer Brücke links und nach 700 m nochmals links ab) stößt man auf die **Diamond Cave (Tham Phet)** mit glitzernden Tropfsteinen.

Hinter Ao Luek (H-way 4039, Hinweis: Tham Phi Hua Tho) zweigt ein Weg zum Ao-Luek-Pier ab. Von dort erreicht man flussaufwärts durch Mangroven-Kanäle die spektakulärsten Höhlen der Gegend: **Tham Hua Golok, Tham Lod** und die **Tham Sua** (Black Cave). In der Tham Hua Golok gibt es 2.000-3.000 Jahre alte Höhlenmalereien und Fossilien (Muscheln, Schnecken) zu bewundern. Die Tham Lod bildet ein schönes Gewölbe mit Stalaktiten. Nördlich der „Black Cave" liegt der Höhlentempel **Wat Tham Sua Noi.** Höhlenmalereien findet man auch auf der vorgelagerten **Ko Ka Rot.**

Ein Regenwald-Naturparadies mit Vögeln, Bären und Tapiren bildet der **Khao-Phanom-Bencha-Nationalpark.** Die Hauptattraktionen sind die Wasserfälle Huay To und Huay Sadt.

Strände und Inseln

Westlich von Krabi liegen malerische Strände. Vom **Coconut Home Beach** (30 km) hat man eine phantastische Aussicht auf die Felseninseln **Ko Bileh** und **Ko Hong.**

Der **Thap-Kaek-Strand (Thap Krabi,** 28 km) am Ende eines holprigen Weges durch Ödland ist nett und von dichter Vegetation umgeben. In Strandnähe befindet sich eine Süßwasserquelle.

Ebenfalls abgelegen und ruhig ist der sanft abfallende **Klong-Muang-Strand** (22 km). Er ist aber nicht übermäßig schön.

Unter **Schill** versteht man Splitter von Kalkschalen (Muscheln, Seeigelstacheln, Moostierchengehäuse, etc.).

Etwa 19 km von Krabi entfernt liegt der **Hat Nopparat Thara,** ein Teil des **Nationalparks Ko Phi Phi – Hat Nopparat** (390 km²) mit 83 Inseln. Hier befindet sich das Park-Hauptquartier. Der Strand ist bei Muschelsammlern beliebt, doch sein Ambiente ist weniger attraktiv als das der anderen Strände.

Felsen schließen den **Ao-Nang-Strand** (17 km) auf drei Seiten ein. Er besteht aus feinem Sand, durchsetzt mit Korallentrümmern und Schill.

Der versteckte **Pai-Plong-Strand** (14 km) liegt in einer wundervollen Bucht mit Palmen, Dschungel und blauem Wasser. Er ist vollständig von den Klippen des Laem-Nang-Kaps und der Halbinsel Ko Khuk Lak eingeschlossen und fast nur mit Booten zugänglich.

Die wohl mit Abstand brillantesten Strände Krabis, jeweils von schroffen Kalksteinfelsen umrahmt, liegen im Bereich des **Phra-Nang-Kaps** (12 km). An die Strände von Ao Ton Sai, Ray Leh und Phra Nang gelangt man nur über die See. Die **Ao Ton Sai** und der magische **Ray Leh West Beach** liegen an der Nordwestflanke des Kaps. Die seichte, von Mangroven gesäumte **Ray-Leh-Ost-Bucht** öffnet sich nach Süden. Hier entdeckte man die **Sombat-Höhle (Diamond Cave),** eine eindrucksvolle Tropfsteinhöhle. Krabis schönster Strand, der **Phra Nang** mit blütenweißem Sand und Kokospalmen, befindet sich an der Nordseite des Kaps und ist in imposante Felstürme eingebettet. Direkt am Meer liegt die berühmte **Prinzessinnen-Höhle (Tham Phra Nang)** mit skurrilen Tropfsteinen. Nach einer Legende soll eine Prinzessin *(Nang)* in der Bucht gebadet und ihrem nichtadligen Geliebten in der Höhle ein Kind geboren haben. Heute kommen Fischer zu der Höhle im Glauben, in den „heiligen Leib“ der Prinzessin zu gelangen. Sie hinterlassen aus Holz geschnitzte Phalli, die Glück und Fruchtbarkeit versprechen.

Die Klippen Phra Nangs sind ein Kletterparadies. Steilwände, Überhänge und winzige Vorsprünge laden zu über 100 verschiedenen Routen ein. Am Ray Leh Beach gibt es einige **Kletterschulen.**

Bei der Prinzessinnen-Höhle führt ein steiler Weg auf die Bergspitze und von dort zu einer verborgenen Salzwasserlagune hinab **(Phra Nang Lagoon).** Sie liegt in einem 80-100 m tiefen Felskessel und ist nur über Höhlen mit dem Meer verbunden. Vom **Phra-Nang-Aussichtspunkt** hat man einen wundervollen Blick auf die Umgebung. Die Tour zur Lagune verläuft über einen Kletterpfad mit Seilhilfen und ist vor allem bei Nässe nicht ganz ungefährlich.

5 km von Phra Nang entfernt liegt der **Muschelfriedhof (Susaan Hoi).** Er ist eine einzigartige Fossilienfundstätte, wie sie vergleichbar

nur in den USA und Japan entdeckt wurden. Unzählige Muscheln sind in einer 50 cm dicken Schicht von ehemaligem Meeresboden fossilisiert. Die Formationen gleichen Betonplatten. An viel belaufenen Stellen ist von den 75 Mio. Jahre alten Versteinerungen nicht mehr viel übrig.

Ko Poda Nai ist 30 Minuten mit dem Longtail-Boot vom Phra-Nang-Strand entfernt. Die Insel besitzt einen wundervollen Strand an der Ostseite. Schöne Korallengründe in klarem Wasser laden zum Schnorcheln ein. Leider bemüht sich ein neues Resort gerade nach Kräften, den Charme dieser Felseninsel zu schmälern.

Ko Poda Nok (Chicken Island, Ko Hua Khwan), die Schwesterinsel mit ihrer namensgebenden Felsformation, birgt ebenfalls einen brillanten Sandstrand und exzellente Schnorchelgründe. Stranderholung pur bieten **Ko Si Boya** und **Ko Jum.**

50 km südlich von Krabi liegt bei Klong Thom das **Tieflandregenwald-Schutzgebiet Khao Nor Chuchi.** Am Boden lebende, in Thailand und Süd-Myanmar endemische *Gurney-Pitta*-Vögel finden hier ihr letztes Refugium. Durch Zerstörung des Lebenraumes ist der *Gurney Pitta* massiv vom Aussterben bedroht.

Ko Ha,
südlich von Krabi →

Westküste

Phi-Phi-Inseln

Von den Inseln bei Krabi erlangten die Phi-Phi-Inseln Weltruf. **Phi Phi Don** ist eine der schönsten Inseln der Welt (gewesen). Zwei imposante Kalksteinmassive, nur durch eine flache Landbrücke miteinander verbunden, bilden zwei gegenüberliegende halbmondförmige Buchten **(Tonsai- und Loh-Dalam-Bucht).** Die höchste Erhebung im südwestlichen Inselteil ragt 314 m über den Meeresspiegel. Der Gipfel oberhalb des Aussichtspunkts auf der nordöstlichen Seite liegt bei 186 m. Kokospalmen bedecken die Ebene und säumen die blütenweißen Strände beider Buchten. Kristallklares Wasser umgibt die Insel und beherbergt wunderschöne Korallenformationen.

Vom Traum zum Alptraum.

Leider wird Phi Phi Don gnadenlos touristisch ausgeschlachtet. Mittlerweile verderben ein Betonpier, eine Häuserfront am Meer und zwei riesige Hotelanlagen, die das Gebot unterliefen, keine Gebäude höher als die Palmwipfel zu bauen, die ehemals paradiesische Atmosphäre der Insel.

Anfang der 80er Jahre nur von Chao Leh und Fischern bewohnt, wird Phi Phi nunmehr jährlich von **400.000 Touristen** besucht. Das führt zu erheblichen Wasserversorgungs- und Müllproblemen. Longtail-Boote pflügen permanent mit ohrenbetäubendem Lärm durch die Buchten. In dem Ort Ban Laem Thong tobt das Leben mit allem Touristen-Schnickschnack, der besser auf dem Festland aufgehoben wäre. Wer die Insel vor über 20 Jahren gesehen hat, würde sie heute „Desaster Island“ taufen.

Strände und Inseln

Etwas abseits vom größten Rummel liegt der **Long Beach** am Südwestende der Ton-Sai-Bucht. In ihr kann man beim **Hin Phae** sehr gut zwischen Korallen schnorcheln. *Schwarzspitzenhaie* verschrecken manchen Anfänger, aber sie sind harmlos.

An der Ostküste befindet sich der schöne **Lo-Bagao-Strand** in einer malerischen Bucht. Die **Bamboo Islands (Ko Mai Phai, Ko Yung)** haben einen wunderschönen, sauberen Strand und eignen sich zum Schnorcheln.

Die unbewohnte Nachbarinsel **Phi Phi Leh** bietet schroffe, senkrecht emporragende Klippen und wunderschöne Buchten wie die **Maya-Bay.** In der **Viking-Cave** werden die wertvollen „Schwalbennester“ gesammelt. Sie darf besucht werden, um die Sammler zu beobachten.

Ko Phi Phi
Ko Yung
Ko Mai Phai
Andaman-
See
LaemTong
1
La-Nah-Bucht
Nui-Bucht
Loh-Bagao-Bucht
Ban Ko
PHI PHI DON
Pak-Nam-Bucht
Loh-Dalam-Bucht
Yong-Kasem-
Bucht
KO NAI
186
Ran-Ti-Bucht
Phi-Phi-
Aussichtspunkt
4
Ban Laem
Thong
314
3
Loh-Mu-Bi-
Bucht
Tonsai-
Bucht
KO NOK
2
Wang-Long-
Bucht
Hin-Phae-Bucht
Laem Poh
Hin Phae
Hin Dot
Huraget
Krabi
Phuket
1 Luxus Beach
2 Long Beach
3 Ton-Sai-Strand
4 Loh-Dalam-Strand
Viking-
Höhle
Palong-Bucht
PHI PHI LE
Phi-Phi-
Leh-Bucht
Garang Heny
Maya-Bucht
0
2 km
Loh-
Samah-Bucht

Westküste

SCHWALBENNESTER

Schwalbennester gelten in Asien als **kulinarische Delikatesse** und werden als Suppen oder Süßspeisen zubereitet. In China werden sie seit etwa 1.500 Jahren gegessen. Chinas eigene Vorkommen waren schnell erschöpft, so dass spätestens ab 700 n. Chr. chinesische

Seeleute in Südostasien nach Nestern forschten, wie ein Porzellanfund auf Borneo vermuten lässt.

Die Nester dienen als **Verjüngungselixier** und **Heilmittel gegen Lungenerkrankungen.** Angeblich werden Kinder größer und stärker, wenn sie oft Schwalbennester essen. Tatsächlich konnte ein das Immunsystem stärkendes Eiweiß aus den Nestern isoliert werden. Beim Ko-

KO LANTA

Ko Lanta umfasst die Schwesterinseln **Lanta Noi,** eine mit Mangroven bewachsene flache Insel, und **Lanta Yai,** eine gebirgige Insel mit langen Stränden an der Westseite. Zwischen den Lanta-Inseln kann man vorzüglich in Mangrovekanälen Boot fahren und Holzkohlemeiler

chen in Suppen wird dieser Stoff aber zerstört. Die Nester sind fast wertvoller als Gold und Sammel-Lizenzen deshalb heiß begehrt. Der Name „Schwalbennester" ist irreführend, denn die Nester werden nicht von Schwalben, sondern von **Salanganen,** Verwandten des heimischen Mauerseglers, gebaut. Die Nester zweier Arten werden gesammelt: der *Weißnest-* und *Schwarznest-Salangane. Weißnest-Salanganen* sind von den Küsten Nordvietnams, Südburmas bis nach Timor verbreitet. Das Verbreitungsgebiet der *Schwarznest-Salangane* erstreckt sich von Bhutan über Thailand, Westmalaysia, Sumatra bis nach Java, Borneo und der philippinischen Insel Palawan.

Salanganen legen ihre Nester an Höhlenwänden und in unzugänglichen Spalten der Kalksteinklippen an. Ihre Nester zementieren sie mit Speichel am Fels fest. Die *Weißnest-Salangane* baut ihre Nester aus reinem Speichel, während die *Schwarznest-Salangane* Daunenfedern in die Nester einarbeitet.

Die dunklen Nester der *Schwarznestsalangane* sind wegen der vielen kleinen Federn weniger wertvoll als die weißen Nester, denn sie müssen mühevoll entfernt werden. 1 kg schwarzer Nester kostet ca. 200 US$, 1 kg weißer Nester je nach Qualität 2.000-4.000 US$.

Die **Nesternte** dauert in Thailand von Februar bis Mai. Ein Nistplatz kann dreimal pro Saison besammelt werden. Vor der Eiablage bauen die Vögel am selben Platz ein neues Nest, wenn das vorherige Nest weggenommen wurde. Die ersten beiden Nester können daher geerntet werden, bevor die Vögel ihre Eier ablegen. Wenn die Jungen flügge sind, wird auch das dritte Nest eingesammelt. Die Arbeiter hangeln sich an abenteuerlichen Bambusgerüsten, die von Lianen zusammengehalten werden, in schwindelerregende Höhen.

Während der Erntezeit leben **die Sammler** die ganze Zeit in den Höhlen. Geisterbeschwörungen gehören zum morgendlichen Ritual, damit die Götter sie vor Abstürzen bewahren. Ihre Frauen dürfen sich während der Erntezeit nicht die Haare ölen, sonst, so glauben sie, gleiten die Hände ihrer Männer von den Bambusstangen ab.

besichtigen. Die Ostküste von Lanta Yai ist relativ schlickig und mit Mangroven bedeckt, sofern diese nicht in die allgegenwärtigen Shrimp-Farmen verwandelt wurden.

Ban Saladan im Norden und Ban Ko Lanta sind die wichtigsten Orte auf der Insel. Im Süden existiert zudem eine Chao-Leh-Siedlung. Die meisten Boote laufen Saladan an, eine (im-

mer noch) fast nur aus Holzhäusern bestehende Gemeinde (im Insiderjargon gerne „Dodge-City" genannt).

Strände

Die Nordwestspitze Lantas läuft in ein schmales Kap **(Kaw Khwang)** aus. An der Nordseite liegt eine flache Bucht, und an der Südseite des Kaps zieht sich ein fester Sandstrand **(Klong Dao)** entlang. Er bildet den Auftakt zu einer Serie weiterer guter Badestrände. Der **Long Beach** mit seinem feinen Sand zieht sich über 3 km hin. Der mittlere Teil der Westküste ist felsig, aber es gibt einige kleine Buchten, etwa beim „Relax Bay Tropicana", am Hat Phra Ae. Schmale, von Schraubenpalmen gesäumte Strände sind der **Klong-Khong-Strand** und weiter südlich der **Klong-Nin-Strand.** Eine hübsche Bucht liegt bei **Ban Kantiang.** Abgeschieden im Süden befinden sich u.a. die **Waterfall Bay** und **Ao Nui.** Beide Buchten besitzen herrliche Strände, die von dichter Vegetation umgeben sind.

Die Südspitze von Lanta Yai gehört zum **Ko-Lanta-Nationalpark** (134 km²), der weitere 15 Nachbarinseln umfasst. Die Straße von Saladan endet 4 km vor dem Hauptquartier in der Nähe des „Waterfall Bay Resort". Ein Fußweg an der Küste entlang führt überwiegend durch Sekundärwald und ehemalige Kokosnussplantagen.

Palmenstrand *auf Ko Lanta* ↑

Ban Saladan *auf Ko Lanta* ←

Im Inselinneren sieht man an unzugänglichen Stellen intakten Primärwald. In den Abendstunden machen sich *Makaken* bemerkbar, die auf Nahrungssuche durch den Wald streifen.

Einen Abstecher ist die **Mai-Khao-Höhle** im Inselzentrum wert. Sie besteht aus etlichen Tropfstein-Cavernen, die über enge Durchschlüpfe verbunden sind. Es gibt sogar einen kleinen Badepool. Für einen Picknickausflug empfehlen sich die Strände von **Ko Bubu,** einer einsamen Insel östlich von Ko Lanta.

Eine Attraktion sind die beiden Inseln Ko Rok Nok und Ko Rok Nai. Beide Inseln sind durch einen weiten Kanal getrennt, der beiderseits von Sandstränden gesäumt ist. Am Abend ziehen sich Fischerboote und Segelyachten in die windgeschützte Bucht zurück.

KO HAI

Die südlichste Insel der Provinz Krabi ist Ko Hai (Ko Ngai), eine reizvolle Insel, die von zwei flachen, schönen Korallenriffen umgeben ist. Beide sind hervorragende Reviere für Schnorchler. Die weißen Sandstrände wirken durch allerlei angespültes Treibholz sehr ursprünglich.

Unterkunft

●**In Krabi** gibt es viele günstige **Guest Houses** (*, **), viele davon in der Uttarakit, Pruksa Uthit und Ruenruedee Road.
Ferner findet man einige **Hotels** (**-ш).

●Beim Than-Bokhorani-Nationalpark bei **Ao Luek** gibt es Unterkünfte (**, ***).

●An den **Stränden um Krabi** stehen zahlreiche Bungalowanlagen, wobei es an den abgelegenen Nopparat Thara, Coconut Home, Thap Khaek und Klong Muang auch preisgünstige Angebote gibt (*-***, in Krabi erkundigen).

●**Ao Nang** bietet kaum noch billige Unterkünfte (**); es überwiegen teurere Anlagen (***-ш, z.T. sehr gute Nebensaison-Rabatte). Am **Ray Leh Beach** liegt das Niveau höher (***, ****, kaum **), wobei es am Ray Leh East (**-ш) günstiger als am schöneren Ray Leh West ist (ab ***); **Ao Ton Sai** (ab ***); **Hat Phra Nang** (ш).

●**Ko Phi Phi** ist voller Bungalows und Hotels (vielfach **-***), preiswerte Unterkünfte werden in der Saison knapp. Die günstigsten Angebote gibt es vor allem am Long Beach und Hin Khom. Gehobene Resorts und Luxusquartiere (ab ****) sind überall vertreten, besonders am Loh Bagao und Luxus Beach (Laem Thong).

●**Ko Lanta** besitzt über 80 Anlagen (**-ш), fast alle an der Westküste. Je nach Belegung variieren die Preise z.T. täglich um 200-300 % *(„Ko Crazy");* in der Hochsaison explodieren sie förmlich. Manche Betreiber bieten eine Nacht umsonst an, schlagen aber die Kosten dann beim Essen und Trinken auf. Die Zeit der Billig-Hütten ist zumindest in der Hauptsaison vorbei. Aber unter 200 Baht ist immer noch etwas zu haben, vornehmlich an den südlichen Stränden wie Long Beach, Klong Kong, Klong Nin, Kantiang und Klong Jaak (Waterfall Bay). Am Klong Dao überwiegt die Kategorie ****-ш. Auf Fähren und am Pier offerieren Schlepper die Quartiere, den Inseltransport besorgen Pickups.

●Bungalows gibt es auch auf **Ko Poda** (****, ferner Zeltmöglichkeiten), **Ko Si Boya, Ko Jum** (je **-****) und **Ko Bubu** (*-***).

●Auf **Ko Hai** dominiert die Kategorie ***-ш; Zelte neben (!) Ko Hai Villa.

Anreise

●**Ab Bangkok** (814 km): Vom Southern Busterminal fahren ab Nachmittags zahlreiche **Normal-** und **A.C.-Busse;** Fahrtzeit ca. 13 Std.; **Bahn/Bus-Kombitickets** führen vom Hua-Lamphong-Bahnhof über Surat Thani nach Krabi. **„Traveller-Expresse"** ab der Khao San Rd. taugen wenig - bei Kombi-Tickets mit Bootstransfer werden die Bootstickets vor Ort oft nicht akzeptiert!

●Vom **Busbahnhof** ***Krabi Junction*** fahren Songthaews in die Stadt.

●Krabi verfügt auch über einen **Flughafen.**

TAUCHEN UM KRABI

Krabi und die angrenzende Provinz Trang bieten mit die feinsten Tauchplätze Thailands. Die Sicht beträgt in der Saison (Dezember-April) etwa 10-25 m. Vor Ao Nang werden **Ko Si, Ko Ha, Ko Mae Urai** und **Ko Yah Wa Bon** mit einer 60-m-Höhle angesteuert. Vor **Ko Rang** Nok liegt ein versunkenes Boot. Ko Phi Phi verfügt über viele schöne Steilwände und auch Höhlen **(Ao Wang Long).** Taucher begegnen *Schildkröten* und *Seeschlangen.* Am frühen Abend springen ge-

●**Von Krabi zum Than-Bokkhorani-Park:** Busse nach Norden bis **Ao Luek Junction,** dort 1,5 km in Richtung H-way 4039 gehen.
●**Ao-Nang-Strand:** Minibusse und Songthaews ab Krabi.
●Zum **Coconut-Home-** (Ao Tha Len), **Thap-Khaek-** und **Klong-Muang-Strand** müssen z.T. Songthaews gechartert werden (nach Zubringerdiensten zu einzelnen Resorts in den Reisebüros fragen).
●Zum **Nopparat-Thara-Strand** und **Muschelfriedhof:** Songthaews ab Krabi; zum **Ray Leh, Phra-Nang-Strand:** Boote ab Krabi oder Ao Nang.
●Von Ao Nang fahren Boote nach **Ko Poda** und **Chicken Island.**
●**Ko Phi Phi:** Boote vom Chao-Fah-Pier in Krabi von 9.00 bis 16.00 Uhr (ca. 1 Std.), ab Ao Nang um 9.00 Uhr und Ray Leh um 9.30, von Phuket vornehmlich 8.30-9.00 Uhr und 12.30-14.30 Uhr.
●**Ko Lanta:** Boote ab **Krabi** (Chao-Fah-Pier) um 11.30 und 13.30 (2,5 Std.; Saison 3 x) oder ab **Bo Muang** (H-way 4 Krabi-Trang, bei km 46 in H-way 4042 abbiegen) um 11.00 und 14.00 Uhr (1,5 Std.); Songthaews/Minibusse via Ban Huay Nam Khao nach **Ban Hua Hin,** dort nach Lanta Noi (Ban Klong Mak) übersetzen und weiter nach Ban Saladan; in der Hochsaison auch Boote von **Phuket** über **Ko Phi Phi.**
●**Ko Jum:** von den Krabi-Lanta-Fähren absetzen lassen oder von Laem-Kruat-Pier (ca. 40 km von Krabi, erreichbar per Songthaew über Ban Nua Klong); **Ko Si Boya:** Longtail-Boot ab Krabi (Pine Tours, Tel. (075) 612192) oder über Laem Kruat. **Ko Poda:** Boote ab Ao Nang.
●**Ko Hai:** Boote vom Pier in Pak Meng, s. Trang.
●**Khao Nor Chuchi:** H-way 4 bei Klong Thom (km 72) abbiegen (16 km), Songthaew ab Krabi/Trang, Motorradtaxi ab Klong Thom; **Khao Phanom Bencha:** H-way 4, bei km 108 (Nähe Krabi Junction) abbiegen (20 km).

Touren

●Das Tourangebot in der Krabi-Region ist enorm; es gibt Insel- und Schnorcheltrips, Kanu-Fahrten, Mangrove-, Höhlen- und Bird Watching-Touren, Ausflüge nach Khao Nor Chuchi, Phang Nga usw. (diverse Reisebüros in Krabi, Bungalow-Kolonien und Guest Houses vermitteln die Angebote.
●In Ao Nang/Ray Leh und Krabi gibt es mehrere **Sea-Kayak-Anbieter.**
●**Kletterschulen** befinden sich am Ray Leh Beach und auf Ko Phi Phi; z.B. King Climbers (P.O. Box 34, Krabi 81000): Ao-Nang-Office, Tel. (075) 637125, Fax 637849 oder Büro am Ray Leh Beach (Ya Ya Resort), Tel. (075) 622581, E-Mail: kingclimbers@iname.com.
●**Mountainbikes, Motorräder** und (in Krabi und Ao Nang auch **Jeeps**) werden fast überall vermietet.

legentlich *Schwert-Fische* und *Marline* aus dem Wasser. Bei **Phi Phi Leh** bieten besonders die prächtig bewachsenen Steilwände der **Maya Bay** sowie die Insel vor der **Loh Samah Bay** mit Weichkorallengärten und Seefächern erstklassige Tauchplätze. An untergetauchten felsigen Riffen wie **Garang Heng** sowie dem **Hin Phae** (Shark Point) und **Hin Dot** bei **Phi Phi Don** trifft man oft auf Haie, vor allem *Leopardenhaie,* und z.T. dichten Korallenwuchs. Weiter südlich liegen **Ko Bida Nai** und **Nok,** deren steilen Wände mit vielen Stein- und Hornkorallen bewachsen sind.

Bida Nai besitzt eine betauchbare Caverne, und östlich liegt der interessante **Fantasea Rock.** Am **Hin Bida** („Shark Disco"), dessen Spitze etwas aus dem Wasser ragt, treffen Taucher fast garantiert auf *Leopardenhaie.* Sie liegen träge in der Grundströmung am Fuß des Felsens. Auch *Sepien* und *Schildkröten* tummeln sich hier häufig. In der Nacht kommen *Lanzett-Seeigel* hervor. Die beste Sicht der Gegend herrscht um die pittoreske Inselgruppe von **Ko Ha.** Die steilen Klippen und Überhänge sind dicht bewachsen. *Globus-Seeigel* und *Warzennacktschnecken* kriechen umher, *Drachenköpfe* lauern am Fels, und mit Glück entdeckt man *Steinfische.* Am spektakulärsten sind die Cavernen und Höhlen um Ko Ha Yai. Bei **Ko Hai** gibt es ein flaches, recht schönes Korallenriff, dessen Qualität zuletzt erheblich litt. Das Highlight bei **Ko Waen** ist eine riesige Höhle mit einer Luftblase an der Decke, in die man aufsteigen kann. Bei **Ko Rok Nok** und **Ko Rok Nai** gibt es sehr schöne Korallenriffe.

Walhaie sind die größten Fische der Welt. Sie können bis zu 18 m lang werden, obwohl die Größe der Exemplare an der Tauchstelle bei Hin Daeng und Hin Muang meistens „nur" bei 4-7m liegt. Trotz ihrer Größe sind Walhaie wenig erforscht. Ihre Ökologie und Fortpflanzungsbiologie sowie Wanderungen im Ozean sind weitgehend unklar. Sie ernähren sich von Plankton und kleinen Fischen, die sie an der Oberfläche treibend mit ihrem riesigen Maul einsaugen.

Langusten drängen sich unter Korallenblöcken zusammen und *Stachelrochen* ruhen in ihren Verstecken.

Hin Daeng und **Hin Muang** sind zwei, wenige hundert Meter voneinander entfernte Felsmassive, die auf über 60 m Tiefe abfallen. Nur die Spitze vom Hin Daeng ragt über das Wasser. Hin Muang ist an der Oberseite mit einem Anemonenteppich überzogen und wie Hin Daeng in tiefen Zonen dicht mit Weich- und Hornkorallen sowie Felsaustern bedeckt. Riesige Schwärme silbrig glänzender Fische umkreisen das Gebiet. *Rotfeuerfische* schweben am Fels. Auch *Barrakudas, Trompeten-, Drücker-* und *Nashornfische* ziehen ihre Bahnen durchs Wasser. *Stachel-* und *Adlerrochen, Leoparden-* und *Graue Riffhaie* halten sich in größeren Tiefen auf. Das Taucherlebnis schlechthin ist dort die Begegnung mit *Walhaien,* die insbesondere von Dezember bis März regelmäßig durch dieses Gebiet ziehen. Erfahrenen Tauchern bieten die kaum bekannten **Calypso-Banks** prächtige Tieftauchgänge mit *Riffhaien, Rochen und Mantas.* Das Felsplateau ab 22 m Tiefe mit Gerölltürmen wirkt wie eine versunkene Burgruine. Auch das Wrack eines **japanischen Kriegsschiffs** zwischen Ko Kradan und Ko Libong ist ein exotischer Tauchplatz.

Walhaie *(Rhinocodon typus) werden bis zu 18 m lang ←*

Tauchrevier	Tauchstellen	Tiefe	Qualität
Ko Phi Phi Don	***Südküste (Hin Dot)*** (Steilwände, dichter Bewuchs)	26 m	++
Ko Phi Phi Don	***La Nah Kap (Ao Nui)*** (Stein-, Weich- und Hornkorallen)	23 m	+
Ko Phi Phi Don	**Ao Wang Long** (Steilwand, Höhle)	16 m	++
Ko Phi Phi Don	***Hin Phae (Shark Point)*** (Haie, Korallen)	15 m	++

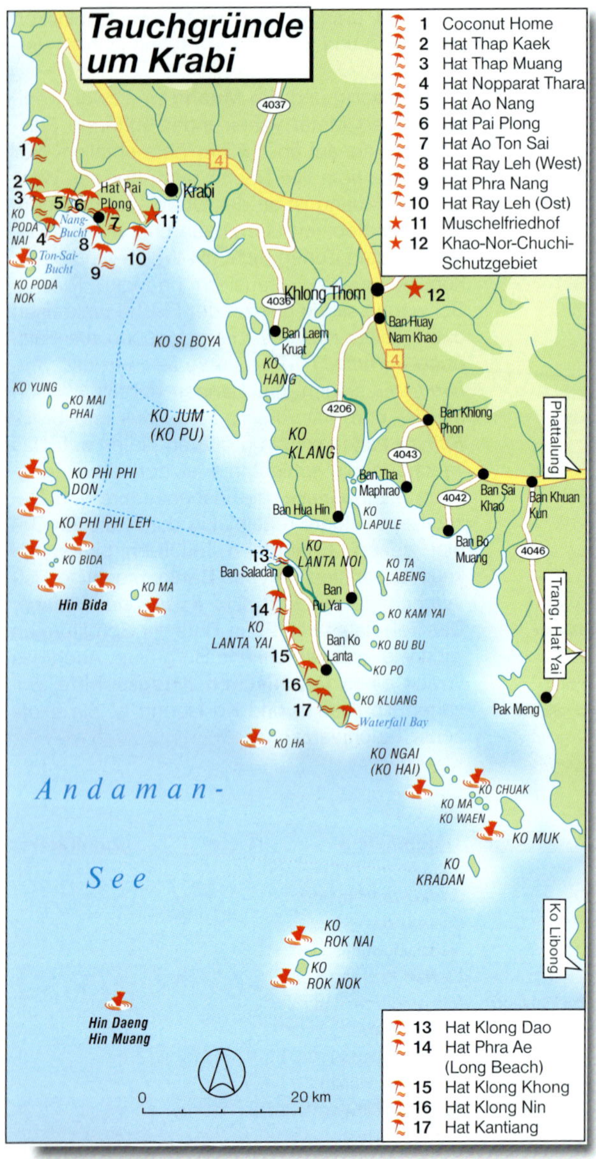
Tauchgründe um Krabi
1 Coconut Home
2 Hat Thap Kaek
3 Hat Thap Muang
4 Hat Nopparat Thara
5 Hat Ao Nang
6 Hat Pai Plong
7 Hat Ao Ton Sai
8 Hat Ray Leh (West)
9 Hat Phra Nang
10 Hat Ray Leh (Ost)
11 Muschelfriedhof
12 Khao-Nor-Chuchi-Schutzgebiet
13 Hat Klong Dao
14 Hat Phra Ae (Long Beach)
15 Hat Klong Khong
16 Hat Klong Nin
17 Hat Kantiang
Krabi
Hat Pai Plong
Nang-Bucht
Ton-Sai-Bucht
KO PODA NAI
KO PODA NOK
Khlong Thom
Ban Laem Kruat
Ban Huay Nam Khao
KO SI BOYA
KO HANG
KO YUNG
KO MAI PHAI
KO JUM (KO PU)
KO KLANG
Ban Khlong Phon
Phattalung
Ban Tha Maphrao
Ban Sai Khao
Ban Khuan Kun
KO PHI PHI DON
KO PHI PHI LEH
Ban Hua Hin
KO LAPULE
Ban Bo Muang
KO BIDA
KO LANTA NOI
KO TA LABENG
Ban Saladan
Hin Bida
KO MA
Ban Ru Yai
KO KAM YAI
KO LANTA YAI
Ban Ko Lanta
KO BU BU
Trang, Hat Yai
KO PO
KO KLUANG
Pak Meng
Waterfall Bay
KO HA
KO NGAI (KO HAI)
KO CHUAK
KO MA
KO WAEN
KO MUK
Andaman-See
KO KRADAN
Ko Libong
KO ROK NAI
KO ROK NOK
Hin Daeng Hin Muang
0 20 km
4037
4036
4206
4043
4042
4046
4

Tauchrevier	Tauchstellen	Tiefe	Qualität
Ko Phi Phi Leh	***Loh Samah Bay*** (Steilwand, Korallen)	22 m	++
Ko Phi Phi Leh	***Garang Heng*** (Haie, Seeschlangen)	18 m	++
Ko Phi Phi Leh	***Maya Bay*** (dicht bewachsene Steilwand, Korallen)	20 m	+++
Ko Phi Phi Leh	***Nordwestkap*** (Steilwand, Korallen, Felsaustern)	15 m	++
Ko Phi Phi Leh	***Phi Phi Leh Bay*** (Steilwand, dichter Bewuchs,Korallen, Felsaustern)	17 m	++
Ko Bida Nai Ko Bida Nok	***Gesamte Insel*** (Steilwände, Horn- und Steinkorallen)	25 m	++
Hin Bida	***Gesamter Felsen*** (Leopardenhaie, Muränen, Schildkröten)	20 m	+++
Ko Mae Urai	***Gesamter Felsen*** (zerstreute Korallengründe, Felsaustern)	18 m	++
Ko Ya Wa Bon	***Gesamter Felsen*** (Felspassagen, Höhle, Schwarzspitzen-Riffhaie)	15 m	++
Ko Sie	***Gesamte Insel*** (reicher Korallengrund)	16 m	++
Ko Ya Wa Sam	***Südseite*** (diverse Haiarten)	17 m	+
Hin Bia Rua	***Gesamter Felsen*** (Korallengärten)	15 m	+
Japanisches Wrack	***Gesamtes Wrack*** (Wracktauchen, Fische)	30 m	+++
Ko Ma (Krabi)	***Ostseite*** (Feuerkorallenriffe)	11 m	+
Ko Ha	***Alle Inseln*** (Steilwände, Höhlen, Muränen, Seeigel)	26 m	+++
Ko Hai	***Südwestseite*** (schönes Korallenriff)	10 m	+/++

Tauchrevier	Tauchstellen	Tiefe	Qualität
Ko Ma (Trang)	***Westseite*** (guter Korallengrund, Weich- und Straußenkorallen)	10 m	+
Ko Chuak	***Nordseite*** (Weichkorallen, Neptunskelche)	10 m	+
Ko Waen	***Nordwestseite*** (Höhlen,Stachelrochen, Seeschlangen	16 m	+++
Ko Lao Liang Tai	***Westseite*** (Steilwände, Höhlen, Horn- und Weichkorallen)	9 m	+
Ko Rok Nok	***Nordwestseite*** (guter Korallengrund, Langusten)	26 m	++++
Ko Rok Nai	***Südwestseite*** (Schönes Korallenriff, Neptunskelche)	15 m	+++
Hin Daeng	***Gesamter Felsen*** (Dichter Bewuchs, viele Fische, Walhaie)	30 m	++++
Hin Muang	***Gesamter Felsen*** (Toller Bewuchs, viele Fische, Rochen, Riff- und Walhaie)	40 m	++++
Calypso Banks	***Gesamter Felsen*** (Korallenbewuchs, Mantas Walhaie, Riffhaie, Barrakudas)	40 m	++++

TAUCHUNTERNEHMEN

● Tauchausfahrten (2 Tauchgänge) kosten **ab Ao Nang** 1.600-1.800 Baht (local dive) bzw. 2.200-3.200 Baht (King Cruiser/Hin Daeng), Live-aboards z.B. 3 Tage Hin Daeng 15.000 Baht. **Ab Ko Phi Phi:** Lokale Tagestouren 1.400 Baht, Phuket- oder Hin-Daeng-Trips 2.200-3.200 Baht, Live-aboards ab 8.000 Baht. **Ko Lanta:** Tagesfahrten (u.a. Ko Bida, Ko Ha, Hin Daeng) 2.100-2.750 Baht, Zweitagestouren um 5.500 Baht. **Ko Hai:** 700 Baht pro Tauchgang plus Boot (150-1.000 Baht). **Grundkurse** (Open Water) kosten etwa 8.500-13.000 Baht, **Fortgeschrittenenkurse** 7.500-11.800 Baht, Leihequipment

400-500 Baht pro Tag extra; **Nacht- bzw. Höhlentauchen** 1.100-1.600 Baht.

●Die **Tauchsaison** geht, wenn das Wetter mitspielt, um Phi Phi und Ao Nang ganzjährig (allerdings kaum Live-aboards), auf Ko Lanta von Anfang November bis Ende April, auf Ko Hai von November bis Mitte April.

Ao Nang (Krabi)

●**Phra Nang Divers,** 47/7 M. 2 (P.O. Box 54), Ao Nang Krabi 81000, Tel./Fax (075) 637064, E-Mail: pndivers@loxinfo.co.th.

●**Ao Nang Divers,** Krabi Seaview Resort, 143 M. 2, Ao Nang, Krabi 81000, Tel. (075) 637242-5, Fax 637246, E-Mail: aqvision@mail.cscoms.com.

●**Poseidon** 23 /1 M. 2, Ao Nang, Krabi 81000, Tel. (075) 637263, Fax 637264, E-Mail: poskrab@loxinfo.co.th.

●**Aqua Vision,** 137 M. 2, Ao Nang, Krabi 81000, Tel./Fax (075) 637415, E-Mail: aqvision@mail.cscoms.com.

●**Stingray Divers,** 202 M. 2, Ao Nang, Krabi 81000, Tel. (075) 637493, E-Mail: stingray@cscoms.com.

●**Easy Divers,** Andaman Holiday Resort, Klong Muang Beach, Krabi, Tel. (0)75 644321-3, Fax 644320.

●In Ao Nang gibt es diverse weitere Tauchschulen, z.B. **Kontiki,** Tel. (0)75 637675, E-Mail: kontiki2@loxinfo.co.th.

Phi Phi

●**P.P. Island Divers,** Tonsai Bay, Ko Phi Phi, Krabi 81000, Tel./Fax (075) 620800, E-Mail: dive@islanddiverspp.com.

●**Barakuda Diving Center** (P.O. Box 283, Phuket 83000), Tonsai Bay, Ko Phi Phi, Tel./Fax (075) 620698, E-Mail: dive@barakuda.com.

●**Phi Phi Scuba Diving Center,** Tonsai Bay, Ko Phi Phi, Krabi 81000, Tel. (075) 612665, E-Mail: info@phiphi-scuba.com.

●**Moskito Diving,** 111 M. 7, Tonsai Bay, Ko Phi Phi, Krabi 81000, Tel./Fax (075) 612092, E-Mail: info@moskitodiving.com.

●**H2O-Sportz,** Holiday Inn Resort, Laem Thong Beach, Tel. (01) 4763787, E-Mail: info@diveh2osportz.com.

Ko Lanta

●**Ko Lanta Diving Center,** Ko Lanta, Ban Saladan, Krabi 81150, (Deutschland: Tel. +49 (0)8158 3236, Fax 3358), E-Mail: info@kolantadivingcenter.com.

●**Atlantis Diving,** Ko Lanta, Ban Saladan, Krabi 81150, Tel. (075) 684081, Fax 612 914, (Österreich: Tel./Fax ++43 (0)2623 74086), E-Mail: atlantis@top-com.com.

●**Laguna Fun Divers,** Laguna Beach Club Resort, Klong Dao (165 M. 3 Saladan, Ko Lanta, Krabi 81150), Tel. (09) 9320151, E-Mail: lagfund@gmx.de.

●**Lanta Diver,** 197/3 M.1, Ban Saladan, Tel. (0)75 684208, E-Mail: scuba@lantadiver.com.

Ko Hai

●**Rainbow Divers:** Ko Hai Resort, Trang 92000, Tel. (075) 206924, Fax 206925, E-Mail: rainbowtau@aol.com. Tagesausflüge: Ko Rok, Hin Daeng/Hin Muang sowie zum japanischen Schiffswrack (Anreise: s. Trang).

TRANG ตรัง

Trang war während der Ayuthaya-Periode ein bedeutender Hafen. Damals befand sich die Stadt an der Mündung des Trang-Flusses. Doch König *Mongkut* verlagerte die Stadt 20 km landeinwärts, weil sie häufig von Flutkatastrophen heimgesucht wurde. So ist jetzt der Ort Katang Sitz des Hafens.

Trang ist voller zerklüfteter Berge mit geheimnisvollen Höhlen und herrlicher **Wasserfälle,** die sich an der Straße der Wasserfälle aneinanderreihen: Ton Nam Pliu (H-way 4, km 50), Sairung, Phraisawan, Nokrum, Tonetok, Toneteh etc. (von H-way 4 nach Phattalung bei km 53 nach Süden, ferner am H-way 4122, Abzweig bei Na Thon). Für Höhlenfans lohnen sich der **Khao-Pina-Tempel** in einem durchlöcherten Kalkmassiv mit wundervollen Aussichten und die gespenstischen, von Flüssen durchströmten Höhlen **Tham Thale** und **Le Khao Kob.**

Strände und Inseln

Ferner hat Trang wundervolle Strände und Inseln. Der **Nationalpark Hat Chao Mai** (231 km^2) umfasst mehr als 20 km Strand und 9 vorgelagerte Inseln (Ko Daigae, Ko Meng, Ko Pling, Ko Ma, Ko Chuak, Ko Waen, Ko Muk, Ko Kradan, Ko Chao Mai). Mangrovenwälder, Ästuare, Höhlen mit Felszeichnungen und liebliche Täler bereichern den Charme des Gebietes.

Pak Meng (40 km westl. von Trang) ist die nördliche Grenze des Nationalparks. Die halbmondförmige Bucht ist von aufregenden Kalkfelsen begrenzt. Am **Pak-Meng-Strand** kann man ausgedehnte Strandwanderungen unternehmen.

Der **Chang-Lang-Strand** ist das Zentrum des Nationalparks. Dieser kilometerlange, etwas schlickige, flache Strand ist ideal für ein Picknick unter schattigen Kasuarinen. Bei Ebbe ist der urwüchsige **Yong-Ling-Strand** ausgesprochen reizvoll. Fels-Durchlässe erlauben den Zugang zu anderen Buchten. An der Südspitze kann man vorzüglich schnorcheln.

Ein wunderschöner Sandstrand ist der **Hat Yao (Long Beach).** An dem Felsen im Süden kann man sehr gut schwimmen. Leider sind hier auch Sandflöhe zu Hause.

Ban Chao Mai ist ein muslimisches Fischerdorf, von wo man mit Booten auch zur **Chao-Mai-Höhle** kommt.

Ein Besuch der **Tham Morakot (Emerald Cave)** auf **Ko Muk** ist ausgesprochen spektakulär. Die Höhle des „Hongs" führt in Höhe des Meeresspiegels ins Inselinnere, wo sie sich in eine vollständig von steilen Felsen umschlossene Lagune mit einem kleinen Strand öffnet.

An der Ostküste Ko Muks liegen zwei annehmbare Strände. Bei **Ko Waen** gibt es einen

Die malerische ***Bucht von Pak Meng*** ←

Taucher im ***Hong von Ko Muk*** ↓

Westküste

★ 1 Ko-Lanta-Nationalpark
★ 2 Lam-Chan-Vogelpark
3 Pak-Meng-Strand
4 Chang-Lang-Strand
★ 5 Smaragd-Höhle
6 Yong-Ling-Strand
7 Yao-Strand
8 Chao-Mai-Strand
9 Samran-Strand
★ 10 Mom-Jui-Wasserfall
★ 11 Tonetok-Wasserfall
★ 12 Toneteh-Wasserfall
★ 13 Phrai-Wan-Wasserfall
★ 14 Nokrum-Wasserfall
★ 15 Phraisawan-Wasserfall
★ 16 Sairung-Wasserfall
★ 17 Khao-Chong-Nationalpark
★ 18 Nationalpark Khao Phu - Khao Ya

Masken-wimpelfische *(Zanclus cornutus)* →

riesigen Unterwasserdom, der jeden Taucher verzückt. **Ko Kradan** besitzt einen schönen, weißen Sandstrand sowie mehrere attraktive kleine Buchten mit guten Schnorchelplätzen.

Ko Libong ist die größte Insel vor Trang. Im Zentrum befindet sich eine schöne Tropfsteinhöhle **(Tham Hin Pang)** und an der Ostseite einige flache Strände. Der **Hat Tub** ist der bekannteste Strand. Am **Juhoi-Kap** brüten viele Seevögel. Um Ko Libong und in der Bucht von Kantang leben die letzten Bestände der **Dugongs** (Seekühe), die in Seegraswiesen weiden. Das Gebiet steht mittlerweile unter strengem Schutz, um die geschätzten 60 (!) Exemplare dieser Meeressäuger zu retten. Am Festland vor Ko Libong befinden sich der **Hat Samran,** ein ruhiger, von Kasuarinen gesäumter Strand.

Ko Lao Liang sind mit Höhlen durchsetzte Schwesterinseln. Im Wasser um die Inseln gedeihen annehmbare Korallengründe. **Ko Sukon** ist eine naturbelassene Insel mit einigen Stränden.

Unterkunft

- **Trang:** In der Pra Ram VI. Rd. befinden sich zwischen Bahnhof und Uhrturm einige Hotels (*-****); zudem gibt es verstreut Luxushotels.
- Am **Pak-Meng-, Chao-Mai-, Chang-Lang-, Yao-** und **Samran-Strand** stehen Bungalows (**-****); Camping möglich am Hat Chao Mai.
- Auf vielen der Inseln stehen Bungalow-Kolonien: **Ko Muk** (**-****), **Ko Kradan** (****), **Ko Libong** (**-****; im Südwesten Camping gestattet), **Ko Sukon** (**-****); auf Ko Rok muss man Zelte mitbringen.
- Die Inselresorts haben **Buchungsbüros** am Bahnhof in Trang, die auch den Transfer regeln (Vorsicht vor Ko Hai Villa und seinen Schleppern).

Anreise

- **Von Bangkok nach Trang** (828 km): Vom *Southern Busterminal* fahren **Normal-** und **A.C.-Busse**; Fahrtzeit ca. 14 Std.; Am späten Nachmittag fahren zwei **Züge** vom *Hua-Lamphong-Bahnhof* ab, zudem gibt es **Flüge** nach Trang. Weitere gute Verkehrsanbindungen u.a. nach Ko Lanta, Krabi, Phuket und Pak Bara.
- Von **Trang nach Pak Meng:** Taxis/Songthaews vom neuen Markt.
- Zu den Stränden zwischen Pak Meng und Ban Chao Mai **(Chang Lang, Yong Ling, Hat Yao):** Taxis vom neuen Markt oder Minibusse vom Bahnhof bzw. von Pak Meng aus der Küstenstraße folgend. Ferner von Kantang-Hafen mit der Fähre über den Trang-Fluss nach Tha Sam und weiter mit Songthaews.
- Nach **Kantang** mit Songthaews, Taxis oder Bussen ab dem Bahnhof bzw. der Kantang Rd.
- Nach **Hat Samran:** Von H-way 404 in Ban Na bei km 28 nach Westen auf den H-way 4235 (21 km); vom Hat Samran Boote nach **Ko Lao Liang.**
- Nach **Bo Muang** (Pier nach Ko Lanta): Songthaews ab Satani Road.
- Nach **Ko Hai:** Boote ab Pak Meng.
- Nach **Ko Libong:** Boote von Kantang bzw. Ban Chao Mai.
- Nach **Ko Muk:** Longtail-Boote von Kantang oder Kuan Tungku bzw. Pak Meng oder Tagesexkursionen von Ko Hai zur Emerald Cave.
- Nach **Ko Kradan:** Boote ab Kantang oder Pak Meng.
- Nach **Ko Sukon:** Boote ab Palian (Yongstar-Pier, H-way 404 endet dort). Taxis und Busse nach Palian ab Trang-Bahnhof.
- Die **Tham Khao Pina** (H-way 4, bei km 15 abbiegen), **Tham Thale** (bei Ban Phraek von H-way 4 abbiegen, 12 km) und **Tham Le Khao Kob** (7 km von Ban Khao Kob am H-way 4) liegen bei **Huay Yot.**
- **Ton-Pliu-Wasserfall:** Khao-Chong-Nationalpark, H-way 4, bei km 50.

SATUN

สตูล

Satun ist Thailands südlichste Provinz an der Andaman-See. Die **Stadt Satun** ist angenehm beschaulich. Die große Moschee weist auf die moslemische Bevölkerungsmehrheit hin. Am Satun-Fluss, der sich in ein weit verzweigtes Kanalsystem inmitten von Mangroven auffächert, sieht man einige Pfahlbauten. In den Kanälen werden *Pfeilschwanzkrebse* gefangen, deren Eier zu einem vorzüglichen Salat verarbeitet werden.

Nördlich von Satun liegt der Fischerort **Pak Bara** mit guten, unterhalb der Wasserlinie schlickigen Stränden und vorgelagerten Karstinseln.

NATIONALPARK KO PETHRA

Im Nationalpark Ko Pethra (495 km²) bietet **Ko Lidi** märchenhafte Klippen, Höhlen und Strände. Von den Klippen der **Kam-Pu-Bucht** stürzen kleine Süßwasserbäche herab. Vor dem Strand wachsen Korallen. **Ko Khao Yai** birgt erstklassige Bade- und Schnorchelstrände. **Ko Pethra** besitzt die Form eines chinesischen Frachtschiffes (Sampau).

Zum Nationalpark gehört auch die bekannte **Ko Bulon Leh.** Der Name *Bulon* bedeutet in Yauwi, der Sprache der Chao Leh, „sehr schöner Sandstrand", was die schneeweißen, etwas mit Schill durchsetzten Strände an der Ost- und Nordseite an kristallklarem Wasser rechtfertigen. Die schönsten Buchten sind **Ao Muang** mit der Tang Gwa (Bat) Cave und **Ao Pangka Yai** mit der Chabuk (Nose) Cave. Leider offenbart sich bei Niedrigwasser steinig-schlickiger Grund.

Hervorragende Schnorchelreviere liegen um Ko Bulon. Weitere, nahezu unberührte Inseln sind **Bulon Mai Phai, Bulon Rang, Ko Nadorn, Ko Sam Phi Nong** und **Ko Ayam,** vor der zwei weiße Felsen aus dem Wasser ragen.

Bucht auf Ko Lipe im ***Tarutao-Nationalpark*** ↓

อุทยานแห่งชาติตะรุเตา

NATIONALPARK TARUTAO

Der zweite Park ist der Tarutao-Nationalpark (1490 km²) mit 51 Inseln. Er war der erste Meeresnationalpark in Thailand und wurde 1974 eingerichtet. Natürlich war dieses Grenzgebiet zu Malaysia viele Jahrhunderte ein Schmuggler- und Piratennest.

Vorsicht, an sehr vielen Stränden können **Sandflöhe** auftreten!

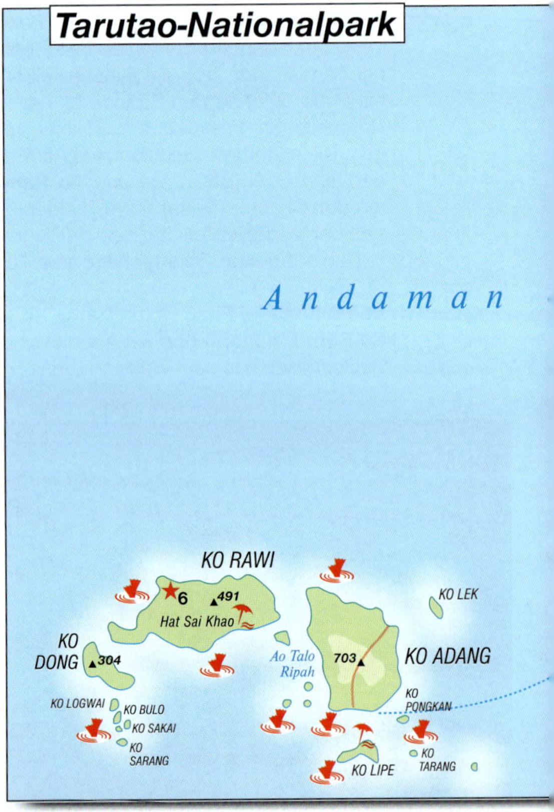

Die **Vegetation** des Tarutao-Nationalparks besteht aus Inselregenwald und Mangrovewäldern. Botaniker entdeckten 869 Blütenpflanzen in dem Gebiet. *Makaken, Loris, Languren, Py-*

thons, Warane und 100 Brutvögel, darunter *Nashornvögel* leben auf den Inseln. Alle in Thailand vorkommenden *Seeschildkrötenarten*, selbst *Lederschildkröten*, legen von September bis April an den Stränden ihre Eier ab.

★ 1 Salanganen-Höhle
★ 2 Gefängnisruinen
★ 3 Krokodil-Höhle
★ 4 Tanyong-Mara-Kliff
★ 5 Binyong-Kliff
★ 6 Chon-Long-Leh-Wasserfall

Ko Tarutao ist die größte Insel mit 26 km Länge und 11 km Breite. Die Westküste beherrschen Sandstrände, während sich an der Ostküste und Südspitze

Tiere im Nationalpark:

Großer Nashornvogel *(Buceros bicornis)* ↑↑

Netzpython *(Python reticulatus)* ↑

schroffe Felsen erheben. Am Park-Hauptquartier liegt ein schöner Strand mit vielen Schraubenpalmen. Vom **Toh Bu**, einem 50 m hohen Felsen, hat man eine sehr schöne Aussicht auf die Küste. Vom Hauptquartier kann man über einen kleinen Fluss zu einer Tropfsteinhöhle fahren **(Crocodile Cave).** An der Ostküste findet man bei der **Talo-Wao-Bucht.** Überreste eines Gefängnisses, in dem 1939-47 politische Gefangene einsaßen. Sehr spektakulär sind die Relikte aber nicht. Die besten Badestrände bieten Ao Chak, Ao Son und Ao Makham an der

Das malaiische Wort **„Tarutao"** bedeutet „alt" und „mysteriös". Eine Legende besagt, dass eine unschuldig wegen Ehebruchs hingerichtete Prinzessin die Inselgruppe verfluchte. Deshalb blieb den Inseln Frieden und Wohlstand versagt.

Auf Ko Lipe gibt es eine Tauchschule: **Sabye Sports,** Sunset Beach (Nähe Porn's Resort) Kontakt: 1080 M. 3 Kampang, Langu, Satun 91110, Tel./Fax (074) 734104, E-Mail: info@sabye-sports.com; Tagesausfahrten kosten 2.000 Baht plus Equipment (600 Baht); Open-Water-Kurse 11.900 Baht; Saison Dezember – April.

Westküste. Die winzige **Ko Khai** auf dem Weg nach Adang besticht durch ihren superben Puderzuckerstrand.

Ko Adang liegt 40 km westlich von der Hauptinsel. Im Innern der bewaldeten Inseln liegen einige Wasserfälle. **Ko Rawi** ist ebenfalls mit dichtem Inselregenwald bedeckt. Strahlend weiße Strände zieren die Küste.

Gegenüber liegt **Ko Lipe** mit einem Chao-Leh-Dorf. Die Chao Leh wurden dort angesiedelt, nachdem die anderen Inseln zum Nationalpark erklärt wurden. Die Strände von Ko Lipe sind wundervoll, besonders der Hat Pattaya im Süden. **Ko Kra** bei Ko Lipe lädt zum Schnorcheln ein, ebenso wie **Ko Yang** und **Ko Hin Ngam,** eine kleine Granitinsel, auf der Wind und Wellen das Gestein zu glatten, schwarz glänzenden Kieseln schliffen.

TAUCHEN UM TARUTAO

Um die Hauptinsel wachsen keine Korallen, allerdings bieten die **entlegenen Eilande** wie z.B. Ko Ta-Nga, Ko Lipe, Ko Adang, Ko Rawie, Ko Dong, Ko Lokwai teilweise schöne Korallengründe, von denen einige leider früher durch Dynamitfischerei geschädigt wurden. Es gibt viele *Vasenschwämme, Poren-,* farbenprächtige *Leder- und Weichkorallen, Gorgonen, Mördermuscheln, Langusten, Dornenkronen* und *Globus-Seeigel.* Auch bunte *Korallen-, Stein-, Skorpions- und Rotfeuerfische, Muränen, Stachelrochen* sowie *Leopardenhaie* können in den abwechslungsreichen Tauchgründen angetroffen werden.

NATIONALPARK THALE BAN

Im Süden der Provinz liegt der Nationalpark Thale Ban (102 km²). Er besteht aus immerfeuchter tropischer Vegetation mit gewaltigen Baumriesen, wilden Feigenbäumen und Rattan.

Kragenbären, Flug-Lemuren, Plumb-Loris, Zibet-Katzen und möglicherweise *Tapire* und *Tiger* finden hier Zuflucht. Lohnende Ausflüge führen zur Fledermaushöhle Tham Kranie, zur Wang-Pra-Blumenwiese (Mai) und zum Ya-Roi-Wasserfall. Im Thale Ban hausen Unmengen Blutegel (Socken und Füße mit Tabaktinktur einreiben).

Unterkunft

- In **Satun** findet man Hotels u.a. in der Satun-Thani und Samunta Rd. (**-ш).
- Im **Nationalpark Thale Ban** gibt es neue Bungalows (***, ****) und Zeltmöglichkeiten.
- **Pak Bara:** Bungalows und Guest Houses (**); auf der vorgelagerten Insel Ko Kebang Bungalows (***).
- **Ko Bulon Leh:** Bungalows (**-****, in der Hochsaison z.T. ausgebucht); zudem Miet-Zelte. Buchungsbüros in Trang am Bahnhof.
- **Ko Tarutao** und **Ko Adang:** Nationalparkbungalows (***-ш) und Long-House-Zimmer (100 Baht p. P.) sowie Zeltvermietung; Ko Tarutao: Eintritt 200 Baht.
- Reservierungen für Nationalparkunterkünfte: Royal Forestry Department, National Parks Division, (Kontakt siehe im Anhang unter „Kurzinfo Bangkok"), **Tarutao Office,** Pak Bara, Tel. (074) 761285, 729002-3, **Thale Ban Office,** Khuan Don, Tel. (074) 797073.
- **Ko Lipe:** Bungalow-Resorts und Longhouses (**-ш).
- **Touren:** Schnorchel- und Inseltouren werden auf Ko Tarutao, Ko Bulon und Ko Lipe angeboten.

Anmerkung: Ko Tarutao und Ko Lipe bieten (zum Glück) eine naturbelassene, touristisch unterentwickelte Atmosphäre. Die **Verpflegung** ist wegen der Abgeschiedenheit recht einfach, was bei manchem (leider) für Ärger sorgt. Wer „Rundum-Service" wünscht, sollte besser nach Phuket reisen.

Anreise

- **Von Bangkok nach Satun** (973 km): Vom Southern Busterminal fahren Normal- und A.C.-Busse; Fahrtzeit ca. 15 Std.
- **Weitere Verbindungen** mit Bussen und Sammeltaxis bestehen von Krabi, Trang und Hat Yai.
- Nach **Ko Bulon** und **Ko Tarutao:** Sammeltaxi bzw. Bus von Satun oder Trang nach **La-Ngu,** dann Pickup nach **Pak Bara;** alternativ direkter Bus von Hat Yai nach Pak Bara.
- **Von Pak Bara nach Ko Bulon Leh:** Boote um 12.00 und 14.00 Uhr oder Charterboote (ca. 1 Std. Fahrtzeit).
- Nach **Ko Tarutao** fahren täglich Boote, normalerweise um 11.00 und 15.00 Uhr, von Pak Bara zur Ao Panthe (ca. 1 Std.) und täglich das 10.30-Uhr-Boot nach **Ko Lipe** (über **Tarutao** und **Adang).**

Achtung: Regelmäßiger Bootsverkehr nur in der Hauptsaison von November bis April.

- **Thale-Ban Nationalpark:** Von Satun Sammeltaxis oder Bus Richtung Hat Yai bis H-way 4184 (19 km), von dort per Songthaews über Wang Prachan zum Park.

Tauchen im Tarutao-Nationalpark:

Blauer Rundarmseestern *(Linckia leavigata)* →

Weißspitzen-Marderhai *(Triaenodon obesus)* →

Farbenfrohe ***Warzennacktschnecke*** *(Phyllidia arabica)* →

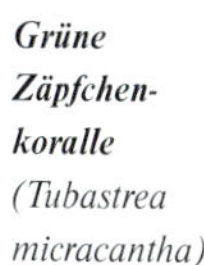

Grüne Zäpfchenkoralle *(Tubastrea micracantha)* →

ANHANG

TAUCHEN IN THAILAND

Thailand besitzt **wunderschöne Tauchgründe,** die teilweise zu den besten der Welt gezählt werden. Sie bieten sowohl für Neulinge im Tauchsport als auch erfahrene Taucher herrliche Erlebnisse unter Wasser. Es gibt ideale Gebiete für Anfänger mit geringen Tauchtiefen, aber auch Stellen, die nur für erfahrene Taucher empfehlenswert sind. Einige sehr schöne Saumriffe reichen bis in 30 m Tiefe. Zudem gibt es zahlreiche vorzügliche Tauchreviere an Steilwänden, Unterwassercanyons, Cavernen und Höhlen. Manche Tauchplätze ähneln skurrilen Mondlandschaften. Im Golf von Thailand liegen einige schöne Wracks am Meeresgrund. Die Meeresfauna lässt in ihrer Vielfalt nichts zu wünschen übrig. Von farbigen Nacktschnecken bis zu gigantischen Walhaien gibt es (fast) alles zu sehen.

Die **Tauch-Infrastruktur** Thailands ist hervorragend ausgebaut, so dass in den allermeisten Gebieten mehrere Tauchschulen ihren Service anbieten. Alle haben englisch- oder deutschsprachige Guides.

Das Tauchsportzentrum Thailands ist sicherlich Phuket, aber auch Ko Phi Phi, Ao Nang, Ko Lanta, Khao Lak, Pattaya, Ko Chang und vor allem Ko Tao nebst Ko Samui, Ko Phangan und Chumphon sind Ausgangspunkte für Tauchfahrten.

Für Tagestouren bezahlt man je nach Ort zurzeit etwa 35-85 US$, für Leihausrüstung kommen oft 12-25 US$ hinzu. An einem Ort unterscheiden sich die Angebote nicht so dramatisch, weil sich die Tauchbasen meistens abstimmen. Derzeit ist die Region um Ko Tao und Ko Phangan wegen der enormen Konkurrenz sehr günstig. Das führt aber dazu, dass Boote und Ausrüstung manchmal nur unzureichend gepflegt werden. Kreuzfahrten sind derzeit in der Region um Phuket sehr hochpreisig. Dafür sind die meisten Boote mit vielen Annehmlichkeiten ausgestattet. **Schnuppertauchen** und **Tauchkurse** werden überall angeboten. Anfängerkurse (Übungen im Pool oder einer geschützten Bucht) und Freiwassertauchgängen (z.B. Open Water Diver von PADI) bewegen sich um 200-350 US$, wobei darin oft Zusatzangebote enthalten sind (Extra-Freiwassertauchgänge, Ausfahrten etc.). Daneben werden allerlei **Spezialkurse** angeboten, u.a. Mischgastauchen (Nitrox), Wracktauchen oder Tauchlehrerkurse.

Die meisten Tauchschulen bilden nach den Richtlinien des Tauchsportverbandes PADI aus. Manche Tauchlehrer können auch Prüfungen nach den Richtlinien anderer Verbände abnehmen, z.B. NAUI oder CMAS - ein Zusammenschluss nicht kommerzieller europäischer Sporttauchverbände. In jedem Fall sollte aber ein **Grundkurs vollständig (!) abgeschlossen** werden. PADI führte den „**Scuba Diver"-Tauchschein** ein, der nur eine verkürzte Ausgabe des Open-Water-Kurses ist. Der Taucher darf mit dem Schein in Begleitung eines Tauchlehrers im Freiwasser tauchen, wobei er nicht gelernt hat, mit der Tarierweste seinen Schwebezustand selbstständig zu kontrollieren. Das ist aber eine der wichtigsten Anforderungen an einen Taucher, wenn der Tauchlehrer nicht permanent korrigierend eingreifen soll. Dieser Tauchschein ist eher in die Rubrik „Geldschneiderei" einzuordnen. Der Gesundheit zuliebe sollte niemand an der Tauchausbildung sparen.

Vorsicht sollte man auch beim Kindertauchen **(„Bubble-Maker"-Kurse)** walten lassen, denn die Kinder brauchen die nötige geistige Reife und Konzentration, um die physiologischen Prinzipien und Risiken des Tauchens zu erfassen.

Tauchausrüstung

- **Tauchermaske** aus bruchfestem, thermisch entspanntem *(tempered)* Glas. Sie sollte ein möglichst kleines Volumen haben, damit sie leichter ausgeblasen werden kann, falls einmal Wasser eindringt. Außerdem wird das Gesichtsfeld mit abnehmendem Maskenvolumen größer. Die Nase muss mit in die Maske eingeschlossen sein. Eine Tauchermaske muss dicht sitzen. Zum Test der Dichtigkeit die Maske auf das Gesicht drücken und einatmen. Bleibt die Maske am Gesicht haften, dringt keine Luft ein und der Sitz ist perfekt.

●**Schnorchel** dürfen weder länger als 35 cm noch dicker als 2-3 cm sein. Das Mundstück sollte einen Dichtrand und Beißnoppen aufweisen.

●Es gibt **Schwimmflossen** mit umschlossenem Fersenteil und **Tauchflossen** mit Fersenband, für die Füßlinge benötigt werden. Im warmen Wasser genügen Schwimmflossen. Anfänger sollte keine sehr harten Flossen nehmen, weil bei fehlender Tauchtechnik und -erfahrung leicht die Gelenke überstrapaziert werden und Krämpfe auftreten können.Mit sehr weichen Blättern dagegen kommt man kaum vom Fleck, so dass in der Regel mittlere Härten und Längen empfehlenswert sind.

●**Tauchanzüge** bestehen aus geschäumtem Neopren. Bei den Wassertemperaturen in Thailand reichen 3-4 mm Dicke aus. Man kann auch ohne Anzug mit T-Shirt oder einem „Stinger-suit" als Schutz vor Nesseltieren im Wasser tauchen. Bei mehreren Tauchgängen am Tag über einige Tage hinweg kann es aber dennoch mit der Zeit kühl werden. Dann empfiehlt sich ein Anzug oder zumindest ein Nierenschutz.

●Der **Lungenautomat** bzw. **Atemregler** reduziert den Flaschendruck auf Umgebungsdruck. Deshalb kann in jeder Tiefe mit dem gleichen Atemwiderstand wie an der Oberfläche eingeatmet werden. Am Flaschenventil sitzt die 1. Stufe, die den Flaschendruck auf etwa 10 bar über dem Umgebungsdruck reduziert. Die 2. Stufe des Atemreglers im Mundstück reguliert den Atemdruck auf die Umgebung ein. Sicherheitshalber sollte an der 1. Stufe ein zweites Mundstück *(Oktopus)* angeschlossen sein. Damit kann der Tauchpartner atmen, falls er im Notfall Luft benötigt. Der Atemregler muss leichtgängig arbeiten und bei geöffneter Flasche darf das Mundstück nicht selbsttätig Luft abblasen. Wer einen DIN-Lungenautomaten mit nach Thailand nimmt, sollte einen **Bügeladapter für INT-Anschlüsse** mitnehmen, damit der Automat an die in Thailand üblichen Flaschenventile passt. Adapter sind auf den Tauchbasen rar gesät.

●Das **Finimeter** misst den Restdruck in der Flasche und zeigt somit den verbleibenden Luftvorrat an. Es wird auch an der 1. Stufe angeschlossen. Der Schlauch steht unter Hochdruck (200 bar) und sollte deshalb keine Risse aufweisen.

●**Tarierwesten** *(BCD-Jackets)* sind aus Sicherheitsgründen erforderlich. Durch Einblasen bzw. Auslassen von Luft reguliert man den Auf- und Abtrieb unter Wasser. So kann man ohne Kraftaufwand auf einer Tiefenstufe schweben (erfahrene Taucher tarieren viel mit der Lunge). An der Oberfläche dienen sie als Schwimmhilfe und ggf. als Rettungsweste. Die Westen müssen unbedingt dicht sein. Sie müssen gut sitzen, d.h. dürfen sich im aufgeblasenen Zustand weder vom Körper abheben noch die Brust zudrücken.

● Der Tauchanzug und die Tarierweste besitzen unter Wasser einen Auftrieb. Um den Auftrieb auszugleichen, benötigt man **Bleigewichte,** die an einem Gürtel getragen werden. Mit der Tiefe werden Anzug und Weste (sowie die Lunge) zusammengedrückt, deren Auftrieb sich dadurch verringert. Überbleite Taucher müssen ab einer bestimmten Tiefe gegen Abtrieb ankämpfen. Deshalb sparsam mit dem Blei umgehen!

● In einer Konsole am Finimeter befinden sich oft **Kompass** und **Tiefenmesser**. Sie können auch am Arm getragen werden. Der Tiefenmesser soll gut lesbar und in größeren Tiefen möglichst exakt sein. Ideal ist eine Daueranzeige oder ein Schleppzeiger, der die größte erreichte Tiefe festhält. Unabdingbar ist auch eine **Taucheruhr**. Sie sollte mindestens bis auf 100 m wasserdicht sein und einen rastenden Stellring mit einer deutlichen Nullmarke aufweisen. Tiefenmesser und Uhr sollten ebenso wie **Dekompressions-Tabellen** (sie zeigen die Verweildauer - Nullzeit - in einer bestimmten Tiefe an, ohne dass man Auftauchstopps beim Aufstieg einhalten muss) mitgeführt werden, auch wenn man mit einem **Tauchcomputer** taucht, der alle Messfunktionen vereinigt.

● Die **Tauchflasche** enthält Pressluft unter 200 bar. Das ist quasi eine Bombe. Deshalb müssen die Druckflaschen regelmäßig geprüft werden (Stahlflaschen 2 Jahre, Aluminium 6 Jahre, siehe TÜV). In Thailand gibt es Prüfzentren, so dass sich ein Stempel auf der Flasche befinden sollte. Rostige Flaschen und Ventile sind nicht gerade empfehlenswert. Beim Montieren des Automaten und Öffnen der Flasche sollten Ventil und Finimetergehäuse nie auf Personen zeigen. Die Flasche muss beim Transport (Boot, Auto) sowie beim Ankleiden immer gegen Umfallen gesichert sein (ggf. flach hinlegen).

● Das **Tauchmesser ist ein Werkzeug** und soll helfen, wenn sich der Taucher einmal in einem Netz verheddert.

Tauchregeln

Für den Tauchneuling ist eine solide, sicherheitsbewusste Ausbildung und entsprechendes, eigenständiges Tauchen im Anschluss an einen Kurs wichtig. Tauchen ist ein wundervolles Erlebnis, insbesondere in klaren, tropischen Gewässern. Doch es gilt einige elementare Regeln und Voraussetzungen zu beachten, um sich und seine(n) Tauchpartner nicht in Gefahr zu bringen oder die eigene Gesundheit zu riskieren:

● **Keine Angst** vorm Tauchen (nicht nur aus Solidarität mit dem/der PartnerIn einen Kurs belegen oder tauchen).

● Normale, gute **körperliche Fitness** ist wichtig! Vor der Reise eine **Tauchtauglichkeits-Untersuchung** vom Sportarzt durchgeführen lassen (alle 2 Jahre, ab 40 Jahre jährlich erneuern).

●Ein **vollständiger Grundkurs** mit Theorie und Praxisausbildung muss abgeschlossen werden. In der **Theorieausbildung** müssen grundlegende Kenntnisse aus Gerätekunde, Tauchphysik, Tauchmedizin und Erste-Hilfe-Maßnahmen vermittelt werden; die **Handhabung der Ausrüstung** und die **Tarierung** (Schwebezustand) müssen beherrscht werden.

●Die **Tauchausrüstung** vor jedem Tauchgang **überprüfen** (Funktion, Risse, Rost, Dichtungs-/O-Ringe, Dichtigkeit des Jackets etc.) und sorgsam behandeln (nicht an Bord herumwerfen); nach dem Tauchen mit Süßwasser spülen.

●Vor dem Einstieg **Tauchplatzbesprechung, Tauchplanung** und **Partnercheck** (wechselseitiges Überprüfen der Funktion, Sitz und Dichtigkeit der Ausrüstung).

●Tauchgang so planen und durchführen, dass spätestens bei **50 bar Flaschendruck** am Ausstiegspunkt der **kontrollierte Aufstieg** beginnt (spätestens bei Erreichen von 100 bar Restdruck eines Partners den Rückweg antreten).

●**Keine Selbstüberschätzung**, d.h. **niemals alleine** tauchen, **nicht tiefer** als der Tauchguide (Gruppenführer) und **nie tiefer als 40 m;** bei Unwettern, sehr starkem Wellengang bzw. Strömungen und nach durchzechten Nächten aufs Tauchen verzichten – **Restalkohol** und **Übelkeit** können fatale Folgen haben! Auf bedröhnte Tauchpartner sollte man im Eigeninteresse verzichten! Bei **unerwarteten Problemen** unter Wasser lieber den Tauchgang abbrechen.

●Unter Wasser immer **Ruhe bewahren;** stets **ruhig** und **gleichmäßig atmen!**

●Bei **Strömung** zunächst gegen sie anschwimmen und mit ihr zurückkehren (außer bei Trifttauchgängen zum Ausstieg oder wenn das Boot die Taucher aufgreift (Pickup).

●**Größte Tiefe zuerst** aufsuchen und **keine häufigen Tiefenwechsel** (Pendelprofil) durchführen.

●**Tarierung** beachten, **keine Grundberührungen,** Finimeter, Octopus o.Ä. nicht über den Boden schleifen oder frei herumschweben lassen. Immer darauf achten, dass man sich **nirgends verfängt** (Netze, Wrackteile).

●Der Unterwasserwelt **keine Schäden** zufügen (s. a. Kapitel zum Umweltschutz).

●Beim Tauchen Blickkontakt zum Partner halten.

●Regelmäßige **Luft-, Tiefen-** und **Zeitkontrollen** durchführen, Computerzeiten beachten und nicht restlos ausreizen **(Sicherheitsreserven).** Im Tauchteam immer an der „strengsten" Anzeige orientieren.

●Den festgelegten **Tauchplan einhalten** (Zeit-, Tiefenlimits).

●**Langsam aufsteigen!** Bis in 10 m Tiefe mit höchstens 18 m pro Minute, aus 10 m bis zur Oberfläche höchstens mit 10 m/Minute (das ist langsamer als sehr kleine Luftblasen emporsteigen); **beim Aufstieg niemals** die **Luft anhalten,** sondern normal weiteratmen; **nie alleine aufsteigen** und zum Ausstieg/Boot zurückkehren!

- Nur **Nullzeittauchgänge** durchführen, d.h. es sind keine Dekompressionstopps zum Abatmen überschüssigen Stickstoffs im Körper nötig, der Taucherkrankheiten verursacht; dennoch **Sicherheitsstopps** in 3 oder 6 m für 3-5 Minuten durchführen (sehr korpulente und ältere Taucher sollten häufigere und längere Sicherheitsstopps einlegen)!
- **Nach dem Tauchgang ruhen** und sich nicht zu großer Hitze aussetzen (Gefahr von Gasblasenbildung im Körper).
- **Kein Non-Limit-Tauchen,** d.h. mehrere Tauchgänge täglich an mehreren Tagen hintereinander (2 Tauchgänge pro Tag sind genug), um Taucherkrankheiten und Spätschäden zu vermeiden.
- Mind. **24 Stunden** vor einem **Flug** nicht mehr tauchen!

Bei Beachtung dieser Regeln kann nicht viel passieren, und Tauchen wird zu einem Genuss unter Wasser. Schwerelos im Wasser zu schweben und die faszinierende, fremdartige Unterwasserwelt zu genießen, zählt zu den schönsten Erlebnissen im Thailandurlaub.

Vor der Anmeldung zum Tauchen oder Kurs sollte man sich mit den Tauchguides unterhalten sowie einen Blick auf die Ausrüstung und das Tauchboot werfen. In dieser Hinsicht kann man ansonsten böse Überraschungen erleben. Hierbei trennt sich die Spreu vom Weizen unter den Tauchläden. Neben einwandfreier Ausrüstung sollten sich Ersatzteile für Tauchgeräte, Erste-Hilfe-Sets, Funk, ggf. ein Beiboot an Bord befinden. Kleine Pannen und Defekte können natürlich immer passieren, wichtig ist aber, wie verantwortungsbewusst der Anbieter damit umgeht. Die **Checkliste** auf der folgenden Doppelseite soll helfen, einen zuverlässigen Tauchshop zu finden.

Druckkammern

Für den Notfall stehen Druckkammern in:

- **Royal Thai Navy, Division of Underwater & Aviation Medicine** (Department of Medicine), Thaksin Rd., Thonburi, Bangkok 10600, Tel. (02) 4601105
- **Apakorn Kiatiwong Hospital,** Division of Internal Medicine (Sections of Underwater & Aviation Medicine), Sattahip Naval Base, Sattahip - Chonburi, Tel. (038) 436164

CHECKLISTE TAUCHBASEN

Tauchshop

- Anerkennung durch Ausbildungsträger?
- Welche Sprachen beherrschen die Guides/ Ausbilder?
- Kursangebot
- Freundlichkeit des Personals
- Qualität der Beratung: Vorstellen der Basis, Infos zu Tauchangeboten und -plätzen
- Discount-Leistungen, besondere Angebote: Nacht-, Wrack-, Grotten-, Nitroxtauchen; Kamera- und Videoverleih
- Taucherfahrung, Kompetenz der Dive-Guides
- Ausstattung der Basis, Zustand; Pflege und Aufbewahrung der Ausrüstung (Prüftermine), eigene Werkstatt, Zustand des Kompressors und Kompressorraums
- Spül-/Aufbewahrungsmöglichkeiten für eigene Ausrüstung

Briefing/Tauchgänge

- Einweisung ins Boot (Duschen, Rettungsmittel, „Spielregeln")
- Vorstellung des Tauchplans (Zeit, Tiefe, Sicherheitsstopps)
- Erläuterung der Ein- und Ausstiegsprozedur, Tauchplatzbeschreibung (Tiefe, Strömung, Topographie etc.)
- Wiederholung UW-Signale, was ist zu beachten, was zu sehen?
- Erläuterung des Verhaltens im Notfall
- Gruppeneinteilung (Gruppengröße, Anzahl Taucher je Guide)
- Wird Sicherheitsausrüstung (Pfeifen, Ballons) bereitgestellt? Wird darauf geachtet, dass die Tauchteams gegenseitig ihre Ausrüstung überprüfen (Sitz, Dichtigkeit, Öffnung der Flasche etc.)?
- Betreuung von Tauchanfängern/Schülern
- Können/Aufmerksamkeit der Dive-Guides

Tauchboot

- Zustand und Design: Nass- und Trockenbereiche, Sonnendeck
- Sitz- und Schlafmöglichkeiten, Ein-/Ausstieg
- Sanitäreinrichtungen, Wasservorräte an Bord
- Süßwasser zum Spülen/Einlegen von Automaten und Kameras
- Akku-Lademöglichkeiten (Mehrtagestouren)
- Sauerstoff und Erste-Hilfe-Ausrüstung an Bord (Zustand!)
- Funk, GPS etc. an Bord
- Beiboot (Dinghi), Rettungsmittel (Ringe, Bojen, Taue)
- Qualität der Verpflegung
- Sprache und Aufmerksamkeit der Besatzung
- Seefahrerisches Können des Skippers
- Kompressorstandort (Kompressor-Ansaugstutzen darf keine Abgase einsaugen).

Ausbildung

- Anerkennung/Übertragbarkeit der Zertifikate durch andere Verbände (weitere Stufen woanders möglich?)
- Internationaler Bekanntheitsgrad der Ausbildungsorganisation
- Kosten (Kursgebühr, Freiwassertauchgänge, Leihausrüstung, Prüfung, ggf. Wiederholungsprüfungen, Zertifikat)
- Ausbildungsstand, Ausbildungserfahrung der Tauchlehrer
- Bildet die Tauchschule regelmäßig aus (Anzahl der Schüler und deren Ausbildungsgrade im letzten Jahr)?
- Bietet die Tauchschule Brevets verschiedener Organisationen an?
- Bis zu welcher Ausbildungsstufe bildet die Tauchschule aus?
- Qualität der Information und Beratung vor dem Kurs

- **Hyperbaric Services Ko Samui,** 34/8 M. 4, Bo Put, Surat Thani 84320, Tel. (077) 427427, Fax 427377, E-Mail: samui@hast-sssnetwork.com.
- **Phuket Hyperbaric Center (Divesafe Asia),** 113/16 M. 4, Rat-U-Thit 200 Year Rd., Patong Beach, Tel. (076) 342518, Fax 342519, E-Mail: samui@hast-sssnetwork.com.

Bei Tauchunfällen zuerst **DAN (Divers Alert Network)** kostenfrei anrufen, die umgehend die nächstgelegene einsatzbereite Druckkammer vermitteln (den Verunfallten ggf. zuerst in die nächstgelegene Klinik bringen). Es gibt einen **24-Stunden-Einsatzdienst** unter Tel. 001 (919) 6848111 oder 0061 (8) 3735312 (DAN Australasia).

REISEZEIT

Ein Vorzug Thailands als Reiseland besteht darin, dass es das ganze Jahr über bereist werden kann. Es bieten sich stets **Wetteralternativen** an. Wer die Hitze scheut, kann sich im April in die Berge oder ans Meer verziehen. Auch den Monsunschauern kann man ausweichen. Von Juli bis September gehen an der Südwestküste heftige Regenfälle nieder, doch die Inseln an der Südostküste erleben dann die beste Reisezeit.

Regenzeit bedeutet keineswegs ganztägigen Nieselregen mit kühlem Wind wie in Mitteleuropa. Es gehen normalerweise täglich 1-2 kurze, kräftige **Gewitterschauer** nieder. Ein Schauer bringt durchaus die Regenmenge mit, die bei uns in einem ganzen Monat fällt. Im Süden treten im Oktober und November allerdings auch langanhaltende Schauer auf.

Während der Regenzeit wird an der **Südwestküste** der Fährbetrieb zu einigen Inseln eingeschränkt oder sogar eingestellt. Wassersportler sind zu großer Vorsicht aufgerufen, weil an einigen Stränden plötzlich starke Unterströmungen und hohe Wellen auftreten können. In Phuket treiben jedes Jahr einige Schwimmer und Surfer ins offene Meer ab. Tauchern macht in dieser Zeit in erster Linie die schlechte Sicht zu schaffen und einige Ziele werden nicht angesteuert.

Die **Ostküste** ist das ganze Jahr über gut zu bereisen. Lediglich im äußersten Osten, in Trat, kann es in der Regenzeit sehr feucht und stürmisch werden.

EINREISE

Deutsche, Schweizer und Österreicher, die maximal 30 Tage in Thailand bleiben, brauchen seit 1995 kein Visum mehr. Wer länger bleibt, muss sich ein Visum besorgen. Es gibt Touristenvisa für 60 Tage und Non-Immigrant-Visa für 90 Tage. Für beide Visavarianten gibt es Multiple-Entry-Optionen mit maximal 4 Einreisen. Die Gebühr muss für jede Einreise gezahlt werden. Ein Touristenvisum kann in Thailand bei einem Immigration Office für 500 Baht um 30 Tage verlängert werden. Antragsformulare und Informationen erteilen die Botschaften und Konsulate.

THAILÄNDISCHE BOTSCHAFTEN UND KONSULATE

Deutschland

- Lepsiusstr. 64-66, 12163 Berlin, Tel. (030) 794810, Fax 79481511, Internet: www.thaiembassy.de.
- An der Alster 85, 20099 Hamburg, Tel. (040) 24839118, Fax 24839206.
- Kennedyallee 109, 60596 Frankfurt/M., Tel. (069) 698680, Fax 868228.
- Cecilienallee 9, 40474 Düsseldorf, Tel. (0211) 4912632, Fax. 4912639. Stephaniestr.22, 76133 Karlsruhe, Tel. (0721) 2031456, Fax. 2031457.
- Prinzenstr. 13, 80639 München, Tel. (089) 1689788, Fax 13071180.

Österreich

- Cottagegasse 48, 1180 Wien, Tel. (01) 4783335-0, Fax 4782907, E-Mail: thai.vn@embthai.telecom.at.
- Ahrenbergstr. 2, 5020 Salzburg, Tel. (0662) 646566-0, Fax 6465664.
- Bozener Platz 2, 6021 Innsbruck, Tel. (0512) 580461, Fax 577250.
- Rieggasse 44, 6850 Dornbirn, Tel./Fax (05572) 25614-6.

Schweiz

- Kirchstr. 56, 3097 Liebefeld/Bern, Tel. (031) 9703030, Fax 9703035,
- Talacker 50, 8001 Zürich, Tel. (01) 2117060, Fax 2346362, Internet: www.thai-consulate.ch.
- Aeschenvorstadt 71, 4051 Basel, Tel. (061) 2064565.
- 6, Rue de l'Athénée, 1211 Genf 12, Tel. (022) 3198700, Fax 3110049.

KURZINFO BANGKOK

Verkehr

Reisende treffen meistens in Bangkok am **Don Muang International Airport** oder am **Phuket International Airport** ein bzw. fliegen von dort ab. Beim Abflug ist eine **Airport-Tax** von 500 Baht (Internationale Flüge) bzw. 30 Baht (Inlandsflüge) fällig. In Bangkok kommt man mit einem **Taxi** (stets eines mit Taxi-Meter nehmen!) oder **Airport-Bussen** bzw. **Stadtzügen** in die City. Außerhalb des Flughafenkomplexes fahren **Busse** in die Stadt, z.B. Normalbus Nr. 59 (zur Khao San Rd.) sowie A.C.-Busse 4 (zur Silom Rd.), 13 (Sukhumvit Rd.) oder 29 (zum Hauptbahnhof). Bangkok ist die Verkehrsdrehscheibe Thailands. Es gibt den **Domestic Airport** (ca. 500 m südlich vom International Airport), den **Hauptbahnhof Hua Lamphong** (Rama IV. Rd.) und drei **Überland-Busterminals,** von denen im Rahmen dieses Buches vor allem der **Ekkamai-Busbahnhof** für die Verbindungen zur Ostküste sowie das **Südbus-Terminal** für die Strecken in den Süden interessant sind. Für weite Strecken empfehlen sich Züge mit Schlafabteilen oder A.C.-Busse, vor allem die sehr angenehmen VIP-Busse mit nur 24 Sitzen. Es gibt eine Reihe von Privatlinien mit eigenen Buchungsoffices. Von der Khao San Rd. gibt es einige Traveller-Expresse (z.B. nach Ko Samui), die aber nicht zu empfehlen sind (Überfüllung, Diebstahlsgefahr etc.). Von der kleinen **Thonburi Railway Station** (am Klong Bangkok Noi) fahren ein paar Bummelzüge Richtung Süden, z.B. nach Hua Hin oder Chumphon.

Unterkunft

Bangkok bietet jede Menge **Unterkünfte** in allen Preisklassen. Traveller steigen gerne in der sehr günstigen Khao San Rd. und Umgebung ab (Stadtteil Banglamphoo), wo es zahlreiche Guest Houses gibt. Weitere günstige Wohnviertel sind China-Town, Pahurat (Indisches Viertel) und die Soi Ngam Duphli nahe der Silom Road. Zahlreich Mittelklasse-Unterkünfte liegen in der Umgebung der Sukhumvit und Petchaburi Rd. sowie Suriwong und Silom Road. Zimmer kosten hier mindestens 500 Baht. Luxushotels befinden sich ebenfalls an diesen Straßen.

Wichtige Adressen und Telefonnummern in Bangkok

- **Eastern Busterminal (Ekkamai),** gegenüber der **Sukhumvit Soi 65,** Tel. (02) 3912504.
- **Southern Busterminal (Konsong Sai Tai),** Boromratchchonnani Rd, Pinklao-Nakhorn Chaisi Highway, Tel. (02) 4351200, 4351190.
- **Mor Chit Busterminal,** Kamphaeng Phet 2 Rd., westl. vom Chatuchak Park, nach **Norden:** Tel. (02) 9363660, 936366, nach **Nordosten:** Tel. (02) 9360667, nach **Zentralthailand:** Tel. (02) 9361897, 9361886.
- Der **Hauptbahnhof Hua Lamphong** liegt in der Rama IV. Rd.; im Bahnhof gibt es ein Bangkok Advance Booking Office, Tel. (02) 2250300 ext. 5200-3 für vorzeitige Reservierungen, die sich insbesondere an Wochenenden und Feiertagen empfehlen.
- **Flugauskunft:** Internationale Flüge, Tel. (02) 5351254 (Abflug), 5351310 (Ankunft), Inlandflüge: (02) 5351192 (Abflug), 5351253 (Ankunft).
- **Tourism Authority of Thailand,** 1600 New Phetchaburi Rd., Makkasan-Rachatevee, Bangkok 10310, Tel. (02) 2505500, Fax 2505511, E-Mail: center@tat.or.th.
- **Immigration Office:** Soi Suan Plu, Sathorn Tai Rd., Bangkok 10120, Tel. (02) 2873101-10, Fax 2871740.
- **Polizei:** Tourist Police (Tel. 1155, Notfälle Tel. 1699, allgemeiner Polizei-Notruf: 191), 26/56 TPI Tower Bldg. 23rd floor, Chantadmai Rd., Tungmahamek Sathorn, Bangkok 10120, Tel. (02) 6786800-9, 6786829, Airport-Office: Tel. 5351641, E-Mail: tourist@police.go.th.
- **Hauptpost** (G.P.O.), Charoen Krung (New Rd.) nördl. Suriwong Rd. (Mo-Fr 8.00-20.00, Sa, So 9.00-13.00 Uhr).
- **Krankenhäuser:** u.a. **Chulalongkorn University Hospital** (Rama IV. Rd., Tel. (02) 2528131-9, 24 Std.Service); **Siriraj Hospital** (Prannok Rd., Thonburi; Ostufer des Chao Phraya), Tel. (02) 4110241, 24 Std.Service), **Samitiwet Hospital** (133 Sukhumvit Rd.,Tel. (02) 3920010-9); **Bangkok General Hopsital** (2 Soonvijai, Petchaburi Rd., Tel. (02) 3180066).

●**Banken** (Öffnungszeiten: Mo.-Fr. 8.30-15.30 Uhr) gibt es jede Menge. Traveller-Schecks und Fremdwährungen erhält man bei der **Bangkok Bank** (Head Office), 333 Silom Rd., Bangrak, Bangkok 10500, **Travel Service Department:** Tel. (02) 2301322-23; Konto-Eröffnungen für längere Aufenthalte gibt es auch bei anderen Banken.

●**Botschaften: Deutschland,** 9 Sathorn Tai Rd., Bangkok 10120, Tel. (02) 2879000, Fax 2871776, Notfall-Nummer (01) 8456224, Mo.-Fr. 08.30-12.00 Uhr, Internet: www.german-embassy.or.th; **Österreich,** 14 Soi Nandha, Soi Attakarnprasit, South Sathorn Rd., Bangkok 10120, Tel. (02) 2873970, Fax 2873925 (Mo.-Fr. 8.30-11.30 Uhr), Internet: www.austriacom.or.th; **Schweiz,** 35 North Wireless Rd. (Withayu Nua), Bangkok 10330 (Mo.-Fr. 9-12 Uhr), Tel. (02) 2530156-60, Notfall (018) 224921, Fax 2554481, E-Mail: vertretung@ ban.rep.admin.ch.

●**National Parks Division** (Reservierungen für Nationalpark-Bungalows), Royal Forestry Department, 61 Pahol Yothin Rd., Bang Khen, Bangkok 10900, Tel. (02) 5614292-3, -724, -725 und 5612918-21, Fax 5797047; Ausländer zahlen für viele Nationalparks 200 Baht Eintritt.

VERHALTEN -

KURZKNIGGE FÜR THAILAND

Thais sind eines der tolerantesten Völker der Welt. Bei der persönlichen Ehre („Gesichtsverlust") gibt es aber Grenzen, die zu heftigen Reaktionen führen können. Es gibt viele Verhaltensregeln, die leider oft bewusst oder unbewusst verletzt werden. Zu den Grundregeln gehört, trotz aller Verschiedenheit zwischen den Kulturen, sich **so zu verhalten**, **wie es auch bei uns als höflich gilt**. Darüber hinaus gilt: Der **König** und seine Familie sind über jede Kritik erhaben.

Respekt vor der Religion: Das bedeutet, keine Versammlungen zu stören, keine Buddha-Statuen außer für religiöse Zeremonien anzufassen, sich nicht daraufzusetzen etc.! Bei Tempelbesuchen keine kurzen Röcke oder Shorts tragen (Frauen bitte BH anziehen). Festes Schuhwerk ist ebenso empfehlenswert. Niemals beim Sitzen die **Fußsohlen** in Richtung des Anlitzes einer Statue zeigen lassen (gilt auch gegenüber Menschen). Solches Verhalten ist eine grobe Beleidigung. Die Füße sind der unterste und somit niedrigste und schmutzigste Körperteil des Körpers.

Mönche genießen ein hohes Ansehen in der Bevölkerung. Sie bewegen sich vielfach in der Öffentlichkeit. In Bussen sitzen sie normalerweise in der letzten Reihe. Falls ein Mönch einsteigt, gebietet es die Höflichkeit, ihm den Sitzplatz zu überlassen. **Frauen** dürfen Mönche **nicht berühren,** auch nicht zufällig.

Thais geben sich normalerweise nicht die Hand. Sie grüßen sich mit einem **Wai**. Dabei legen sie die Handflächen wie zum Gebet zusammen und verneigen sich mit dem Kopf. Höhe der Hände und Tiefe der Verneigung hängen vom Status der beteiligten Personen ab. Westler sollten besser auf den Wai verzichten. Kopfnicken und freundliches Lächeln genügen meistens. Eine Bedienung im Restaurant mit einem Wai zu begrüßen, kann als Beleidigung aufgefasst werden! Thai-Männer schütteln westlichen Männern oft die Hand. Es wird nur problematisch, wenn Westler eine Frau so berühren. Für die Thailänderin ist es in den meisten Fällen peinlich.

Berührungen zwischen den Geschlechtern sind in der Öffentlichkeit verpönt, außer zwischen Geschwistern, Kindern und auch Liebespärchen, wobei nur Händchen halten erlaubt ist. Auch westliche Besucher sollten auf öffentliche Umarmungen, Küsse etc. verzichten. Das „Spiel" zwischen Männern und Frauen läuft in Thailand außerhalb der Nachtclubs und Bars nach anderen Regeln als bei uns. Zurückhaltung schadet keineswegs! Ferner sollte man niemals mit dem Finger auf eine Person zeigen.

Thais unterhalten sich stets leise. Es gilt als rüde, lärmend zu sprechen oder herumzupöbeln.

An den Stränden tragen Thailänderinnen normalerweise T-Shirts und Hosen. Badeanzüge sieht man selten, und Bikinis gelten als zu gewagt. **„Oben ohne"** ist völlig **tabu**. Westliche Frauen können am Strand zwar Bikinis tragen, aber auf „oben ohne" oder FKK (gilt auch für

Männer) müssen sie verzichten. Thais betrachten Frauen dann schnell als für jedermann zu haben, und es kam schon zu Vergewaltigungen. Thailand ist nicht Westeuropa! Daher ist es völlig unangebracht, die Empfindungen der Thais mit westlicher Arroganz zu verletzen.

Im muslimischen Süden gebietet es sich, die Kleidungsordnung abseits der Strände unbedingt nach den Empfindungen der Muslime auszurichten. A propos **Kleidung**: Thais kleiden sich in der Öffentlichkeit möglichst ordentlich.

GESUNDHEIT

Es gibt keine Impfpflicht für die Einreise. Erkältungen, Durchfall und Verstopfungen zählen zu den häufigsten Problemen für Touristen. Für die nachfolgend genannten Krankheiten besteht in Thailand zwar ein Infektionsrisiko, aber nicht überall. Generell gilt, dass an den Stränden das Infektionsrisiko geringer als im Inland ist. 100% Sicherheit gibt es aber nirgends. Ich empfehle eine Beratung bei Tropenmedizinern, am besten an zwei Stellen, weil die Ärzte häufig unterschiedliche Meinungen vertreten. Hausärzte geben leider allzu oft falsche Hinweise und Verschreibungen. Bei Erkrankungen oder Verletzungen sollte niemand zögern, ein Krankenhaus bzw. eine „Clinic“ aufzusuchen. In den Apotheken ist fast alles zu haben, und Medikamente sind enorm billig. Die Apotheker sind gut ausgebildet und sprechen Englisch.

Gegen **Tetanus** und **Polio** sollte man auch bei uns einen Impfschutz haben. Empfehlenswert ist eine **Hepatitis A** (Reisehepatitis)-Prophylaxe oder -impfung, denn sie hilft gegen die typischen Durchfallerkrankungen am Anfang einer Reise. Hepatitis A ist in Thailand weit verbreitet (> 90% Infektionsrate). **Hepatitis B** ist eine schwerwiegende Erkrankung, die Impfung langwierig (6 Monate). Sie wird durch Geschlechtsverkehr und Schmierinfektion übertragen. Es gibt einen Hepatitis-A/B-Kombinationsimpfstoff.

Cholera und **Typhus** sind latent vorhanden, aber mit Beachtung allgemeiner Hygieneregeln leicht zu vermeiden. Gleiches gilt für Wanzen, Läuse und Wurmerkrankungen, die meistens auch leicht kurierbar sind.

Larven von **Hakenwürmern** leben in feuchten Böden und bohren sich durch die Haut ein. Deshalb im Inland nicht barfuß laufen. Starke Feuchtigkeit auf der Haut (z.B. Schwitzen) sorgt für gute Wachstumsbedingungen von **Hautpilzen,** deren Sporen durch die Luft fliegen. Es empfiehlt sich, den Körper nach einer Dusche gut abzutrocknen und ggf. mit Hautpuder einzureiben.

Bei fiebrigen Erkrankungen während oder nach der Reise sollte man den Arzt auf **Dengue-Fieber** hinweisen. Der Virus wird durch Stechmücken übertragen. Er ist bei rechtzeitiger Behandlung gut ausheilbar.

Japanische Encephalitis wird durch Moskitos in einigen Agrargebieten übertragen. Ein Impfstoff ist in Japan verfügbar, sollte aber nur bei Langzeitaufenthalten in Infektionsgebieten genommen werden.

Malaria ist in Thailand insbesondere in Grenzgebieten zu Kambodscha und Burma verbreitet. Bangkok, Pattaya und Phuket sind derzeit malariafrei. Die Gefahr einer weiteren Ausbreitung der Malaria besteht aber auch in Thailand. Die häufig verordneten Prophylaxemittel helfen nur gegen zwei der vier Haupterregertypen *(Plasmodium sp.).* Leider ist die gefährlichste Form *(Plasmodium falciparum),* der Auslöser der **Malaria tropica,** gegen viele Mittel resistent. Lassen Sie sich vor der Reise von qualifizierten Reisemedizinern oder einem Tropeninstitut beraten. Infos im Internet: www.travelmed.de.

Manche medikamentösen Prophylaxemittel können erhebliche **Nebenwirkungen** verursachen (u.a. Augen, Leber), so dass es oft eine individuelle Gewissensentscheidung ist, ob und was man mitnimmt bzw. vorab schluckt.

Als Schutz empfiehlt sich die **primäre Prophylaxe,** d.h. Schutz vor den Überträgern (Stechmücken: *Anopheles* sp.), weil die medikamentöse Prophylaxe unsicher ist. Malariamücken stechen vorwiegend in der Zeit der Abenddämmerung. In Malariagebieten deshalb während dieser Tageszeit geschlossene Räume aufsuchen, langärmlige Hemden und lange Hosen tragen und sich mit Mückenmitteln einreiben (z.B Autan, Jaico). Ferner sollte man unter Moskitonetzen oder in mit Moskitogittern versehenen Räumen schlafen. Zimmer können vorher ausgeräuchert werden (z.B. Baygoon Spray, Moskito-Coils etc.). Diese Mittel sind normalerweise gesundheitsgefährdend. Es ist ratsam, sie tagsüber zu verwenden, wenn man sich im Freien aufhält. Moskitogitter und Netze müssen dicht sein, sonst kommen rasch wieder Mücken herein.

Bei **Fieberanfällen** sofort das nächste Krankenhaus aufsuchen. Der Behandlungsstandard ist zumindest in Tourismusgebieten gut und mit Tropenkrankheiten kennen sich die einheimischen Ärzte besser aus als unsere Mediziner.

Geschlechtskrankheiten und **AIDS** sind weit verbreitet. Mittlerweile schätzen die Behörden, die Zahl HIV-Positiver auf über 1 Million. Also Vorsicht walten lassen: Abstinenz oder Kondome!

Vorsicht vor **Gifttieren,** d.h. nichts anfassen und weder im Meer noch an Land in Höhlungen, Pflanzenbüschel etc. greifen. Skorpionsfisch- und Kegelschneckengifte sind zumindest sehr schmerzhaft. Gleiches gilt für Schlangen, Skorpione und Skolopender (Hundertfüßler).

Buchtipp

- *Reisen & Gesundheit,* Deutsches Grünes Kreuz, Schuhmarkt 4, D-35047 Marburg. Sehr hilfreich für die eigene Meinungsbildung.
- *Wo es keinen Arzt gibt,* Reise Know-How Verlag, Bielefeld. Medizinisches Gesundheitshandbuch zur Hilfe und Selbsthilfe auf Reisen. Mit Malariaresistenzliste.
- *Erste Hilfe unterwegs,* Reise Know-How-Verlag, Bielefeld. Die wichtigsten Maßnahmen zur Soforthilfe bei Unglücksfällen oder Erkrankungen auf Reisen.

SICHERHEIT

Thailand ist ein sehr sicheres Reiseland. Das gilt auch für allein reisende Frauen. Natürlich gibt es Betrügereien und Diebstähle, aber wenn man die üblichen Vorsichtsmaßnahmen beachtet, passiert sehr wenig. Gegenüber manchen Touristen und Langzeit-Residents muss man mindestens soviel Vorsicht wie gegenüber Einheimischen walten lassen. Die Kriminalitätsrate unter Thais ist aber beachtlich hoch:

Geld, **Pässe** etc. in Brustbeuteln oder Ähnlichem schwer zugänglich aufbewahren! An Busbahnhöfen nie Gepäck und Kreditkarten (Fälschungsgefahr) aus dem Auge lassen!

In den letzten Jahren versanken mehrere **Fähren.** Überladene, vergammelte Boote und Skipper, die eindeutig dem Mekong-Whiskey gefrönt haben, sind zu meiden (besonders bei stürmischer See). Rettungswesten sind oft Mangelware.

In Zügen und Bussen keine Kekse oder Drinks von Fremden annehmen (Schlafmittel)! Nicht auf dubiose **Angebote** (Glücksspiele, Geschäfte) eingehen, insbesondere wenn man Vorleistungen finanzieller Art erbringen soll! Nicht alleine mit vollgedröhntem Kopf mit einer Kneipenbekanntschaft auf Bootstour etc. gehen!

In der Regel braucht man keine **„Führer“**, die einen zu Juwelenhändlern oder Seidenläden führen. Wenn es nicht blanker Betrug ist, zahlt man zumindest drauf.

Bitte von **Drogen** die Hände weg! Die Strafen sind drakonisch und die Knäste keine Hotels.

Nach den Anschlägen vom 11. September 2001 hat es wiederholt auch von offizieller Seite Warnungen vor **Terroranschlägen** gegeben. Gefährdet sollen demnach besonders Südthailand mit seinem hohen muslimischen Bevölkerungsanteil und touristische Zentren wie Phuket oder Pattaya sein. Nähere Informationen dazu gibt es u.a. beim deutschen Auswärtigen Amt (Internet: www.auswaertiges-amt.de).

LITERATURTIPPS

- Allen, G.R.; Steene, R.: **Riff-Führer – Tiere und Pflanzen im Indopazifik.** Verlag Christa Hemmen, Wiesbaden
- Bärtels, A.: **Farbatlas Tropenpflanzen - Zier- und Nutzpflanzen**. Ulmer Verlag, Stuttgart.
- Baumeister, W.: **Farbatlas Meeresfauna - Niedere Tiere**. Ulmer Verlag, Stuttgart.
- Becker, K.: **Tauchen in warmen Gewässern.** Reise-Know-How Verlag, Bielefeld.
- Cooper, R., Cooper, N.: **Culture Shock Thailand**. Times Editions, Singapore.
- Cubitt, G., Stewart-Cox, B.: **Wild Thailand.** Asia Books, Bangkok.
- Donner, W.: **Thailand ohne Tempel - Lebensfragen eines Tropenlandes**. R. G. Fischer Verlag, Frankfurt/M.
- Donner, W.: **Lebensraum Thailand**. Deutsch-Thailändische Gesellschaft, Bonn.
- Eichler, D.; Lieske, E.: **Korallenfische – Indischer Ozean,** Jahr -Verlag, Hamburg.
- Fang, S.: **Diving Escapades in Thailand's Tropical Seas**. SNP Publishers, Singapore.
- Fang, S.: **Popular Beach Resorts Thailand.** SNP Publishers, Singapore.
- Graham, M., Round, P. D.: **Thailand's vanishing Flora and Fauna**. Finance One Public Co., Bangkok.
- Gray D., Piprell, C., Graham, M.: **Nationalparks of Thailand**. Wattana Panich, Bangkok.
- Hanewald, R.: **Das Tropenbuch – Leben und Überleben in tropischen und subtropischen Ländern.** Jens Peters Verlag.
- Henley, T.: **Waterfalls and Gibbon Calls – Exploring Khao Sok National Park.** Limmark Advertising & Printing, Phuket.
- Hohnholz, J. [Hrsg]: **Thailand – Geographie, Kultur, Religion, Staat, Gesellschaft, Bildungswesen, Politik, Wirtschaft**. Stuttgart.
- Insight Guides: **South East Asia Wildlife**. APA Publications, Hongkong.
- Jacquat, C.: **Plants from the Markets of Thailand**. Edition Duang Kamol, Bangkok.
- Krack, Rainer: **Thailand Handbuch.** Reise Know-How Verlag, Bielefeld.
- Krack, Rainer: **Phuket und Umgebung.** Reise Know-How Verlag, Bielefeld.
- Krack, Rainer: **KulturSchock Thailand.** Reise Know-How Verlag, Bielefeld.
- Legakul, B., Round, P. D.: **A guide to the Birds of Thailand**. Saha Karn Phet Co., Bangkok.

●Legakul, B., McNeely, J. A.: **Mammals of Thailand**. Saha Karn Bheet Co., Bangkok.

●Legakul, B., Askins, K., Nabhitabchata, J., Samruadkit, A.: **Field Guide to the Butterflies of Thailand**. Association for the Conservation of Wildlife, Bangkok.

●Lindner, G.:**Muscheln und Schnecken der Weltmeere**. BLV Verlagsgesellschaft, München.

●Lötschert, W., Beese G.: **Pflanzen der Tropen**. BLV Verlagsgesellschaft, München.

●Mebs, D.: **Gifte im Riff**. Wiss. Verlagsges., Stuttgart.

●Mietz, C., Ippen, W.: **Tropische Meeresfische**. Naturbuch Verlag, Augsburg.

●Ott, J.: **Meereskunde**. UTB Ulmer, Stuttgart.

●Pintatana, A.: **Butterflies in Thailand**, Vol 1-3. Viratham Press, Bangkok.

●Piprell, C., Boyd, A.J.: **Thailands Coral Reefs – Nature under Threat.** White Lotus Press, Bangkok.

●Piprell, C., Boyd A. J.: **Kingdom beneath the Sea**. Artasia Press, Bangkok.

●Piprell, C. (editor): **Sail Thailand – Exploring the Andaman Sea by Sail - Islands, Maps and Anchorages**. Bangkok.

●Piprell, C., Boyd A. J.: **Diving in Thailand**. Asia Books, Times Edition, Singapore.

●Pongpangan, S., Poobbrasert S.: **Edible and Poisonous Plants in Thai Forest**. AS Printing House, Bangkok.

●Raemaekers, J., Raemaekers, P.: **The singing of the Ape – A journey to the jungles of Thailand**. The Siam Society, Bangkok.

●Rubeli K.: **Tropical Rainforests in South-East Asia - A pictorial Journey**. Tropical Press SDN. BHD., Kuala Lumpur.

●Schumacher, H.: **Korallenriffe – Verbreitung, Tierwelt und Ökologie**. BLV Verlagsgesellschaft, München.

●Strickland, M. (editor): **Scuba Guides – Thailand**. Asian Diver Pte. Ltd., Singapore.

●The Siam Society: **Culture and Environment in Thailand**. Amarin Printing Group, Bangkok.

●Veron, J. E. N.: **Corals of Australia and the Indopacific**. Australian Institute of Marine Science, University of Hawaii Press, Singapore.

●Whitmore, T. C.: **Tropische Regenwälder - Eine Einführung**. Spektrum Akad. Verlag, Heidelberg.

●Winkler, M.: **A casual stroll through Siam's Orchid world**. Thai Wattana Panich Press Company Ltd., Bangkok.

Anhang

Alle Reiseführer auf einen Blick

Reisehandbücher
Urlaubshandbücher
Reisesachbücher
Rad & Bike

Afrika, Bike-Abenteuer
Afrika, Durch, Bd. 1
Afrika, Durch, Bd. 2
Agadir, Marrakesch und Südmarokko
Ägypten individuell
Alaska ⇗ Canada
Algarve
Algerische Sahara
Amrum
Amsterdam
Andalusien
Äqua-Tour
Argentinien, Uruguay und Paraguay
Äthiopien
Auf nach Asien!

Bahrain
Bali und Lombok
Bali, die Trauminsel
Bali: Ein Paradies ...
Bangkok
Barbados
Barcelona
Berlin
Borkum
Botswana
Bretagne
Budapest
Bulgarien
Burgund

Cabo Verde
Canada West, Alaska
Canadas Ost, USA NO
Chile, Osterinseln
China Manual
Chinas Norden
Chinas Osten
Cornwall
Costa Blanca
Costa Brava
Costa de la Luz
Costa del Sol
Costa Dorada
Costa Rica
Cuba

Dalmatien
Dänemarks Nordseeküste
Dominikanische Republik
Dubai, Emirat

Ecuador, Galapagos
El Hierro
England – Süden
Erste Hilfe unterwegs
Europa BikeBuch

Fahrrad-Weltführer
Fehmarn
Florida
Föhr
Fuerteventura

Gardasee
Golf v. Neapel, Kampanien
Gomera
Gran Canaria
Großbritannien
Guatemala

Hamburg
Hawaii
Hollands Nordseeinseln
Honduras
Hongkong, Macau, Kanton

Ibiza, Formentera
Indien – Norden
Indien – Süden
Irland
Island
Israel, palästinensische Gebiete, Ostsinai
Istrien, Velebit

Jemen
Jordanien
Juist

Kairo, Luxor, Assuan
Kalabrien, Basilikata
Kalifornien, USA SW
Kambodscha
Kamerun
Kanada ⇗ Canada
Kapverdische Inseln
Kenia
Kerala
Korfu, Ionische Inseln
Krakau, Warschau
Kreta
Kreuzfahrtführer

Ladakh, Zanskar
Langeoog
Lanzarote
La Palma
Laos
Lateinamerika BikeBuch
Libyen
Ligurien
Litauen
Loire, Das Tal der
London

Madagaskar
Madeira
Madrid
Malaysia, Singapur, Brunei
Mallorca
Mallorca, Leben/Arbeiten
Mallorca, Wandern auf
Malta
Marokko

Reise Know-How

Mecklenb./Brandenb.:
Wasserwandern
Mecklenburg-Vorpomm.
Binnenland
Mexiko
Mongolei
Motorradreisen
München
Myanmar

Namibia
Nepal
Neuseeland BikeBuch
New Orleans
New York City
Norderney
Nordfriesische Inseln
Nordseeküste
Niedersachsens
Nordseeküste
Schleswig-Holstein
Nordseeinseln, Deutsche
Nordspanien
Normandie

Oman
Ostfriesische Inseln
Ostseeküste MVP
Ostseeküste SLH
Outdoor-Praxis

Panama
Panamericana,
Rad-Abenteuer
Paris
Peru, Bolivien
Phuket
Polens Norden
Prag
Provence
Pyrenäen

Qatar

Rajasthan
Rhodos
Rom
Rügen, Hiddensee

Sächsische Schweiz
Salzburg
San Francisco
Sansibar
Sardinien
Schottland
Schwarzwald – Nord
Schwarzwald – Süd
Schweiz, Liechtenstein
Senegal, Gambia
Singapur
Sizilien
Skandinavien – Norden
Slowenien, Triest
Spaniens
Mittelmeerküste
Spiekeroog
Sporaden, Nördliche
Sri Lanka
St. Lucia, St. Vincent,
Grenada
Südafrika
Südnorwegen, Lofoten
Sylt
Syrien

Taiwan
Tansania, Sansibar
Teneriffa
Thailand
Thailand – Tauch-
und Strandführer
Thailands Süden
Thüringer Wald
Tokyo
Toscana
Transsib
Trinidad und Tobago
Tschechien
Tunesien
Tunesiens Küste

Umbrien
USA/Canada
USA, Gastschüler
USA, Nordosten
USA – der Westen
USA – der Süden

USA – Südwesten,
Natur u. Wandern
USA SW, Kalifornien,
Baja California
Usedom

Venedig
Venezuela
Vereinigte Arab. Emirate
Vietnam

Westafrika – Sahel
Westafrika – Küste
Wien
Wo es keinen Arzt gibt

EditionRKH

Burma/Myanmar – im
Land der Pagoden
Durchgedreht –
7 Jahre im Sattel
Finca auf Mallorca
Geschichten aus dem
anderen Mallorca
Goldene Insel
Mallorquinische Reise
Please wait
to be seated!
Salzkarawane, Die
Schönen Urlaub
Südwärts durch
Lateinamerika
Traumstraße
Panamerikana
Unlimited Mileage

Alle Reiseführer auf einen Blick

Praxis

Aktiv Algarve
Aktiv franz. Atlantikküste
Aktiv Gran Canaria
Aktiv Marokko
Aktiv Polen
All Inclusive?
Als Frau allein unterwegs
Bordbuch Südeuropa
Canyoning
Clever buchen/fliegen
Clever kuren
Daoismus erleben
Drogen in Reiseländern
Dschungelwandern
Essbare Früchte Asiens
Fernreisen a. eigene Faust
Fernreisen, eig. Fahrzeug
Fliegen ohne Angst
Fun u. Sport im Schnee
GPS f. Auto, Motorrad
GPS Outdoor
Heilige Stätten Indiens
Hinduismus erleben
Höhlen erkunden
Inline-Skaten Bodensee
Inline Skating
Internet für die Reise
Islam erleben
Kanu-Handbuch
Kommunikation/unterwegs
Kreuzfahrt-Handbuch
Küstensegeln
Maya-Kultur erleben
Mountain Biking
Orientier. Kompass/GPS
Paragliding-Handbuch
Pferdetrekking
Reisefotografie
Reisefotografie digital
Reisen und Schreiben
Respektvoll reisen
Richtig Kartenlesen
Safari-Handbuch Afrika
Schutz v. Gewalt
Schwanger reisen
Selbstdiagnose u. Behandlung unterwegs
Sicherheit/Bärengeb.
Sicherheit/Meer
Sonne/Wind/Reisewetter
Survival-Handbuch, Naturkatastrophen
Tauchen kalte Gewässer
Tauchen warme Gewässer
Transsib Moskau-Peking
Trekking-Handbuch
Tropenreisen
Verreisen mit Hund
Vulkane besteigen
Wandern im Watt
Wann wohin reisen?
Was kriecht u. krabbelt in den Tropen
Wein-Reiseführer Dtschl.
Wein-Reiseführer Italien
Wildnis-Ausrüstung
Wildnis-Backpacking
Wildnis-Küche
Winterwandern
Wohnmobil-Ausrüstung
Wohnmobil/Indien
Wohnmobil-Reisen
Wracktauchen weltweit

KulturSchock

Afghanistan
Ägypten
Brasilien
China VR/Taiwan
Golf-Emirate, Oman
Indien
Iran
Islam
Japan
Jemen
KulturSchock – Mit anderen Augen sehen
Marokko
Mexiko
Pakistan
Russland
Spanien
Thailand
Türkei
VietnamThailand
Türkei
Vietnam

Wo man unsere Reiseliteratur bekommt:

Jede Buchhandlung in der BRD, der Schweiz, Österreichs und in den Benelux-Staaten kann unsere Bücher beziehen. Wer trotzdem keine findet, kann alle Bücher über unseren Internet-Shop unter **www.reise-know-how.de** oder **www.reisebuch.de** bestellen.

VERZEICHNIS DER ARTEN

Das folgende Verzeichnis enthält die im Buch verwendeten deutschen/englischen Artnamen und die dazugehörige wissenschaftliche Bezeichnung. Viele Pflanzen und Tiere tragen mehrere Namen in der Umgangssprache.

Kursiv gesetzte Seitenzahlen verweisen auf Abbildungen.

PFLANZEN

Verzeichnis der Arten

TIERE

Anhang

Verzeichnis der Arten

Verzeichnis der Arten

VERZEICHNIS DER TAUCHSTELLEN

ORTS- UND SACHREGISTER

DER AUTOR

Dr. Klaus Becker wurde 1963 in Neuwied am Rhein geboren. Er studierte Meeresbiologie an der Kieler Universität und landete nach seinem Diplom erstmals zum Tauchen in Thailand. Von 1991 bis 1993 arbeitete er im Rahmen seiner Doktorarbeit am Institute of Marine Science in Bangsaen. Während dieser Zeit beteiligte er sich an mehreren wissenschaftlichen Tauchexpeditionen und unternahm zahllose private Touren in alle Ecken des Landes. Seitdem arbeitete er als meeresbiologischer Umweltberater für Tauchschulen in Ko Lanta sowie Phuket und wirkte an diversen Buchprojekten, u.a. Tauchführern, mit. Heute führen ihn noch alljährlich ausgedehnte Reisen nach Thailand.

Der Autor *mit seiner Frau Ratiporn*

KARTEN- UND ABBILDUNGSVERZEICHNIS